张 菁 著

教学过程设计的价值取向研究

A Study on Value Orientation of
Instructional Process Design

北京师范大学出版集团
BEIJING NORMAL UNIVERSITY PUBLISHING GROUP
北京师范大学出版社

序

　　以马克思主义认识论为理论基础探讨教学论的基本问题，是我国教学论学科研究的主导性取向。近年来，一批学者开始从本体论、实践论、文化学、伦理学等不同视角尝试建构现代教学论的理论分析框架，诸多的研究成果不仅突破了既有相对封闭的研究视域，而且重构了相关的理论体系。教学活动不仅是知识掌握的认识活动，更是具有明确发展指向的"人为"与"为人"的价值活动，是以促进学生主动、全面、差异发展为价值取向的价值活动。

　　教学过程理论是教学论的基本理论，教学活动是作为过程展开的。自古以来，中外教学实践就在不断探索教学过程，形成了丰富的教学过程理论。但是从教学论视角对教学过程的理解看，更多偏向于结构、环节等教学活动的程序化、规范化组合，组合的依据通常是经典教学过程理论的观点，或者是一段时期内教育变革所倡导的理念，缺少对教学活动过程的育人功能、价值取向的关注。从价值论视角，基于价值追求建构教学过程，则不仅关注教学过程结构、环节等程序问题，更加重视由教学过程基本要素的不同组合所形成的不同结构，如何在教学过程中发挥出各自不同的育人功能。结构决定功能，不同结构带来不同功能。因此，价值论视角的分析与探讨，有益于突破单一尺度的研究，从事实与价值、客体与主体两种尺度，分析教学过程的本质与特征，建构教学过程理论。

　　教学过程设计是教学活动实施的蓝图，是教师基于教学过程对学生发展的不同功能，主动进行价值选择的结果，而不是仅仅依赖于既有教学过程形态建构的。因此，教师关于教学过程本质、功能与价值的理解，教师对于学生认识过程规律的把握以及学科内涵实质的领悟，决定着教学过程设计的价值取向。张菁同志基于多年教学理论的研习以及教学实践的考察，形成了上述关于教师教学过程设计的基本认识，并以此作为博士论文选题，对之进行了深入系统的研究。

现代教育的本质在于解决人自身的发展与价值问题，人的个体与群体的发展是现代教育的出发点和归宿，是使学校实现跨越式超常发展的生命力，是激发教育工作者潜在创造力的原动力。

教学过程设计价值取向是教学活动追求的灵魂要素，也是教学活动展开的动力源泉和理性支撑。本书的研究基于价值论研究视角，以课堂教学过程设计的价值取向为研究主题，主要从"主体尺度"这一价值论视角，考察教学过程设计的历史脉络、现实图景，并阐明应然走向。该视角的研究，突破了传统的偏重于从"客体尺度"、认识论视角探索教学过程（如本质、程序等）的研究范式，研究视角的转换，有助于丰富教学过程理论的研究内容，拓展教学过程研究的理论基础。

本书以课堂教学过程设计的价值取向为研究主题，在历史、现实、理论三个方面展开研究。从历史层面，系统梳理中外教育史上不同教学思想关于教学过程设计的主张，以此为基础，分析不同教学过程设计所呈现的价值取向及其演变的主要趋势；在现实维度上，考察当前课堂教学过程设计的主要类型、形态及价值取向，审理教学过程设计价值取向存在的偏差，呈现当前主流教学过程设计以及变革性教学过程设计价值取向的真实图景；在理论层面上，从价值论角度解读了教学过程设计价值取向的内涵，包括其界定、特性、价值取向与功能的关系、实践品格等，并分析了教学过程设计价值取向的基本结构与制约因素。最后，立足当代中国社会转型的特征与教育变革发展的诉求，提出了教学过程设计应然价值取向，以及达成价值取向的实现路径。

本书通过对教学过程设计价值取向的不同维度考察与研究，得到如下结论。

一是每一种教学思想或流派关于教学过程设计的主张都体现出一定的价值取向，价值取向的演变表现为从单一走向多样，对学生发展的价值追求表现为从片面走向全面。现代教学论研究突出了现代教学认识的基本特质，揭示了教学过程是一个复杂的结构关系系统，不仅是一个积极主动的、体现创造发展性的特殊认识活动，也是一种社会实践活动、社会文化活动。

二是当前主流教学过程设计存在的主要问题表现如下：在考试文化制约下忽视学生主体性潜能的发挥，在促进学生整体发展方面差异较大，尤其缺乏关注学生个性化发展，导致学生批判性思维、独立思考和实践能力不能得到很好地发展。

三是基于价值论视角的教学过程设计分析，可以从教学过程设计的价值主体、价值观念、价值选择三个关键要素着手。主体性是教学过程设计的价值主体的根本属性，主体的目的、需要和能力不同，其价值倾向性也不同；教学过程设计的价值观念涉及三个维度：教学过程主体设计的价值取向、教学过程设计的本位价值取向与教学过程进程设计的价值取向；教学过程设计的价值选择应遵循合规律性与合目的性的统一。

四是在社会转型与教育变革背景下，教学过程设计应然价值取向表达为实现学生全面而有个性的发展。为了实现应然价值取向，需要从科学与人文两个向度进行变革型实践，即教学过程设计不仅要遵循学生的认识发展规律与学科自身逻辑，还要关注学生课堂生活的幸福体验与审美体验。只有从实现学生发展这一原点出发，以学生个性发展为中心，寻求我国学生的学习生成发展之路，才能真正实现教学过程的重构。

理论探索的终极诉求在于践行。教学过程理论研究的实践意义在于建构科学合理的教学过程，提高课堂教学活动的质量与效率，满足学生多样化发展的需求，促进师生的共同成长与发展。作为一本融合教学过程设计理论与实践成果的专著，该研究不仅对丰富教学过程设计理论、指导教师通过创造性的教学过程设计与实施活动，提升自身专业水平具有重要的实践指导意义，而且将为揭示学生学习、生成与发展的内在机制和成长规律提供一种新的研究视角，提供了一种极具价值的参考。

本书倾注了一位年轻学者对教学理论建构发展的智慧与真诚，我们期待着更多研究成果的不断问世。

裴娣娜

2016 年 8 月于求是书屋

目　录

导　论

一、研究的缘起

作为教学活动主体之一的教师，对教学活动过程及其预期结果所持有的基本立场、信念以及倾向性，反映了教师关于教学过程设计的价值取向，它既是教师教学活动追求的灵魂要素，也是教学活动展开的动力源泉和理性支撑，从深层次上决定了教学过程设计的理念、目标与实施进程。因此，对教学过程设计价值取向的研究，必然成为以教学活动为研究对象的教学论所关注的焦点之一。事实上，教学过程设计价值取向的不同表现也是区分教学理论范式的基本标准。因此，从价值视角考察教学过程设计的历史与现状，分析问题与根源，有助于拓展教学论学科的研究领域，有利于建构教学过程设计的应然价值追求。

（一）教学过程设计是价值选择结果，必须重视价值取向分析

本研究的核心假设是，所有教学过程设计的价值取向都是设计主体为了实现某种价值目标，对教学过程不同功能进行价值判断与选择的结果。教学过程设计是设计者基于对学生与学科的把握，以及设计价值取向形成的，而不是仅仅根据既有的若干教学过程设计形态构建的。

在教学研究中，价值是一个不可回避的重要因素，价值问题本质上是一个判断与选择的问题。在教学过程设计与实施过程中，价值取向不仅反映着教师等主体的某种利益与需要，还体现了他们主动的追求与倾

向性，是教师教学追求的持续性动力。如果试图寻求教学过程研究的某种普遍的固定规范，统摄教学多样化的行为，遮蔽教师的价值世界，就会导致理性与价值之间的失调，难以获得真实的结论。迪尔凯姆（Emile Durkeim）曾说过，社会现象之所以具有某种规律性，事实上是强制性的结果，是某些利益集团制造的结果，而不是普遍性的结果。[①] 事实上，教师对教学过程的设计，通常是在不断比较、鉴别、协调教与学的价值取向后的价值选择结果。所以，对教学过程设计的研究不能仅仅局限于"客体尺度"，即教学行为层面的模式、程序、环节的分析，而应该揭示设计者在决策教学过程时的价值冲突与价值选择，以"主体尺度"为研究的基本思路，分析其呈现的价值取向以及制约因素。教师应从更深层次上把握教学过程设计的实质，从而建构更为科学合理的教学过程。

首先，教育教学是促进学生不断成长、发展的有目的的活动，体现了教育主体的主动选择，而选择就意味着价值理性优先于工具理性[②]。尽管对教学过程本质的探讨多种多样，但从教学过程设计与实施来看，设计教学过程就是教师对教学过程促进学生发展的不同功能的判断与选择过程。每一个教学活动过程，都会引起学生不同方面的变化，不论这种变化反映在心理方面还是生理方面，认知方面还是情感方面，这些变化都体现着设计者对教学过程功能的价值追求。这种价值追求直接影响着设计者对教学过程设计的决策，即面对各种相互冲突的功能时，设计者会优先选择关注哪些功能、建构怎样的结构、解决哪些问题，等等。因此，设计主体的价值取向决定了其对教学过程所发挥功能的方向性的选择。

其次，教学过程的实施必定在具体的时空条件下，完成某些任务，解决某些问题。因此，教学过程设计的价值取向就必须针对具体的影响因素，寻求对某个具体教学活动而言最适切的、最有针对性的价值追求，而不仅仅是因循既定教学过程的主张或理念。这些具体的影响因素包括社会发展某一时期教育活动的主导性价值取向、所在学校的文化导向、

---

① ［法］迪尔凯姆. 社会学方法的规则［M］. 胡伟，译. 北京：华夏出版社，1998：6.

② 劳凯声，刘复兴. 论教育政策的价值基础［J］. 北京师范大学学报（人文社会科学版），2000（6）：5～17.

具体学科的特定育人价值、学生学习的心理准备等。如果教学过程设计缺乏对这些因素的充分考虑，就难以在实际教学过程中取得预期成效。

最后，社会转型期多元文化并存，教学过程设计价值取向也必然表现出多样化的存在。全球化、信息化对我国基础教育的价值取向产生了不同以往的影响，新课程改革对课堂教学也提出了新的理念与要求。面对不同利益群体（国家、地方、学校、教师、学生等）的不同甚至相互冲突的价值诉求，教学过程设计主体必须对不同层次的价值追求做出必要的整合，确定具体明确的教学过程设计的主导性价值取向。事实上，教学过程设计价值取向的确定，取决于价值冲突与整合中，设计主体如何确立占主导地位的价值取向。因此，研究教学过程设计必须分析对设计主体价值选择产生影响的各种因素，探讨转型社会背景下的应然价值取向，以便有效地指导教学过程设计。

（二）社会转型的时代背景对学校教育主导价值提出严峻挑战

当代中国社会正在发生着重大的变化，处在由传统农业文明社会向现代工业文明社会以及后工业文明社会转型的进程中，与之伴随的则是对人们的物质生活和精神世界的震荡。理性认识与深刻把握社会转型的定位与特征，迎接并适应社会转型所带来的巨大变革，成为各领域研究与关注的重要议题。有学者指出，当前中国社会正在经历着一场深刻的价值重建与文化转型，其实质与核心就是人们生存方式的转变或重塑，就是实现人自身的现代化，即从农业文明下自在自发的主体转变为工业文明下自由自觉的主体。① 这种转型对社会的政治、经济、文化和教育都产生了冲击。

首先，中国社会转型处在相当复杂的人类文化和历史发展背景之中。作为后发国家的中国，不是在西方工业文明方兴未艾之际实现现代化转型的，而是在西方工业文明高度发达且显露出危机和弊端开始了向后工业文明过渡的时期实现的，这种巨大的历史错位呈现出一个特殊的场景：

---

① 衣俊卿．论社会转型时期的生存模式重塑——关于价值重建与文化转型的深层思考[J]．北方论丛，1995(4)：1～8.

西方社会以历时形态更替的农业文明、工业文明和后工业文明，在中国则以共时形态存在于社会转型进程中。每一种文明既有其不可替代的价值，也存在某种内在的缺陷。面对价值取向、文化观念上的巨大冲突，如何选择就成为人们日常生活必须思考的重要问题。是跟随当下西方社会选择后工业文明而对现代性、主体性以及对一切有深度的价值和思想进行彻底消解，还是坚持用现代工业文明的科学技术理性和以人的主体意识和创造性为核心的人本精神进行自觉的文化启蒙？这不仅是哲学、社会学、经济学等学术领域关注的主题，也是当前学校教育必须明确的现实选择。

其次，伴随着经济生活形态的转变，人们的思维方式和精神状态也发生着相应的变化。产业结构的调整、生产模式的转向、科层架构和等级制度的松散化，赋予劳动者在某个集体或团队中更多的自由选择机会与权利，甚至可以在不同的组织集体中做出取舍。这样的选择权利与机会带给个体的是某种程度的自由与解放。于是人被推到了自主选择的前台，人的自主性、主动性得到了较大程度的认可与发挥，人对自由、自主的渴望得到了部分的满足，成为一定意义上不得不自主选择但又必须承担责任的不可退缩也无法逃避的主体。传统社会那种以整齐划一、简单服从、计划控制为主的思维方式不再被认为是天经地义的了，人的发展更多依赖于通过自主搜集、处理各种信息，自主决策、选择成长路径来寻求适宜自身发展的空间。对人的"主体精神"的推崇成为时代精神的重要内容。社会转型对人生存方式的重塑，使人们不得不思考学校教育的主导性价值取向的基本定位和教学过程设计如何以培养具有自由自觉品质的现代人为指向。

最后，以多媒体和互联网为核心的当代信息技术的飞速发展，不仅为人类由印刷时代步入信息时代奠定了物质基础，也为社会成员创造了数字化的生存环境。这场科学技术的变革，是对人类脑力的增强与延伸，它不仅改变了人类社会的生产方式、思维方式和社会运行机制，更深刻地影响着人们的日常生活方式。它带来的结果是，社会信息的投入产出比迅速增长，人们交往合作的渠道极大拓宽，新的信息技术被广泛应用于各个领域。信息技术充分而广泛的应用让人们可以更彻底地享受"个性化"的生活方式。借助网络和数字化通信，人们可以不受时间、空间的限制，实现无障碍的、即时性的、非面对面的沟通与交流，网络中的虚拟相遇日渐频繁，极大地增加了真实相会的交往广度、接触频度乃至沟通深度。这场变革已经并将继续深刻影响着学校中人与人的沟通方式、教与学的互动方式，它带给学校教育的冲击既是严峻挑战，也是难得的发展机遇。有学者认为，当代信息技术革命将成为人类学习方式演变发展的第三个里程碑[①]，而目前我国学校教育的学习方式以及在此基础上的教学过程设计还比较落后，尤其缺少适应数字化学习环境的教学过程设计。教学设计主体如何驾驭新的教学环境实施高效的教与学活动，就成为我国教育工作者积极关注的研究领域。在教学过程设计中确立与信息技术时代相契合的文化价值观念，并据此变革教学过程成为重要趋势。

（三）教学过程设计价值取向是教学过程理论研究的核心问题

教学过程理论是教学论的基本内容，与其他事物一样，教学也是作为过程展开的。探寻教学的特征需要分析教学过程，实现教学任务也要依赖教学过程。教学过程的理论所要回答或解决的问题主要有两个[②]。一是关于过程的性质问题，它包括教学过程与其他自然、社会诸过程的联系和区别等，即如何理解教学过程的问题。例如，将教学过程理解为系统知识的传授与学习，或理解为"做中学"等。不同的理解所设计的教学目标、内容、方法、组织形式等一系列范畴就各不相同。从这个角度看，教学过程理论直接影响着教学实际工作的方方面面，是关于教学工作的基本原理。另一是关于教学过程的结构、环节、阶段、程序等模式问题，它表达的是教学过程展开所经历的一套独特的操作步骤、顺序。本研究的教学过程设计，首先要依据对教学过程本质的理解，因为不同的教学过程本质观，决定了不同的教学过程功能与价值取向，也要探讨不同教学过程设计所体现的价值追求。

---

① 桑新民. 从印刷时代到信息时代：人类学习方式与教育模式的历史性变革[J]. 职业技术教育，2001（12）：32～37.

② 王策三. 教学论稿[M]. 北京：人民教育出版社，1985：108.

　　教学过程的性质问题是教学论的本体论问题。20 世纪 80 年代以来，我国教学理论界集中探讨了教学过程的本质，涌现出了多种过程本质观，主要包括以下几种：以马克思主义辩证唯物论的认识论为指导，按照认识的普遍规律把握教学一般过程的"认识本质说"；基于教学过程要完成的基本任务，探讨教学过程本质的"发展说"；试图从多视角、多学科立场出发探讨教学过程本质的"层次类型说"；以实践活动论为指导，把教学过程当作实践活动，强调教学过程中一系列教与学行为的实践目的的"实践说"；用哲学价值论的观点探讨教学过程本质，把教学过程看作价值主体追求和实现价值目标而展开活动过程的"价值增值说"；从教学过程的社会性、人际关系来分析，以对话、交流、合作为基础的"交往本质说"，等等。随着时代的变迁，探讨适应转型社会要求的教学过程本质，尤其是在继承现有研究成果的基础上，融合关于教学过程理解的几种认识，建构更为根本的过程理论，是教学过程理论亟待探究的问题。

　　由于教学过程问题在理论上和实践上至关重要，所以不同时代的教育家都对它进行了各种探索。对教学过程阶段的探究经历了古代社会通过经验概括而得到的"学—问—思—辨—行"的学习过程。从近代开始，夸美纽斯把观察引进教学过程，形成了"观察—记忆—理解—练习"的一般过程。赫尔巴特根据"统觉"原理，把教学过程看作新旧观念联系和系统化的过程，提出了"明了—联想—系统—方法"的教学形式阶段，这是教育史上第一个基于心理学理论建构的教学过程阶段理论，其教学过程设计有助于教师系统地传递间接经验，有助于学生高效地掌握知识与技能，对人类文明的有效传递发挥了重要作用。因此，赫尔巴特的教学过程设计对后世产生了广泛而深刻的影响。之后，杜威源于对教学过程的独特理解，重视直接经验、学生活动在教学过程中的重要价值，提出了反省思维五步骤："情境—问题—搜集资料—假设—验证。"它成为教学过程设计的另一类重要形态，其主张不仅丰富了设计形态，而且凸显了教学过程对学生发展的另一层面的价值：自主性的培养、探究解决问题能力的提升等。罗杰斯基于对认知与情感分离的教学过程的批判，提倡非指导性教学，其价值取向在于培养"完整的人"。对教学过程设计的分析与研究，不能仅仅关注其结构、环节的数量或前后关系，还应关注教学过程诸要素在不同的组织与设计下，形成的不同结构以及结构所达成的育人功能的差异与价值取向的不同。相比于探索教学过程所要追求的价值，教学过程的阶段、环节、程序等模式问题都属于手段层面，手段本身无所谓优劣，其价值在于如何更有效地实现目标。有益于实现育人功能的教学过程设计就是有价值的设计。这也是从价值论角度研究教学过程设计的意义所在。

（四）持续不断的探索，积累了丰富经验也暴露了诸多问题

20 世纪 80 年代以来，我国基础教育领域开展了持续不断的教育实验与教育变革，对教学过程设计也进行了积极探索与创新尝试，积累了丰富的改革经验，也暴露了某些问题。因此，梳理实践成效，反思现实问题，应成为教学过程理论研究的重点。

在基础教育实践探索中，众多的教师、大批的学校为了提高课堂教学质量与效率，尝试设计不同的教学过程，主要呈现出以下几种取向的教学过程设计。

第一，以知识掌握为主要价值取向的教学过程设计。人类对知识授受的追求源远流长。赫尔巴特及其弟子的"五段教学法"已经成为经典，凯洛夫主编的《教育学》中的教学过程设计，以及我国主流教学论教材中的教学过程主张，对课堂教学实践产生了深远影响。为了更有效地掌握知识，有学者对赫尔巴特"形式阶段"的运用提出了改进方式，认为赫尔巴特所揭示的四个教学阶段作为实践中的现象是客观存在的，但是它并不是过程的全部，不是唯一的阶段模式。考虑到各种不同的影响因素，研究者提出了多数人未曾注意到的"逆向运行"特征，即在初步获得概念之后，"从运用知识入手，使先前知识进一步系统化（返回第三阶段）；经过新型的系统化阶段的学习，在以往阶段学生所接受的观念就会更进一步联合（进入第二阶段）；这种新的联合必然使学生比之既往能够更深刻地、更全面地重新感知以往所学的材料"[①]。有的教师在实践中积极尝试，

---

① 赵卫. 试析赫尔巴特教学阶段的逆行特征及其它[J]. 教育科学，1990（1）：31～35.

将理解教材与运用知识两个环节不断循环往复，通过理解与运用的结合，让学生更深刻地把握与应用所学知识，从而实现知识掌握的价值追求。

第二，以能力培养为主要价值取向的教学过程设计。这种取向的教学过程设计表现为学生的探究发现过程，其核心是对学生自主学习能力、自主探究意识和能力的培养与提升。杜威的反省思维五步教学法是这种教学过程的经典表达。我国基础教育领域自 20 世纪 80 年代开始的自下而上的轰轰烈烈的教育变革，也涌现了掌握知识与培养自学能力并重的教学过程设计，最著名的就是卢仲衡先生主持的"初中数学自学辅导教学"改革实验，该实验不仅关注知识掌握，更重视自学能力与习惯的培养，在国内外获得了较高的声誉。魏书生的语文课"六步课堂教学法"的教学结构改革实验、邱学华的小学数学尝试教学法的三阶段教学过程设计等变革性实践都体现出对学生能力培养的重视。同时，一批从学校整体层面改革教学过程设计的模式也先后涌现，如杜郎口中学的"三三六"自主学习模式、洋思中学"先学后教、当堂训练"的课堂教学模式等。受新课程改革提倡教学方式变革与研究性学习的影响，探究发现型的教学过程设计逐步为教师所接受，其价值在于提高学生学习的积极性、增强学生主动探究的意识与能力。

第三，以情感、个性发展为主要价值取向的教学过程设计。人本主义心理学家罗杰斯的非指导性教学模式是这种取向的主要代表。江苏南通的李吉林老师自 20 世纪 80 年代中期开始，在自己所从事的小学语文教学实践领域辛勤探索，创造性地提出了情境教学（教育）的本土模式。情境教学（教育）不仅促进了儿童认知与道德领域的学习，而且有效促进了儿童情感的发展，"创造性地帮助儿童通过'境'而想象，通过'象'而思虑，通过'场'而记忆，其学习活动始终伴随'直感'，也就是'以情来想象，以情来感受，以情来记忆'，因此，它不仅是有效、有魅力的教学，而且恰是实在的情感教育"[1]。"情境教学思想，科学与人文统整，实现了对教育过程人文、艺术的把握，实现了对传统知识观的超越，实现了对

---

[1] 朱小蔓. 情境教育与儿童学习[J]. 课程·教材·教法，2009(6)：21～23.

工具理性教学观的理性批判。"①以这些特级教师为代表的广大教师，在自己的课堂上，充满热情地探索教学过程设计。不同层面的变革性实践，表现出对促进学生更有效发展的教学过程设计的不懈努力。对教学过程设计价值取向的研究有必要解读这些优秀的成果。

教学过程设计在积累了丰富成效的同时，也暴露出某些问题，体现在两个方面。

一是对教学过程设计的关注度逐渐减弱。以往的课堂教学评价标准都曾经将教学进程或环节设计作为一项重要指标，因为不同设计体现了不同的育人功能与价值追求，而当前评课标准中较少涉及这项内容。例如，2008年5月启动的"全国首届小学优秀课例评选"标准，包括4个维度的17项指标，对于环节的设计仅在"教学组织"指标中有所提及，评价内容是"流畅、紧凑，层次清楚"，而没有考虑过程设计能否有效促进学生个性的全面发展，进程安排是否与内容的掌握相适切、相匹配等因素。毋庸置疑，进程、环节设计的合理与否直接影响着育人价值的实现度、教学目标的达成度。关注程度减弱与研究热点的转换有关。20世纪80年代末兴起的教学模式探讨一度成为热点，弱化了教学过程设计的探索。新课程改革大力倡导教与学方式的变革，使热点又转到了教学方式上。不管研究热点如何转换，研究教学过程设计及其价值追求，是不能忽视的问题。

二是教学过程设计重形式模仿轻价值实现。仍旧以"全国首届小学优秀课例评选"为例，评选委员会提交的研究报告指出："在许多课例中，创设问题情境是提升教学质量的重要方式，但发现有些课例中的问题情境是外在的情境，并没有体现学科的本质，形式的东西偏多，相应地，有关的探索活动也没有体现出必要性，造成问题情境和探索活动对于学生真正地理解和掌握学科知识没有帮助。在课例中经常会看到，整个课堂的小组合作进展得热火朝天，学生们对于开展的活动很有兴趣，但往往忽视学生在高层次思维发展方面的效果。""在设计探究活动的过程中，要淡化形式，重要的是关注学生学习方式的转变，思维层次的深度和学

① 裴娣娜. 基于变革性实践的创新——对李吉林情境教育思想的再认识[J]. 课程・教材・教法，2009(6)：12～16.

科能力的提升，不要看表面上课堂气氛是热闹还是平静，而要看儿童内心的思维活动，表面的平静并不意味着内部思维活动的缺乏，而表面的热闹也不代表内心思维的活跃。"①创设情境外在化、探索活动形式化、热闹课堂平庸化等现象并不仅仅表现在评选的课例中。这个问题反映了教师对教学过程设计关注点的错位，即教学过程设计仅仅注意模仿某些模式的阶段、环节、程序等外在形式，而未能理解不同设计所追求的促进学生发展的根本性教育价值。这既关涉研究对教学过程设计的重视程度不足，也反映了对教学过程设计价值取向等问题研究的相对薄弱。因此，加强这方面研究是教学实践的现实需要。

（五）既有研究着重探讨过程本质，较少关注过程设计

关于教学过程的研究主要表现在两个方面。一是对教学过程本质的探讨、争鸣与不懈追问。经历了"文化大革命"的教育领域，在改革开放的大背景下重新开展教育科学研究，探讨教育规律。20 世纪 70 年代末悄然兴起的"本质"探索，逐步发展到热烈争鸣，发表于各种报刊论著之中，时至今日仍追寻不断，屡有新得，成为我国教育界特别是教学理论界的热点议题、主流话语。二是对教学过程的阶段、结构、进程、模式等基本程序问题的分析与思考。相比于前一主题轰轰烈烈的研究态势，对同样决定着教学效果、反映着现代教学核心问题的教学过程设计问题，人们则表现出漠不关心的状态。已发表的文献数量差异反映了关注度的不同。笔者查阅了"中国知网"（CNKI）的期刊文献，检索条件分别为：①学科领域：教育理论与教育管理、初等教育、中等教育；②发表时间：1979 年 1 月至 2009 年；③文献特征："题名"。结果如表 0-1 所示。

表 0-1　教学过程相关文献数量统计

题名　　数量	共有记录	相关文献数目
教学过程阶段	1	1
教学阶段	16	10

① 教育部基础教育课程教材发展中心课例评选委员会．全国首届新课程小学优秀课例评选研究报告［R］．北京：中华人民共和国教育部，2009(4)：16～17．

续表

题名＼数量	共有记录	相关文献数目
教学进程	13	11
教学结构	349	343
教学过程	2093（教学理论子库：555）	未统计

从表 0-1 中可以初步得到一些结论，关于过程阶段、教学进程的期刊论文的数量相当少，大约有 22 篇，其发表时间分布如图 0-1 所示。

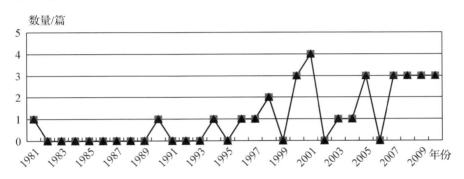

图 0-1　"教学阶段""教学进程"文献发表时间分布图

从发表时间上看，自 20 世纪 90 年代中期才开始出现持续不断的研究，但研究的成果数量相对较少。这种研究现状说明了"教学过程阶段一直以超稳定的形态存在于教学实践中，教学理论界也把它视为一种'自在'之'在'而未予以深刻理会"①。

由于教学结构有不同的含义，所以对结合不同学科特点的教学结构优化与改革的探讨相对较多，共有相关文献 343 篇，其发表时间分布如图 0-2 所示。

从图 0-2 中可以看出，人们对教学结构研究的重视出现在 20 世纪 90 年代中期以后，这与教育技术领域对教学结构的关注密切相关，而研究的高潮出现在新课程改革初期。伴随着课程改革的推进，在学科领域内

---

① 李定仁，王兆璟．教学过程阶段诸说的比较研究[J]．比较教育研究，2000(2)：12～17．

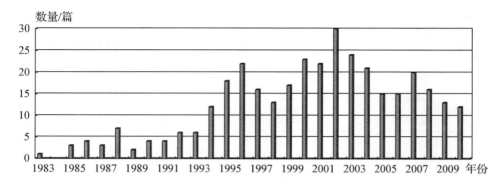

图 0-2 "教学结构"研究文献发表时间分布图

借助技术手段深入研究教学结构的优化问题成为研究的主要方向。

以"教学过程"为题目的文献，所涉及的具体内容多且杂，故研究成果颇多，达到 1865 篇，其发表时间分布图（图 0-3）几乎呈现出持续上升趋势，反映出教学过程始终是教学理论研究的重要问题。

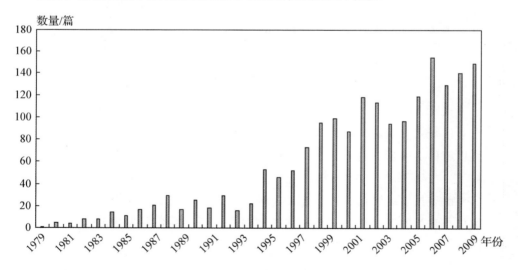

图 0-3 "教学过程"研究文献发表时间分布图

通过对不同主题研究文献数量与发表时间的分析，可以得出以下几个结论。

第一，鉴于教学过程理论是教学工作原理的重要内容，对"教学过程"这个范畴的研究始终是教学理论工作者的重要关注点，它说明这个范畴是教学理论与实践的重要内容，有必要继续关注。

第二，关于教学过程不同主题的研究，呈现出冷热不均的现象。对过程的本质、特点等原理性问题的研究成为主体，而对过程的阶段、环节等程序性问题的研究则处于弱势。这在一定程度上与关于教学过程结构、环节设计的理解与功能定位有关。如果结构、环节等仅仅被认为反映了教学活动顺序的安排，而赫尔巴特、杜威、凯洛夫等人的教学过程主张已经成为活动顺序安排的经典，那么，它以超稳定形态存在于教学实践中，或者以"自在"之"在"而存在于教学理论中都是可以理解的。但应该意识到在教学活动过程中，相同教学要素的不同结构组合，必然发挥着不同的育人功能，实现着不同的教育价值。正是基于这种认识，本研究选择了这个既古老而又具有现代意义的研究主题，探索教学过程设计所蕴含的现代教学核心问题。

第三，在既有研究中，不管是原理性问题还是程序性问题的研究，主要是在认识论基础上的分析、探索与反思，价值论视角的分析与阐述相对较少。事实上，如何设计教学过程既反映了设计主体对教学过程本质的理解，也体现出其对学生成长与发展价值的终极选择与追求。因此，从价值论视角，以价值取向为研究主旨，应成为重要的研究方向。

二、研究问题与研究意义

（一）研究问题

对价值取向研究的定位，不仅体现着研究者的研究观，也决定着研究的基本思路与内容。基于教育理论与教育实践的关系，教育价值取向研究可以划分为两种定位：一种是在理论与实践相互融通基础上的分析与探讨，即研究者试图将价值取向问题与变革性实践相结合，体现出面向实践的理论研究定位；另一种则主要是纯粹理论研究，即对教育价值以及价值取向等问题进行专门的研究。① 价值研究具有很强的实践指向

---

① 李家成."学校教育价值取向"研究的反思[J].南京师大学报（社会科学版），2003（5）：79～85.

性，价值取向自身也同样具有时空条件。因此，本研究立足于教育理论与实践结合的研究定位，所试图构建的研究结论，是在当代转型社会背景下的学校教学具体情境中的"理论"，而不是外在于学校教学的"理论"。这一研究定位对于当代学校的变革性教学实践具有前提性意义。

本研究从价值论的研究视角出发，以课堂教学过程设计价值取向为研究主题。首先，通过梳理影响广泛的重要教学过程理论的产生背景与理论基础，分析归纳教学过程设计价值取向的演变趋势；其次，通过观察现实课堂教学活动、审读教学过程设计文本，呈现当前教学过程设计价值取向的现实图景；再次，从价值论视角解读教学过程设计价值取向的内涵，分析教学过程设计价值取向的结构与制约因素，为建构促进学生发展的教学过程设计奠定学理基础；最后，立足于当代社会转型，提出教学过程设计的应然价值取向与实现路径。具体研究问题包括以下几个方面。

1. 中外教学过程设计价值取向的历史审视

从价值角度解读中外教学理论关于教学过程设计的主张，在此基础上，梳理教学过程设计价值取向演变的线索。解读历史是为了更好地理解现实与把握未来。

2. 教学过程设计价值取向的现实考察

通过观察、访谈、文本分析、文献研究等方式，考察现实课堂教学活动的教学过程设计，通过分析与审读，呈现教学过程设计价值取向的现实图景。所考察的教学过程设计包括两类：当前学校教学中主流倾向的教学过程设计；具有突破性的变革性教学过程设计。对前一类型的设计主要从三方面——教学过程主体设计的价值取向，教学过程设计的本体性价值取向，教学过程进程设计的价值取向——直观呈现其表现形态，并审理教学过程设计价值取向的问题。对后者主要从学科、学校层面呈现教学过程设计方面的突破性举措及其价值取向。

3. 教学过程设计价值取向的价值论视角分析

在梳理历史、考察现实的基础上，从价值论视角对教学过程设计做出学理分析，主要内容为教学过程设计价值取向的内涵解读、结构分析与制约因素。

4. 教学过程设计的应然价值取向与实现路径

基于社会转型对人才的要求以及教育变革的根本诉求，提出了教学过程设计的应然价值取向与实现路径。

（二）研究意义

1. 理论意义

第一，从价值论视角研究教学理论，有助于进一步充实教学论学科研究。以马克思主义认识论为理论基础探讨教学论的基本问题，是我国教学论学科研究的主导性取向。近年来，一批学者开始从本体论、实践论、文化学、伦理学等视角建构教学论的理论分析框架，不仅突破了原有相对封闭的研究视域，而且重构了原有的理论体系。教学活动不仅是知识掌握的认识活动，更是具有明确发展指向的"人为"与"为人"的价值活动，是以促进学生主动、全面、差异发展为价值取向的价值活动。

第二，从价值论视角研究教学过程，有益于突破单一尺度的研究，以事实与价值、客体与主体两种尺度，分析教学过程的本质与特征，建构教学过程理论。自古以来，中外教学实践就在不断探索教学过程，形成了丰富的教学过程理论。但是，从教学论视角对教学过程的理解，更多偏向于结构、环节等教学活动的程序化、规范化组合，组合的依据通常是经典教学过程理论的观点，或者是一段时期内教育变革所倡导的理念，缺少对教学活动过程的育人功能、价值取向的关注。从价值论视角出发，基于价值追求建构教学过程，不仅关注教学过程结构、环节等程序问题，更加重视由教学过程基本要素的不同组合所形成的不同结构，在教学过程中如何发挥不同的育人功能。结构决定功能，不同结构带来不同功能。分析与探讨教学过程各种设计所体现的育人价值，促进教学过程理论的丰富与发展，让这个古老的研究主题拥有了现代教学意蕴。

第三，从价值角度探索教学过程设计，有可能开拓新的研究领域。"教学设计"研究是对如何设计教学活动各个要素、环节等的研究，已经成为体系庞大、内容丰富的研究范畴。它比较偏重于客体尺度的要素分析、规范严格的设计步骤等研究内容，较少关注设计所体现的价值取向、价值追求。然而，教学活动本身具有明显的价值倾向性，它要求研究者必须重视从价值角度分析教学过程设计，关注教学过程设计所体现的价值取向。因为相对于教学过程所应实现的育人价值而言，设计教学过程仅仅是服务于有效促进学生发展的手段。所以，在倾心于规范化的分析与设计步骤之前，需要明确设计所要达成的功能与价值。从价值角度研究教学过程设计，通过彰显教学过程设计的主体尺度，突出教学活动的价值追求。这种探索有可能开拓教学过程研究的新领域。

2. 实践意义

理论探索的终极诉求在于践行。教学过程理论研究的实践意义在于建构科学合理的教学过程，提高课堂教学活动的质量与效率，满足学生多元化发展的需求，促进师生的共同成长与发展。

第一，研究教学过程设计，有助于超越传统封闭、僵化、单一的设计套路，为学生主动、开放、差异发展寻求路径。课堂是学生成长的重要空间，教学活动是促进学生发展的基本途径。教学过程设计应当追求什么价值，如何有效实现这种价值诉求，直接制约着学生的健康成长。因此，从价值角度研究教学过程设计，有助于教师以清醒、自觉的意识，关注教学过程设计应达成的促进学生发展的价值，并创造性地设计教学过程，实现教学过程的育人价值。

第二，从价值论视角研究教学过程设计，有助于提升教师的专业自主性。价值一词本身就蕴含了选择与判断之义。因此，分析价值取向，必然会彰显设计主体，因为价值选择与判断是价值主体的行为。从教师专业发展角度看，建构教学过程设计价值取向的价值主体必须是教师。对于教师专业发展的理解不能仅仅局限于"认识到什么"，更重要的在于"实现着什么"。教师的工作不仅仅是一种中介性质的传递，而是在教育发生的现场，展开与实现每一个知识的教育意义；在教育活动的每一步骤，达成与实现教育价值追求。因此，从价值角度思考教学过程设计，促使教师必须自主选择与决策，充分彰显其价值主体的地位，有助于教师通过创造性的教学过程设计与实施活动，提升自身专业水平。

三、核心概念界定

（一）教学过程设计

1. 关于教学的理解

教学是一个与教育一样使用频繁、理解多义的概念。对教学概念的使用与理解既表露出概念应用者对教学本质的认识，也反映出不同历史时期的教学特征。既有研究对教学概念的分析与归纳主要涉及以下几个方面。

（1）以时间为轴的汉语语义演变

从古代个别教学形式下的"教学即学习"到近代班级教学组织形式下的"教学即教授"；在陶行知先生的积极倡导下，教学语义转变为"教学即教学生学"；新中国成立后，国内主流教学论认为"教学即教师的教与学生的学"。[①] 不同的语义既反映了从古代到当代教学实践的历史变化，也呈现出其不同的价值追求。

（2）从语词含义对"教"与"学"的不同强调来区分教学的使用

教学通常存在三种不同的用法：在"教"的意义上使用与界定，即从教师、教育者的角度理解教学；从"学"的角度理解与界定，即强调学生及其学习对于教学的重要意义；指称"教"与"学"协同活动的教学，即"'教学'是师生双方共同的、协调一致的行为过程，只有在'教'与'学'的实实在在相互联系与制约中、在师与生的真真切切的协同活动条件下，'教学'才能发生"[②]。对教学概念的第三种认识，超越了教育概念的单向行为过程，更有利于揭示教学的本质属性。本研究的后续研究也是在这种理解的基础上使用教学这一概念的。在概念的使用上由"教"到"学"的转向，既体现了教学论工作者对学生"学"的重视，也反映了理论践行与实践诉求。

---

① 施良方，崔允漷. 教学理论：课堂教学的原理、策略与研究[M]. 上海：华东师范大学出版社，1999：4～6.

② 张广君. 教学概念的语词和归属类析[J]. 上海教育科研，1998(10)：28～31.

（3）基于使用范围的广与狭来归纳对概念的理解

对教学最广义的理解是教学等同于人的生活实践，广义的理解等同于教育，狭义的理解是教育的基本途径，更狭义的理解是等同于技能训练，最具体的理解就是指具体发生的教学。[①] 对使用范围的分析有助于人们在同一个层次理解、谈论教学。本研究将教学视作教育的基本途径。

2. 关于教学过程的理解

由于教学概念的多义，对教学过程的理解与把握也就相对复杂。本研究将从以下几个方面做出分析。

（1）关于教学过程的几种定义方式

对教学过程的定义较多呈现在教学论的教科书中，其定义方式可以归纳为如下四种。

第一种，将教学的定义扩展为教学过程的定义。例如，"教学过程就是教师根据一定社会的要求和学生身心发展的特点，指导学生有目的、有计划地掌握系统的文化科学基础知识和基本技能，发展他们的智力和体力，形成一定世界观基础和培养道德品质的过程"[②]。这种定义方式相比教学的定义，仅仅多了"过程"二字，没有阐明教与学在过程中的关系以及发挥的作用。

第二种，以教学活动要达成的任务说明教学过程的定义。例如，"教学过程是教师有目的有计划地引导学生掌握文化科学知识和技能，发展智力和体力，逐步形成辩证唯物主义世界观和共产主义道德品质的过程"。这种定义可以简化为教学过程就是完成教学任务的过程。这种方式仅仅说明了教学过程要达到的目标，对教学过程本身的性质与特点没有深入阐释。

第三种，根据教学过程的本质特点形成教学过程的定义。例如，"教学过程是学生在教师引导下的一种特殊的认识过程"。由于人们对教学过程本质形成了不同的认识，所以对教学过程的定义也各不相同。从这个角度定义教学过程，事实上就是在探讨教学过程的本质。

第四种，从教学活动所经历的时间、逻辑顺序方面去界定。例如，

① 王策三.教学论稿[M].北京：人民教育出版社，1985：88～90.

② 游正伦.教学论[M].北京：教育科学出版社，1982：20.

教学过程是教学活动经过的程序，表现为具有时间先后和逻辑顺序的一系列步骤、阶段和环节。① 这种界定更多地关注到教学也是一个发生发展、运动的过程，教学目标的实现、教学内容的展开、教学方法手段的运用，都是在教学过程中实现的。

（2）与教学过程相似的几个概念辨析

由于教学过程理论既探讨过程的本质，也分析过程的时序，因此，教学过程概念自身的"一词多义"就导致了过程时序研究中的"多词一义"以及"术语替换"的研究状况。

首先，"教学过程阶段""教学环节""教学进程"等表达教学过程步骤的术语，以共时态的方式表现出"多词一义"。

一些研究文献使用"教学过程阶段"这个概念，指代教学过程理论所要研究的时序问题，即教学活动实施的先后和逻辑顺序等。与"教学过程阶段"同时使用的还有"教学环节""教学进程""教学程序"等不同表述，且它们在研究中所表达的内涵大致相似，即"教学过程中一定的阶段或分节的合法则性的顺序"②，主要探讨在时间顺序上教学应依据怎样的步骤进行，应将教学的整个过程划分为哪些相对独立又前后联系的阶段。这种"多词一义"的表述与对教学过程在时间跨度上的不同理解有关，教学过程可以指从小学入学起到大学毕业止的学与教的进程，也可以指一个学段如小学、中学等的教学过程，或者指一门课程从开始到结束的教学过程，还可以指一门课程中的一章或一个单元的教学过程，当然也可以指一节课的教学过程，如一节课的教学过程的基本阶段曾采用"教学环节"这一术语。在本研究中，教学过程阶段这个概念也会被时常使用，其意义如前所述，即教学活动实施的先后和逻辑顺序等，主要是指一堂课的教学过程设计。

其次，"教学过程阶段"与"教学模式"两个相似概念，以历时性方式呈现出"术语替换"。

教学模式这个概念何时开始使用，笔者无法考证，但通过对20世纪80年代以来32本教学论教材的章节主题的内容分析发现，"教学模式"作

---

① 张传燧.中国教学论史纲[M].长沙：湖南教育出版社，1999：166.
② ［日］佐藤正夫.教学论原理[M].钟启泉，译.北京：人民教育出版社，1996：211.

为教材中的一章或一节内容被比较系统地阐述出现在出版于 1991 年的两本书中：吴也显先生的《教学论新编》，以一章的内容，阐述教学模式的概念、类型、趋势与变革等内容；李秉德先生主编的《教学论》，以一节的内容将教学模式与教学组织形式共同研究。在这之后出版的 20 本（在笔者研究范围内的）教材中，多数都将"教学模式"作为专门章节给予深入探讨。相应地，教学过程的章节，主要分析与阐述的是教学过程的本质、要素、功能等内容，而对教学过程阶段的探讨越来越少。20 世纪 90 年代前，学者对教学过程阶段、环节、结构等术语的研究与使用较多，随着对教学模式理论研究的日渐全面、深入，即"模式热"的兴起，关于"教学过程阶段"的研究逐步减少，关于"教学模式"的研究几乎遮蔽了对"教学过程阶段"的讨论。有学者分析了教学过程与教学模式的关系，认为存在着一个一般的教学过程，只是由于各种具体的变量，或者教学条件不同，才呈现出千差万别、千变万化的"变式"，即具体的教学过程模式。① 也就是说，教学过程阶段是教学的一般进程、程序，而教学模式则是在此基础上对某种教学价值取向的追求，对特定教学情境的创设，或对多样化教学效果的达成等具体化教学过程的表现形式。笔者认同这样的区分。

最后，"教学结构"概念伴随着教育研究领域的拓展而显露出"家族相似"。

"结构"一词本是学术领域的重要概念，伴随着教育技术领域对"教学结构"概念从横断科学、系统科学角度的热烈探讨（对"教学结构"的探讨开始于 2001 年何克抗教授发表的文章《E-learning 与高校教学的深化改革》。2002 年，邱崇光教授以《"教学结构"和"教学模式"辨析——与何克抗教授商榷》为题，辨析"教学结构"概念。此后多位教育技术领域的学者参与探讨与辨析，争鸣一直持续到 2007 年），教学理论研究也逐步运用"教学结构"这个与"教学过程"近似的术语。梳理既有研究的用法，可以从两个方面理解"教学结构"这个概念。一是指时间结构，例如，"教学过程结构是指教学活动内部各组成环节之间在时间方面有机联系或相互作

---

① 杨爱程. 也谈教学模式与一般教学过程的关系[J]. 西北师大学报（社会科学版），1990 (3)：86～92.

用的方式或顺序"。"它是指教学活动的展开和进行的时间流程或逻辑历程。"①二是指要素结构，即关注教学过程的基本要素以及要素之间的相互关系。例如，教学结构是教学活动系统的构成要素(或称基本成分)以及各要素之间的相互联系和相互作用。② 还有学者从状态角度区分上述两种理解，认为研究的不同的排列组合而形成的时态序列是动态分析教学过程，而研究基本组成要素是静态分析教学过程。③ 本研究对"教学过程结构"的理解既有时间意义上的过程结构，也关注要素之间相互作用所表现出的教学过程功能，对教学过程功能的价值选择是本研究的主题。

总之，对教学过程的理解，本研究认同王策三先生的阐述。教学过程理论所要解决的问题主要有两个。一是关于过程的性质问题，即对教学过程本质的探讨；二是关于教学过程的阶段、结构、环节等问题，这是对教学活动实施过程中时间顺序、逻辑程序等的研究。本研究中的"教学过程设计"主要针对教师对教学活动的步骤、阶段、环节等的方面的设计。不同的设计追求着不同的教学过程功能。因此，对"教学过程"的理解，主要立足于教学活动的展开程序、步骤等方面。当然，任何对教学过程的研究，都离不开对教学过程本质的理解与把握，因为人们怎样理解与把握教学过程的本质，就会关注与之相应的教学过程功能，并通过设计教学过程阶段或环节，呈现出其价值取向。

3. 关于教学过程设计的理解

设计(design)是普遍存在于人类生活中的一种活动，是由某种特定的目的而导引的活动。它是教学设计的上位概念，在具体界定教学设计前，应首先对"设计"的内涵进行解释。许多领域都在运用"设计"概念，不同领域对其理解各有不同。鉴于"教学设计"缘起于美国，下面首先分析"设计"的英文原意。

在英文解释中，"design"(设计)既可作为动词也可作为名词。用作动词时，它的英文解释是"you plan，prepare，and decide on all the details

---

①　黄甫全，王本陆.现代教学论学程[M].北京：教育科学出版社，1998：43.
②　吴文侃.教学结构理论的比较研究[J].比较教育研究，1994(6)：11～15.
③　吴立岗.教学的原理、模式和活动[M].南宁：广西教育出版社，1998：400.

of it"(《科林英文词典》)①，即指为某事而精心周密地计划、准备与决策，并指出"design"与"create"（创造）意义最接近。因此，从英文原意理解作为动词的"设计"，其本质是"创造"，而且是对所有细节的精心的创造。

作为名词，"design"英文解释如下：①"the process and art of creating"，即创造的过程与艺术；②"the way in which something has been planned，including what it looks like and how well it works"，指计划某事的程序，包括事物的形态以及达成的方式。可以看到，作为名词的"设计"更强调一种完成创造行为的"过程"或"程序"。

在设计科学中关于"设计"的理解有很多，视角不同其界定也不同，主要有如下几种：①意指制作一个特定的人工制品或理解一个特定活动的计划或者安排；②转换需求为设计描述，需求一般被称为功能，此功能具体表达所设计的人工制品的目的；③是一种有目的的人类活动，使用认知过程转换人类需求和意图为物化的实体。② 在这些表述中，同样可以发现中文"设计"与英文意义"设计"相似的某些共性描述——满足需求的活动，创造性的活动。

在教学设计领域，巴纳锡（Banathy）也有类似的论述，他认为"在最普遍的意义上，设计是一种有目的的创造性活动，是构建人与世界关系的一种积极主动的活动"③，具体而言，设计是一种创造性、决策性、规范性的探究活动。"设计不是预测未来，而是创造未来；我们不是为未来而设计，我们是在设计未来。"无独有偶，罗兰（Rowland）也认为，设计就是为创造某种具有实际效用的新事物而进行的探究。

从这些表述可看出，设计在本质上是人类所特有的一种创造活动，不管是在内容还是形式上，都体现着人类从无到有的创造性追求；任何设计都是为满足人们某种特定目的、特定价值需要的策划活动；设计活动表现为一种过程，不仅有头脑中的策划，而且包括为实现目的而精心准备的程序。本研究对"教学过程设计"的理解，也是基于对上述分析所

---

① COLLINS Birmingham University International Language Database. Collins COBUILD English Language Dictionary[M]. London：HarperCollins Publishers，1993：382.

② 侯悦民，季林红，等．设计的科学属性及核心[J]．科学技术与辩证法，2007(3)：23～28.

③ Banathy，B..Comprehensive Systems Design in Education—The Prime Imperative Building a Design Culture[J]. Educational Technology，1992，32(6)：35.

获得的结论。设计者基于对教学过程本质的深刻理解以及对学生学习状况的把握，为了实现特定的价值目标，能动地、创造性地精心建构教学活动的过程及其结果。教学过程设计既表征着建构蓝图的过程，也反映在实施设计的过程中。它是动态与静态的结合。

（二）教学过程设计价值取向

1. 关于价值与价值取向的理解

本研究将在第三章详细阐述对"价值"与"价值取向"的理解。为避免重复，这里仅做简单叙述。关于价值的本质存在多种说法，根据马克思主义哲学关于价值的解释，以及国内哲学界逐步达成的共识，"价值"是对主客体关系的一种主体性描述，它代表着客体主体化过程的性质和程度，即客体的存在、属性和合乎规律的变化与主体尺度相一致、相符合或相接近的性质和程度。[①] 这个理解强调价值是一个关系范畴，它表明主客体之间一个特定关系方面的质、方向和作用[②]，是主体需要与客体属性之间所形成的相互满足关系。本研究对价值本质的理解基于这种满足"关系说"。

价值取向（value orientation）是一个在人们日常生活中常常被使用而学术界却没有给予充分关注与研究的范畴。因此，本研究在查阅了相关文献对"价值取向"解释的基础上，归纳了关于"价值取向"的三个核心要素：价值主体、价值观念、价值选择。它表达出价值主体一定的基本价值倾向。

"价值"与"功能"存在差别。功能与价值有着非常密切的联系，但是二者又是不同的。关于功能和价值的关系问题，有许多不同的认识。功能是指事物或方法所发挥的有利的作用[③]，它主要取决于事物自身所具有的性质和特点，是某一事物固有的能力范畴。多样化的特征可以使事物或方法具有多方面的功能，而多样功能的存在，又可以通过不同的选择

---

① 李德顺. 价值论（第二版）[M]. 北京：中国人民大学出版社，2007：79.

② 李德顺. 价值论（第二版）[M]. 北京：中国人民大学出版社，2007：86.

③ 中国社会科学院语言研究所词典编辑室. 现代汉语词典（第 6 版）[Z]. 北京：商务印书馆，2015：453.

建构多种价值取向。价值更多的是主体在面对这个事物时的态度和选择。例如，在任何情况下，教师在课堂教学中都要发挥"传道""授业"的功能，但在不同的历史背景和不同的意识形态的国度中，教学的某个功能被重视或者被强调时，也就意味着教学指向了某种价值追求。

2. 关于教学过程设计价值取向的理解

结合上文所论述的关于"教学过程设计"与"价值取向"的理解，"教学过程设计价值取向"可以理解为设计主体基于对教学本质的深刻理解以及对学生学习状况的把握，为了实现一定的价值目标，创造性地精心建构教学活动过程及其结果所表现出来的一种价值追求、价值倾向性。具体分析留在第三章。

四、研究视角、研究思路与研究方法

（一）研究视角

"视角"即"说角"，选择什么样的视角就意味着用什么学科的话语来阐述问题。研究视角的选择与研究的主题息息相关。本研究定位于当代中国社会转型的特定历史背景，基于对当前学校变革性课堂教学实践的关注，考察与解读教学过程设计的形态及其追求的育人价值，揭示与分析教学过程设计价值取向的基本结构与制约因素，尝试建构体现社会转型要求的教学过程设计价值取向，为学生主动、全面、差异发展奠定基础。中国社会的转型对学校教育产生了前所未有的冲击，理性认识并深刻把握其特征，迎接并适应转型所带来的巨大变革，成为学校教育变革研究与关注的重要议题。转型的实质是人的生存方式的重塑，其目的在于寻求一个更加合理的社会结构，为人的生活提供有效的社会环境和价值保证。因此，社会转型与教育变革的背景，成为研究教学过程设计价值取向的宏观视角。

微观方面，研究教学过程设计价值取向，也就是从价值角度解读教学过程设计的基本追求，必然选择价值论研究视角。有学者归纳了价值论研究与认识论研究存在的学术差异①，见表 0-2。

表 0-2　认识论研究与价值论研究的学术差异

	认识论研究	价值论研究
理论出发点	对象世界、客观世界	人的现实生活、活动的世界，从事实际活动的人
研究对象	"外在于主体"的客体性事实	与主体相关、依主体不同而不同的"价值事实"
提问方式	以"是""实然"为特征	以"应该""应然"为特征
运思方向	揭示"正确"的本质和规律，获得"科学的"理论体系	追求相对于具体主体合理、有利、有效的"主体性真理"
基本特征	以外在尺度为尺度，根本特性在于客观性；追求客观、普遍	以内在尺度为尺度，根本特性在于主体性；侧重主观、特殊
哲学基础	本质主义、基础主义，决定论的哲学基础；人的行为与"规律""必然""决定"相关	与人的自主、自由、选择、创造相关，以自己的自由意志确立价值理想、原则、规范，"以主人的姿态"对自己的自由选择负责
功能与精神境界	描述、说明与解释世界，发现"放之四海而皆准"的真理	反思、批判现存世界，以人为本变革、创造"人为的""为人的"理想世界

之所以选择价值论研究视角，与本研究所确立的核心假设与研究主题相关。本研究假设所有教学过程设计都是设计主体为了实现某种价值目标，而对教学过程功能进行价值判断与选择的结果。因此，教学过程设计以人的尺度为尺度，而不仅仅根据既有的若干教学过程设计形态构建，是"人为""为人"的自主选择。本研究在梳理历史、考察现实中，关注教学过程理论对人（学生）的发展的实然追求，在此基础上，建构促进学生更有效发展的"应然"价值追求。这种研究假设与主题，只有在价值论研究视角下，才能够充分展开与论述。在价值论研究视角下，能够更有效地发挥主体的尺度。

---

① 孙伟平. 关于价值论的研究方法——走出"拟科学"、认识论的误区[J]. 哲学动态，2004(7)：5～9.

（二）研究思路

研究的总体思路是"历史—现实—理论"三个方面的探索。

首先，系统梳理中外教育史上重要教学理论关于教学过程设计的主张，在此基础上分析不同教学过程设计所表现出的价值追求，并归纳其演变的主要趋势。理解历史是为了考察现实与设计未来。

其次，面对现实课堂教学鲜活、生动的教学过程设计图景，透视教师设计教学过程的实然价值选择，有助于价值论视角的深入分析。实然考察包括两类教学过程设计的存在类型。

再次，从价值论视角解读教学过程设计价值取向的内涵，分析其结构与制约因素，为更有效的设计奠定理论基础。

最后，在社会转型与教育变革背景下，确立目前教学过程设计的应然价值取向，并探求应然取向的实现路径。

研究思路与主题如图 0-4 所示。

（三）研究方法

1. 研究的方法论

当代中国社会正经历着前所未有的转型期，这场社会变革不可避免地引出社会现代化进程中的各种矛盾，如利益分化明显、价值取向各异、文化碰撞加剧等。[①] 社会转型同样带来了学校教育变革。有学者认为，学校变革的使命主要表现在"创建 21 世纪新型学校，改变人在学校的生存方式以及为人的终身学习与发展奠定合适的基础"[②]。因此，本研究的展开必须立足于社会转型与学校变革的总体性实践背景，在转型与变革的宏观背景中确立教学过程设计价值取向。

本研究从价值论研究视角探索教学过程设计，意味着思维方式的转换。思维方式作为人类长期社会历史实践的产物，一旦形成，将内化为人的生活实践方式，制约着人的具体的历史的实践活动。从价值论研究视角分析教学过程设计价值取向，首先，需要确立"关系思维"。这是因

---

① 包心鉴. 论中国社会转型时期的政治发展[J]. 政治学研究，1996(1)：1～7.
② 杨小微，刘良华. 学校转型性变革的方法论[M]. 北京：教育科学出版社，2011：5.

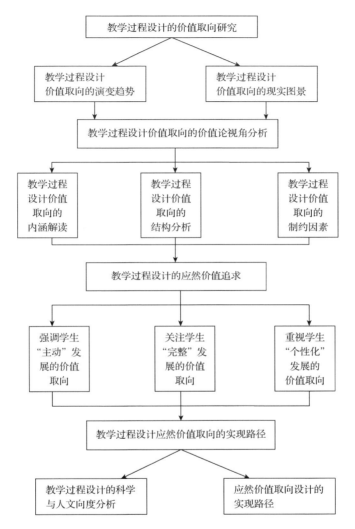

图 0-4　研究思路与框架图

为，价值本身不是某种既定的实体，而是一种关系现象，是作为特定的
"关系态"而存在的。离开了人的现实生活实践，价值现象根本无法得到
说明，因此，要把握价值取向，必须超越实体思维，构建关系思维。这
种思维方式要求人在思考价值问题时必须立足于社会性、历史性的现实
实践关系，在主客体矛盾运动的过程中，把握客体的存在及特性与主体
的需要与利益之间的关系。其次，要确立动态的生成性思维。对价值问

题的研究不能用孤立、静止、片面的观点看待问题，而应深入主体的具体形态、现实状况和动态生成的过程，把握主客体之间需要与满足关系的生成与变化，尤其是向未来开放生成的过程。动态性、过程性是生成性思维的重要特质，它要求把握事物鲜活、丰富、流变的过程，动态地进行分析、描述、判断；批判性、否定性也是生成性思维的特质，它在对事物的描述与解释中，永远包含着批判性的理解与评价，指向相对于主体而言更好、更有效的价值取向。① 本研究对当前学校教育领域生动、丰富、鲜活的课堂教学变革性实践的分析与解读，将以全面的关系思维理解教学过程设计中设计主体需要与客体特性的关系，以动态生成性思维把握教学过程设计价值取向的理解与建构过程。

2. 研究的具体方法

研究方法的实质就是研究者以什么程序去获得资料，并用资料有效地去证明结论。研究方法必须适合研究主题、研究过程的需要。本研究主要采用以下具体方法。

(1)历史研究法

任何研究都可以追溯其起源、发展变化的历史，从历史维度考察事物的发生、发展，从而获得对现实与未来的启示，是历史研究特有的价值。本研究为了考察现状，构建未来，需要对教学过程设计价值取向演变的历史脉络进行梳理，因此，适合使用历史研究法。所谓历史研究法，是指通过搜集某种现象发生、发展和演变的历史事实，系统客观地分析研究史实，解释研究对象发展规律的一种研究方法。② "在一定意义上说，没有科学的历史研究，就不会产生真正的科学。"③

(2)文献研究法

文献研究是对文献这种特殊的资料来源进行搜集、整理与分析的方法。相比于观察、调查等直接获取资料的方法，它不与研究对象直接打交道，而是间接地通过各种文献获得信息，属于非介入性的研究方法，也被称为"非接触性方法"。"文献，指记录有知识的一切载体，即以载体

---

① 孙伟平. 论价值思维[J]. 哲学研究，2005(8)：102～108.
② 裴娣娜. 教育研究方法导论[M]. 合肥：安徽教育出版社，2000：136.
③ 裴娣娜. 教育研究方法导论[M]. 合肥：安徽教育出版社，2000：136.

形式传递知识。"①文献是记载人类知识的最主要手段，是传递交流研究成果的重要渠道和形式。它包括已经发表的或虽未发表但已被整理过的信息，其存在形态多种多样，从传统的纸介形式到现代的多媒体形式等。教育文献则包括对教育研究有一定历史价值和资料价值的文献材料。文献资料对于任何教育研究工作都具有重要价值。研究者通过吸收和借鉴已有的研究成果，掌握与课题研究有关的渊源和科研动态，迅速了解前人已经取得的研究成果和其他研究者取得的进展，站在前人的肩膀上才能实现高起点的研究。

　　本研究过程对文献研究的使用涉及两个角度。首先，将文献研究作为历史梳理、现实考察、理论分析等研究过程的资料收集方法，收集了相关的历史文献、教育变革文献以及价值论研究的文献，基于对这些资料的审读与理解，才有可能使研究水平提升到学术研究工作的境界。其次，运用文献研究中一个定量化的研究方式，分析文本文献，即进行文本分析。文本分析用于分析所收集的教师教学过程设计文本，通过对每个文本做出一定程度的技术处理，定量统计描述文本内容所呈现的客观事实，获得关于教师教学过程设计价值取向的现实图景。具体的使用步骤与方法在第二章呈现。

　　（3）观察研究法

　　"观察，是指人们对周围存在事物的现象和过程的认识。'观'是看，'察'是分析研究。它是一种有目的、有意识的感性认识活动。"②所谓观察法，是指教育研究者通过感官或借助一定的设备，有目的、有计划地对处于自然状态下的学生或教育现象进行系统考察，从而获得经验事实的研究方法。③ 教育观察通常有三个优势：有益于收集非言语行为资料；在相对比较自然的环境里获得资料；在一定的观察周期内，有相对充分的时间对变化趋势进行观察。但也存在不足，观察通常在自然条件下进行，观察者往往不能控制影响观察效果的外部变量；观察研究常常倾向于使用一个比调查研究数量小的样本；要想进行观察，必须获得准入等。依

---

① 裴娣娜. 教育研究方法导论[M]. 合肥：安徽教育出版社，2000：88.
② 裴娣娜. 教育研究方法导论[M]. 合肥：安徽教育出版社，2000：183.
③ 裴娣娜. 教育研究方法导论[M]. 合肥：安徽教育出版社，2000：184.

据不同的分类标准，可以将观察分为自然观察与实验室观察，公开观察与隐蔽观察，结构观察、准结构观察和非结构观察，直接观察与间接观察，参与式观察与非参与式观察等。① 本研究通过直接与间接的方式观察了 35 节初中物理课堂教学过程，一定程度上把握了教学过程设计价值取向的现实图景。如何确定观察对象以及具体获取资料的方式，将在第二章详细阐述。

五、研究创新与不足

（一）研究创新

1. 价值论研究视角的选择，丰富了教学过程研究的理论基础与研究内容

关于教学过程的研究与理论建构，主要是基于认识论、认知心理学等学科的理论基础。立足于社会转型，面对生动、鲜活的变革性教学实践，本研究尝试从价值论研究视角解读教学过程设计，丰富了教学过程研究的理论基础。因此，关于教学过程设计，不仅可以从"客体的外在尺度"探讨，还可以遵从"人的内在尺度"或"主体尺度"进行研究。研究视角的拓宽、理论基础的丰富，可以进一步充实研究内容。首先，价值论研究视域中，主体性是其根本性质，由此彰显了价值主体在价值选择与判断中的主体地位。因此，在教学过程中，作为设计者的教师，从"幕后"走到了"前台"，教师要"以主人的姿态"肩负起价值选择的责任，其主体性的有效发挥是制约教学过程设计是否科学合理的关键要素。其次，价值论研究追求的目标是"主体性真理"，而不是事物的本质或规律。那么，关于教学过程理论的研究，不仅可以追求其设计怎样才能符合学生认识发展的规律，还可以考察其设计如何能够更好地、更合理地、更有效地促进学生发展，即不同设计所达成的应然功能分析。这种应然关系的讨论，使教师能够突破既有"模式"的套路、"环节"的限制，为其自主的、

---

① 裴娣娜. 教育研究方法导论[M]. 合肥：安徽教育出版社，2000：186～188.

负责任的创造性设计提供了理论支撑。

2. 基于对价值取向内涵的揭示，初步建构了分析教学过程设计价值取向的基本结构

"价值取向"一词常常被使用，但在所查阅的文献中，界定各异。笔者初步归纳了价值取向包含的三个因素，即价值主体、价值观念、价值选择。据此，笔者建构了分析教学过程设计的价值取向的基本结构，即教学过程设计的价值主体、教学过程设计的价值观念、教学过程设计的价值选择。期望借助这个基本结构，能够更细致、有效地分析与解释现实教学过程设计的实然价值取向。

（二）研究不足

第一，由于笔者的哲学功底有限，从价值论研究视角出发的分析与论证深度不足。尽管阅读了价值论的有关文献，但对价值论研究领域的整体结构、学术规范、思维方式以及研究的方法论等理解深度相对不足，使得本研究"引进""移植"结论有余，而"消化""吸收"建构不足，这也正是本研究后续努力的重要方向。

第二，在考察教学过程设计价值取向的案例选择方面有待进一步丰富与充实。这项工作还需要在如下几个方面加强。一是从目前的自然学科教学过程设计拓展到人文学科乃至更全面的学科教学过程设计。二是教学案例的选择应更多来自真实情境的课堂教学，而不是教学录像。目前的选择受到了时间、地域等条件的限制，而没有能够更充分地兼顾到现实的差异性。三是加强访谈方式获得资料的丰富性。通过访谈，尤其是与授课教师的深度沟通，才能更清晰地理解教师设计教学过程的思路、线索及制约因素，不仅"观""其然"，还能"谈论""其所以然"。四是扩大创新性探索的研究层面，从学科、学校扩展到区域层面的探索，才能较好反映当代中国基础教育变革性实践，更加丰富地、立体化地彰显生动、鲜活的现实存在。

第一章　教学过程设计价值取向的演变趋势

　　从价值取向的角度梳理对课堂教学产生过重大影响的中外教学理论与教学流派关于教学过程设计的主张，既有益于深入分析影响教学过程设计的各种因素，也有助于教学过程理论研究的多视角建构。正如列宁所说："为了用科学的眼光观察这个问题，最可靠、最必需、最重要的就是不要忘记基本的历史联系，要看某种现象在历史上怎样产生，在发展中经过了哪些主要阶段，并根据它的这种发展去考察它现在是怎样的。"①本章的首要任务就是针对教育史上教学过程设计这一研究主题，考察其产生与发展的主要阶段，为后续深入研究奠定重要的历史基础。因此，本章在内容的安排上将首先系统梳理中外教育史上重要教学理论关于教学过程设计的主张，在此基础上分析不同教学过程设计所表现出的价值追求，并归纳其演变的主要趋势。

一、国外教学理论关于教学过程设计价值取向的演变

（一）古代教学思想萌发时期对教学过程的理性探索

　　古希腊是西方文明的摇篮，不仅奠定了西方社会发展的文化基础，而且成为西方人的精神殿堂。在西方教育发展史上，"直到早期希腊文明已使其教育得到发展时，人们公认的那种最初欧洲学校才出现了。这些学校的学习计划和教学方法，基本上和现代学校相似；从那时到现在，

---

①　列宁全集(第29卷)[M]. 北京：人民出版社，1956：430.

希腊教育思想和实践，对于每个欧洲国家的教育的形成，都有巨大影响"①。在长期的教学实践中，古希腊教育以及对其吸收和改造的古罗马教育都在不断萌生和积聚教学思想，它们所取得的教育教学成就，为近代以来西方教育的发展奠定了坚实的基础，尤其为文艺复兴以来的教育思想家所吸收和借鉴，极大地推动了近代教育制度和教学理论的发展进程。这一时期的教学思想在教学过程上体现出"以理性为至上追求"②的特点。不同时代的教育家们都是从人的认识过程角度阐述其关于教学过程的主张的。

苏格拉底对教学活动的重要贡献就是其"产婆术"，即用问答的方法来和他的学生讨论各种人生问题。他认为事物的意义是在人出生之前已存在于人的心中的，之后由于肉体受到干扰而使人忘记了它们。教师的任务不在于传授既成真理，而在于通过交谈和讨论，消除一切错误与模糊的认识，逐步认清原来已存在于心中的知识，从而发现真理。"苏格拉底教学法"由讥讽、助产、归纳和定义四个步骤组成。在谈话时，他总是以一种对所讨论问题表示无知的态度向受教育者请教，例如，请对方谈出有关美德、正义、勇敢等的定义。在对方说出有关的定义后，苏格拉底就举出一些事例以证明对方的定义是不恰当的，迫使对方发现自己思想中的矛盾，于是不得不提出新的定义。接着，他还会继续揭示对方新定义的错误，让对方进一步看到自己认识中的错误。这样通过不断的追问和辩难，迫使对方意识到自己的谬误，进而从具体的现象中发现事物的共性和本质，并上升为一般的概念。这种从个别到一般、从特殊到普遍的认识方法属于归纳法。这种方法在一定程度上遵循了人的认识规律，它教导人们如何在认识中一步步地排除个别的、偶然的、错误的成分，逐渐深入地认识事物本质、理解教育内容，是一种较好的思维训练。直至今天，这种教学理念与程序仍然影响着教学过程设计。从教学论角度看，这种教学过程设计的着眼点不在于教给学生现成的知识，而是在不断引起学生思想矛盾、激发学生探究欲望的过程中，通过师生的共同讨

　　① ［英］博伊德，金．西方教育史［M］．任宝祥，吴元训，主译．北京：人民教育出版社，1985：2.

　　② 杨小微，张天宝．教学论［M］．北京：人民教育出版社，2007：38.

论，促使学生在积极思考中获得不断深化的认识。这种教学过程不仅仅要教给学生知识，更关注学生掌握思考、求知的方法。西方近代的启发式教学就是由它发展而来的。

柏拉图从其灵魂不朽说出发，认为知识是不朽灵魂所固有的，即知识是先验的，所以学习过程不过是对灵魂中固有知识的回忆而已，而不是把灵魂中没有的知识硬塞进人的灵魂中。他进而提出"一切学习都只不过是回忆罢了"的观点。此外，柏拉图还提出了另一种认识过程，即"向上引导"①。他以"美的相"认识过程为例来说明：先从认识某一个美的形体开始，逐步得到形体美的概念；再由形体美转入认识心灵美，即美的灵魂；再由心灵美达到认识知识美，即美的学问、美的智慧；最后上升到认识美的"相"自身。这种认识过程也表现出了从个别到一般、从具体到抽象的特征。

亚里士多德是西方教育思想史上最早提出并要求教育（教学过程）要顺应人本身自然发展原则的教育家。他提出了教学过程要顺应人的自然发展规律，依据年龄分期实施教学，以及教学要培养体、德、智、美全面和谐发展的人等主张。这是把教学理论建立在人类自身发展规律之上的初步尝试。

昆体良对罗马教育现象进行了理性、全面、系统的思考，初步走向了系统化的高度。他基于自己 20 年的教学经验，完成了被称为西方最早的教育学著作，尤其是教学法著作《雄辩术原理》。他提出了非常有价值的教学理论。①分班教学与课程交替进行。为了节省教师的时间和精力，促进学生共同学习、互为榜样，昆体良主张，教师可以将同样的内容同时教给很多学生，这样就突破了个别教学的形式；为了避免学生长时间学习单一课程而产生厌烦情绪，使学生的心智处于勤奋活跃的状态，他提出教学内容可以采取交替传授、多科并进的方式。②一些具有普遍意义的教学原则，如因材施教、教学适度等原则。③包括三个递进步骤的教学过程：模仿、理论、练习。模仿就是学生在教师的指导下进行实际活动；理论就是通过学习理论知识从而指导学生更好地完成学业任务；

---

① 张斌贤. 外国教育思想史[M]. 北京：高等教育出版社，2007：27.

练习就是按照正确的方法重复，只有经过练习才能掌握牢固的知识。这个过程已经初步显示出教学活动从感性到理性、从理论到实践的认识过程特征。昆体良的教育思想，从文艺复兴时期开始，对西方教育思想的发展产生了广泛影响，成为人文主义教育思想的重要来源，为西方近代教育和教学理论的成型与发展奠定了基础。

古代西方教育思想家们的教学思想大多夹杂在他们的各种哲学或社会学著述中，因此，他们关于教育的思考、教学的主张常常与其哲学观点、政治理论混杂在一起，尚未形成独立的体系。他们关于教学过程的主张，基本上是从人们学习、认识、把握事物的方法角度提出某些步骤或程序。虽然这些程序都还只是一种主观猜测，缺乏科学的论据，但却表现出对人的理性思维发展的不懈追求，这与希腊人崇尚理性与思辨的生活方式密切相关。这些关于教学过程的主张对后世的教学过程理论发展提供了重要的基础。

（二）近代教学论学科创建时期对教学过程设计的科学化追求

1. 唯实主义教育思想关于教学过程的主张：基于科学归纳法与学习过程

"在中世纪无数渐变的推动下历史开始发展，到十五世纪下半叶发展进程加快，以至于史学家们在确定这一时期应该属于中世纪还是归入近代这一问题上往往犹豫不决。……结果是：尽管形形色色的中世纪的思想方法和观念以及大量中世纪的制度法规依然残存，但是，一个新的世界确实已经出现，人类历史的一个新纪元开始了。"[①]15 世纪后期到 18 世纪中期的西欧，发生了许多指向农业文明解体的事件。例如，"农奴制解体解放了人身，文艺复兴解放了人的精神，宗教改革解放了人的思想，地理大发现则把人推向全球，第一次把世界连成一个整体"[②]。这些事件开启了人类社会从农业文明向工业文明大转变的准备。

---

① ［法］克洛德·德尔马. 欧洲文明［M］. 郑鹿年，译. 上海：上海人民出版社，1988：61.
② 钱乘旦.1500 年：现代化起步——换一种视角解读近现代史［J］. 南风窗，2004（1）：28～31.

在批判继承文艺复兴和新教教育思想的基础上，17 世纪的欧洲出现了以唯实论为理论基础的、以适应社会现实需要为教育目的的唯实主义教育思想。它是西方教育由古代向近现代转换过程中的一种重要的教育思想。从表现形式上看，它是对文艺复兴后期文字主义、形式主义和复古主义的革新，是对人文主义原始精神的更高层次的复归。它的实质是强调现实生活，强调经世致用，强调新知识和新方法，充溢着一种人世、求实的现实主义精神，反映了社会进步对教育的要求。唯实主义有三种表现形式：人文唯实主义，即意在用古代文化的优秀成果服务于当时的社会需要，立足现实思考教育问题；社会唯实主义，它是唯实主义教育思想发展的第二阶段，意在超越前者将知识范围囿于古典文化之中，强调从现实生活事物中直接感悟和学习社会经验，形成和培养社会实践技能；感官唯实主义或感觉实在论，感官唯实主义的产生与科学知识的进步、哲学认识论的发展紧密相连，它可以说是人类对认识方法进行探索的积极成果，在教育上应用并产生的新成就。感官唯实主义不仅表明了教育方法的进步，而且表现出对教育内容的积极拓展，其主要代表人有维夫斯、培根、拉特克和夸美纽斯。

维夫斯是文艺复兴时期西班牙人文主义者、教育家。在深刻揭露了经院哲学弊端的基础上，维夫斯提出了新的哲学方法。他认为，正确的认识方法与学习方法是归纳法而不是经院哲学所使用的无根基的演绎法。基于归纳的认识方法，维夫斯把感官经验作为智力活动的开端，认为"学习的过程是从各种感觉到想象，再由想象到理解，它是学习过程的生命和本质。所以学习过程要由个别事实到大批事实，由个别事实到一般事实，这是在儿童学习中必须注意的"①。维夫斯尝试把教育活动建立在科学认识基础上，以此拉开了人们探索教学活动科学规律的序幕。维夫斯提倡的广泛采用归纳的科学方法、注意观察和实验等主张，远远走在培根、夸美纽斯等人的前面，他在教育方面所做出的开拓性尝试极大地影响着后来的教育学者。

培根是感官唯实主义的真正奠基者，他提出的新知识观和新认识论

---

① ［英］博伊德，金. 西方教育史［M］. 任宝祥，吴元训，主译. 北京：人民教育出版社，1985：180.

大大改变了人们对学校课程与教学方法的认识，带来了学校课程与教学过程的根本变革。培根把自然科学视为知识学习的最主要内容。人们对这类知识的学习不能依赖于古人的论述和古书的记载，而应向自然索取。索取的方法就是培根推崇的科学的归纳法。培根的归纳法包括如下内容：①通过观察和实验搜集事实；②通过例证列表，对感性材料进行整理；③通过概括与排除，淘汰非本质的规定性；④得出肯定的结论以解释自然。[①] 培根强调，他的方法是认识工具而不像经院哲学那样是一种议论工具，其目的在于认识事物，产生新知识。培根的归纳法是建立在新的认识论原则基础上的。他认为一切知识都源于感觉经验，而且认识终结时，检验认识成果的真伪仍须以经验事实为依归。但培根并未将感觉视为权威，认为感觉经验有局限性，经验是手段而不是目的，是发端而不是结果。因此，培根要求将感性与理性结合起来。新的认识方法是对形式主义、死记硬背等做法的彻底背叛，这种背叛的深刻性是其他唯实主义无法比拟的。知识源于感觉，真理的获得要依据科学的归纳，这种观念是人类认识道路上的里程碑。这种理论应用到教育上，就会引致教育方法的根本变革。尽管培根本人极少将它应用于教育领域，而他之后的夸美纽斯却完成了这个光辉的使命，开辟了教育理论发展的新时代。

德国人拉特克首先将培根的思想应用于教育，试图探索新的教学方法。他深信，所有的教学都必须遵循自然的规律，遵循学生智力发展的自然顺序；好的教学方法必须建立在对学生心理理解的基础上；理解优于死记，兴趣优于强制；应先学习熟悉的东西再学习生疏的东西；学生应先感知事物，然后再分析解说有关事物的各种要素，等等。[②] 拉特克关于教育主张的重要性，在于他所倡导的东西被后人继承和发扬。

捷克教育家夸美纽斯是教育史上的里程碑式的人物，他基于自己的教育实践活动，撰写了第一部系统的、专门的教育理论著作《大教学论》。从泛智教育理念出发，夸美纽斯主张把教育工作建立在科学理论基础上，努力"寻求并找出一种教学的方法，使教员因此可以少教，但是学生可以多学；使学校因此少些喧嚣、厌恶和无益的劳苦，多具闲暇、快乐和坚

①　张斌贤，褚宏启，等．西方教育思想史［M］．成都：四川教育出版社，1994：347.
②　张斌贤，褚宏启，等．西方教育思想史［M］．成都：四川教育出版社，1994：348.

实的进步"①。他发现的基本规律就是教育要适应自然，以此为基础，提出了诸多教学原则，如直观性原则、循序渐进性原则、系统性原则等，成为近代学校教学工作的圭臬。夸美纽斯关于教学认识的论述受益于当时哲学认识论尤其是培根经验论的影响。他与培根一样认为感觉经验是认识的基础，认为"知识的开端永远必须来自感官"，"归纳法是研究自然的一种方法"。② 这种认识论成为夸美纽斯教学认识的基础。因此，他提出"如果要孩子们做练习，就必须遵循正确的教学程序：首先感觉（这是最容易的），其次记忆，第三理解，最后判断。因为知识从感觉开始，通过想象成为记忆，然后再通过归纳个别达到理解一般，最后在理解的事实上进行判断，结果使知识确立"③。以这种教学认识过程观为依据，夸美纽斯推崇直观教学，视其为教学的首要原则。

教学认识是人类认识的一种重要形式，是一种特殊的认识过程，尽管夸美纽斯在其理论中没有将一般的人类认识与教学认识加以明确的区分，但他确实将教学认识看作一种间接的认识活动，看作教师指导下学生认识的过程。④ 他将哲学认识论上的新成果转化到教学认识中，绝不是简单照搬，而是一种创造性的转换。夸美纽斯生活在欧洲从封建制度向资本主义制度过渡的年代，近代自然科学体系正在形成，新的思维方式和培根的归纳法日益被人们接受。然而，封建制度、宗教神学的世界观和经院主义的方法论仍然束缚着人们的头脑。过渡时代的新旧思想的矛盾也反映在夸美纽斯的世界观中，他既强调感觉是认识的起点和基础，又认为《圣经》是认识的源泉。但这种矛盾性并不影响他得出正确的教育结论，他参照以往积累的教育经验，综合教育先驱的成就，基于个人丰富的教育实践，形成比较全面的教学过程认识。他的理论是那个时代的结晶，后起的教育家直接或间接地循此继进，发展和丰富了近代教育理论。

唯实主义教育思想是针对当时教育领域出现的种种不切实际的教育

① ［捷］夸美纽斯. 大教学论［M］. 傅任敢，译. 北京：人民教育出版社，1984：译文序.
② 张斌贤，褚宏启，等. 西方教育思想史［M］. 成都：四川教育出版社，1994：357.
③ ［捷］夸美纽斯. 大教学论［M］. 傅任敢，译. 北京：人民教育出版社，1984：112.
④ 张斌贤，褚宏启，等. 西方教育思想史［M］. 成都：四川教育出版社，1994：359.

弊端，而提出的面向现实、面向生活的根本主张。它将教育的关注点从遥远的古代转向活生生的现实生活，不仅扩大了受教育对象范围，也使教育内容由古典文字转到实际事物，使教育方法由死记硬背进而到重视直观，使教育的精神也由形式主义进而到现实主义，等等。尽管 17 世纪依然是一种过渡性的时代，但此时的唯实主义教育思想却奏响了由古代教育迈向近现代教育的最强音。18 世纪、19 世纪的自然主义教育、教育心理学化思想都可在唯实主义教育思想中找到精神根源。立足现实、服务现实、讲求实效成为 17 世纪直至其后一切教育革新的根本指导思想。

2. 自然主义教育思想对教学过程价值的追求：遵循儿童内在倾向的自然过程

自然主义教育思想起源于古希腊，兴盛于 18 世纪，对现代西方教育理论与实践具有重要影响。遵循自然、适应自然是自然主义教育家对教育的总要求，以自然规律为依据，以自然科学成就为依托，去寻求教育、教学要遵循的特征与规则，其核心是遵从儿童身心发展规律和认识特点进行教育和教学。为了实现这个追求，自然主义教育家们进行了一系列教学原则和方法，而这些论述也是他们对教育思想史的突出贡献之一。如果说唯实主义教育思想主要解决的是"教什么"的问题，那么自然主义教育思想则主要关注"怎么教"的问题。围绕后者，自然主义教育家们进行了比较丰富的论述。

自然主义教育思想的重要代表人物是法国启蒙思想家和教育家卢梭，其自然主义教育思想主要体现在《爱弥儿》中。卢梭基于性善论的观点提出教育必须遵循儿童发展的"内在的自然"①进程，并以此作为教育目的、教学内容和教学方法的出发点和基础，培养身心发达、脑体健康、天性自然发展的"自然人"。在教学上，他要求启发儿童的兴趣和自觉性，反对填鸭式灌输；要求根据儿童的理解能力和接受水平选择学习内容；要求儿童学习的速度要适中，不要急于求成，好高骛远反而导致事倍功半。他注重直观教学，强调通过实际观察学习知识等。卢梭高度尊重儿童的天性，将教学理论引入研究儿童身心发展规律的新阶段，在整个教育史

---

① ［法］卢梭 . 爱弥儿（上卷）［M］. 李平沤，译 . 北京：人民教育出版社，1985：5.

上具有划时代的意义，成为儿童本位教育理念的思想渊源，对 20 世纪进步主义教育产生了直接的影响。

将卢梭的教育理想付诸实践并对自然主义教育思想的发展起重要推动作用的是瑞士教育家裴斯泰洛齐。他深信，人人都有一些天赋的力量和能力，教育的目的在于使这些天赋的能力得以充分和谐的发展。潜在能力的发展有一定的顺序，他要求"依照自然法则发展儿童道德、智慧和身体各方面的能力"①。在长期的教育实践中，他努力探讨"一切方法和教学艺术的共同基础"②。在 1800 年题为《方法》的报告中，他提出"我正在试图将人类的教学过程心理学化；试图把教学与我的心智本性，我的周围环境以及我与别人的交往都协调一致起来"③。"使教学过程心理学化"设想的提出，标志着裴斯泰洛齐已经从单纯追随卢梭教育思想的具体方法和结论，逐步过渡到把握自然主义教育思想的精髓，使自然主义教育思想进一步向教育心理学化思想转变和发展。

各时代的教育家都曾经提出过关于学习和教学过程程序的一些设想，但始终未形成明确、完整的程序。基于"使教学过程心理学化"的思想，裴斯泰洛齐首先探索这种规范化的模式。他的要素教育理论不仅是一种课程编制理论，更是一种教学模式理论。从对人的认识心理的理解出发，裴斯泰洛齐把知识、学习和教学的基本因素确定为数目、形状、语言，并要求教学活动从对具体事务（或实物）的直接观察开始，通过师生之间的谈话，引导学生明确事物的数量、外形和名称，在此基础上，经过一系列练习而获得知识。如果把裴斯泰洛齐的"直观"概念与要素教育论结合起来，就可以清晰地看出他关于教学进程的比较完整的设想。裴斯泰洛齐的"直观"概念实际上是指人的认识的完整过程，即"从模糊的感觉印象达到精确的感觉印象，从精确的感觉印象达到清晰的表象，从清晰的表象到确定无误的概念"④。这三个阶段是教学过程的主要阶段。

第一阶段：教学从对事物的直接观察开始。由于自然界的事物彼此

---

① 张焕庭. 西方资产阶级教育论著选[M]. 北京：人民教育出版社，1979：206.
② 张焕庭. 西方资产阶级教育论著选[M]. 北京：人民教育出版社，1979：183.
③ [瑞士]裴斯泰洛齐. 裴斯泰洛齐教育论著选[M]. 夏之莲，等，译. 北京：人民教育出版社，1992：189.
④ 张斌贤，褚宏启，等. 西方教育思想史[M]. 成都：四川教育出版社，1994：517.

混杂，学生通过观察获得的印象是混乱的、模糊的，因此教学的任务就是消除感觉印象的混乱，使之逐步确定与清晰。可以利用的就是教学的"要素"，即通过数、形、词，帮助学生整理、归类感觉印象，使其条理化、系统化，从而得到精确的感觉印象。

第二阶段：在获得了对事物表面现象的精确感觉后，为了达到把握事物的"根本的性质"的认识目的，应当不断使感觉印象逐步上升到更高的表象阶段。认识的上升方式主要有两种：一是"把相似的或相互有关的印象在想象中集合拢来"，这实际是一种联想；二是"把这些不相联系的感觉印象在各种不同的地位上显示在我们面前"，这是在进行比较与分析。

第三阶段：从对事物个别的认识达到对事物全部性质的认识，获得确定的概念或观念，即实现教学目的与目标的阶段。①

由于裴斯泰洛齐并没有形成系统的心理学理论，他所提出的教学过程还只是一种未经系统阐释的"天才的预见"，但他明确地把教学过程的展开建立在学生心理过程基础上的尝试，是第一次从高起点对教学过程的有意义探索，揭示了近代教育发展和人类教育认识发展的客观趋势，激励着后代教育家们沿着他所开创的科学化思想继续深入探索与把握教育教学规律，对赫尔巴特的"教学形式"阶段理论也产生了直接深入的影响。

3. 教育心理学化思想对教学过程的揭示：依据观念"统觉"的"形式阶段"理论

直接继承裴斯泰洛齐事业的是三位德国教育家：赫尔巴特、福禄培尔和第斯多惠。他们都以不同的方式直接接受了裴斯泰洛齐教学心理学化思想的深刻影响，并在不同方面进一步发展了他的教育思想，使教育心理学化思想进入一个新的发展时期，其中尤以赫尔巴特为重要。他系统研究心理学，并把心理学的研究成果运用到教育教学中，致力于教学心理学化的深入探讨，在《教育学纲要》一书中，最终建立了其教学心理学化的理论体系。

---

① 张斌贤，褚宏启，等．西方教育思想史［M］．成都：四川教育出版社，1994：517～519．

赫尔巴特根据观念心理学论证了教学过程，根据学生观念活动和兴趣的特点，提出著名的"形式教学阶段论"。赫尔巴特系统研究了统觉。他的统觉理论深受莱布尼兹和康德的影响，与他们不同的是，赫尔巴特不是在哲学思辨的领域内运用，而主要把它当作心理学的范畴，他认为任何一种心理活动或心理现象都可以归结为观念的活动，认识的发展过程就是人类通过各种经验的观念逐渐积累而形成的。赫尔巴特统觉理论的基本含义是，当新的刺激发生作用时，表象就通过感官的大门进入意识阈中，如果它具有足够的强度能唤起意识阈下已有的相似观念的活动，并与之联合，那么，由此获得的力量就将驱逐此前在意识中占据统治地位的观念，成为意识的中心，新的感觉表象与已有观念的结合，形成统觉团，也就是认识活动的结果。因此，在赫尔巴特的理论中，统觉是一个完整的动力性的过程，可以划分为三个阶段：感知引起旧观念的活动；新旧观念的斗争或联合；统觉团的形成及其强化。

赫尔巴特的教学形式阶段就是课堂教学的完整过程，是一个规范化了的教学模式和程序。他基于对统觉过程阶段的分析，指出相应的兴趣活动也可以划分为四个阶段[①]：①注意：由于心智活动"使一种表象比较突出并对其余表象发挥作用"，使兴趣活动对它产生一种倾向；②期待：新引起的表象活动往往并不能立刻出现在意识中，兴趣活动因而转向对之产生期待；③要求：从兴趣中产生出欲望，"这种欲望通过对于对象的要求，使它本身显示出来"；④行动："当人的能力为要求所使用的时候，要求便进而为行动。"在统觉和兴趣的心理学基础上，还需要认识到儿童在学习活动中的两种思维状态：专心和审思。专心指集中于任何主题或对象而排斥其他思想活动；审思则指追忆与调和意识内容，即深入理解和思考。赫尔巴特指出专心与审思活动需要不断的相互转化与联合，他把这称之为理智的呼吸。在此基础上，他认为任何教学活动都是有顺序的，都经历了四个阶段：明了、联合、系统、方法。

明了：当一个表象由于自身的力量凸显在感官前，兴趣活动对它产生注意，学生此时处于静止的专心活动。教师通过应用直观教具以及讲

---

① 张斌贤，褚宏启，等. 西方教育思想史[M]. 成都：四川教育出版社，1994：519.

解等明确提示的方法，使学生获得清晰的表象，作为学习新知识的准备。

联合：新产生的表象进入意识阈，激起原有观念的活动，学生从一个专心活动进入另一个专心活动，产生观念的联合，即新旧知识开始结合。这是兴趣活动处于新观念获得前的期待阶段。教师通过与学生进行无拘束的谈话完成任务。

系统：为了使初步形成的新旧观念的联合有序化，需要对由专心活动所得到的结果进行审思。教师需要采用综合的方法使新旧观念的联合系统化，从而获得概念。

方法：为了强化新旧观念之间的系统联合，学生在教师的指导下自己进行不同的练习，以把所学知识广泛应用于实际情景中，从而巩固新知识并形成相应的技能。这一阶段学生的观念活动状态属于动态的理解阶段，在教学方法上是"应用"，即独立完成不同的练习。

从理论上讲，教学形式阶段理论分析的是作为整体的教学过程，是对教学过程中一切因素、一切活动的高度抽象，这种抽象是在严格按照心理过程规律的基础上完成的，它将教学活动的各个方面因素以及各种合理的教学方法有机统整起来，使教学活动成为一个有章可循的明确的、规范化的过程，提供了一种适合大部分教学活动的参考模式，成为对后世教学过程研究最有影响的理论之一。在教学理论发展史上，很少有一种教学形式可以与它所产生的广泛影响相匹敌。但是赫尔巴特教学形式阶段理论本身的机械性与形式主义是不可否认的，其根本缺陷在于把复杂的教学活动过于简单化了，忽视了不同科目、不同年龄阶段教学的差异性与特殊性。

西方近代教学思想的形成与发展深受重大社会文化变革的影响。首先，政治领域的资产阶级革命以及经济领域的工业革命，不仅推翻了君主专制制度，还摧毁了禁锢人们思想的神权统治、蒙昧主义和文化专制主义，也改变了人类的基本生存条件，促进了思想领域、教育等诸方面的空前发展和繁荣；其次，近代自然科学获得巨大发展，使人类的认识水平不断提高。在自然科学高速发展的同时，哲学、政治学、伦理学、历史学等社会、人文科学也取得了重要的成果，对社会现象以及人类自身的认识也得到了丰富和拓展；最后，启蒙运动猛烈地抨击了旧制度及其意识形态，倡导自由、平等，尊重人的理性。启蒙思想家将知识和理性作为解决一切社会问题的灵丹妙药，他们认为，知识就是力量和财富，人民有了知识，就能认清自己的本性和使命，就能走向真理，从而建立一个自由、平等的美好社会。因此，他们极力主张发展教育，使广大民众都能受到教育、获得知识、发展理性。这些重大的变革促动着教育领域的变化，教育世俗化、唯实主义、自然主义、教育心理学化运动等教学思想应运而生。

西方近代是自然科学高歌猛进的年代，也是崇尚理性的时代，这与近代自然科学所取得的巨大成就尤其是牛顿革命息息相关。牛顿力学揭示了宏观物体低速运动的客观规律，为西方带来了一个崭新的宇宙观和宇宙秩序，"在可以应用理性原则的思想和活动的几乎每一个可能的层次上，都留下了牛顿革命的重大影响"①。这种影响表现在：①形成了物质世界存在客观规律性的观念和信仰；②牛顿关于理论演绎和数学方法的成功应用，使人们看到了这种方法和实验与批判性观察结合起来的价值，从而开启了一个科学方法的新时代；③牛顿的机械运动观在几个世纪里影响了人类的思维方式。它想象世界的模型是机械模型，世界被想象为一架大机器，自然物被想象为有形而无灵魂的零件，没有本质的高下之分，它们按相同规律运动，没有天界和地界之分。宇宙间的引力也可被想象为机械力；人的感觉运动也被想象为外物刺激感官，推动神经和心灵的机械运动。"牛顿思想的冲击是巨大的；无论对他们的理解正确与否，启蒙运动的整个纲领，尤其是在法国，是有意识地以牛顿的原理和方法为基础的，同时，它从他那惊人的成果中获得了信心并由此产生了深远的影响。而这，在一定时期中，使现代西方文化的一些中心概念和发展方向发生了确实是极富创造性的转变，道德的、政治的、技术的、历史的、社会的等等思想领域和生活领域，没有哪个能避免这场文化变革的影响。"②这种影响同样表现在近代西方教学思想尤其是对教学过程理论建构的思维方式之中：首先，近代以来的教育家对教育教学领域客观规律性进行了持续不懈的探索与追求，他们深信教学过程必然存在着内

---

① [美]科恩.科学中的革命[M].鲁旭东，等，译.北京：商务印书馆，1998：219.
② 章士嵘.西方思想史[M].上海：东方出版中心，2002：163.

在的规律性，寻找规律并遵循规律对儿童进行教育，成为这一时期教育家的共同信仰与追求；其次，受自然科学范式的影响，所建构的教学（过程）理论都具有系统化、简约化等特点，以及一定程度的经验实证性。赫尔巴特的教学形式阶段理论就是非常简约的教学过程规范，而且认为这种规范适合所有的教学；最后，在牛顿机械运动观所体现的机械论图式和工具理性要求的影响下，所设计的教学过程或形式阶段，具有改造和控制教学、人性乃至个人生活的特性。而这种特性在价值取向上则表现出简单化、统一化、控制倾向的诉求。

（三）现代教学理论对教学过程价值追求的分化：主知主义与行动主义

20 世纪是人类社会变化较大、较快的世纪，人类在这一百年中取得了比以往任何一个世纪大得多的成就。教育教学实践和思想正是在这样纷繁复杂的背景下演变和发展的。20 世纪教育的发展大体上可以以 1945年第二次世界大战结束为标志，划分为两个阶段。第二次世界大战结束以前，战争和革命为各国政治生活的主题，第二次世界大战后则以和平和发展为主题。现代教学思想是在继承和批判古代、近代教学思想，适应和反思社会现实要求和精神的基础上发展而成的。

一方面，现代教育教学思想的形成在于对以往教育教学传统的继承和批判。赫尔巴特建构的以心理学为基础的哲学式的教育教学思想体系，在传播者和倡导者的帮助下形成了赫尔巴特学派，并成为 19 世纪末 20 世纪初的"教育中的统治力量"，但是根植于 18 世纪、19 世纪知识传统的这一思想，在传播和实践过程中，日益埋没在技术和纯粹的陈规俗套的之中而逐步走向僵化。[①] 同时，它也不再适应当时科学、哲学、心理学以及社会政治、经济等发展的新要求，也不能满足对培养人所提出的新要求。因此，对这一学派的反思与突破就成为现代教育思想发展的出发点之一。出于弥补、修正、拓展传统教育的目的，实验教育学、劳动教育学、文化教育学、社会教育学等流派，在各自的理论方向上建构并提出了新的

---

① ［德］赫尔曼·诺尔. 不朽的赫尔巴特[M]//李其龙. 赫尔巴特文集（第三卷）. 杭州：浙江教育出版社，2002：359.

主张，为思考和解决当时的教育问题发挥了重要作用，也对此后的教育思想和教育实践产生了深远影响。这些思潮出现的空间特征，几乎都诞生于德语世界，也表明了它们深深地根植在教育思想传统之中。然而，展开对传统教育批判的另一主要教育潮流——进步主义教育以及欧洲的新教育运动，在科学、哲学和心理学新思想的基础上诞生。它们反对传统教育的主知主义倾向，强调儿童中心和整体有机发展，并据此进行了广泛而重要的教育实践，成为 20 世纪影响最为重大的教育思想，同时，也使得教育思想的中心从欧洲转移到了美国。① 当然，在承认进步主义教育对传统教育批判的同时，也必须认识到其对既往教育思想的吸收和继承。正是这些修正或批判教育思想传统的思想流派，构成了现代教学思想的丰富格局。

另一方面，面对现代社会和思想的急遽变化，教育教学思想的重新建构，更需要对社会和思想变革进行积极的适应和反思。这些变革性的因素包括如下三个。①经济因素：现代社会工业化进程和经济力量的增长加快，不仅为教育的发展提供了丰富的物质基础，也对教育提出了新的要求。在现代工业化社会，制度化教育模式成为教育实践的主流。它强调标准化、统一化、专业化、同步化、集中化和高效率，这些特征是 20 世纪初期传统教育强调课堂教学、知识中心、学科中心、教材中心、教师中心、教学过程程序化的社会和文化基础。这也正是现代教育提倡的新教育模式所要纠正与批判的。虽然制度化教育有助于快速普遍地提高人类的教育和文明水平，对社会发展作用极为显著，但却使人在教育中丧失个性、自主和自由，影响了个人创造力的培养和发展，最终不利于社会的进步。因此，现代教育思想发展的一个重要方面就是如何适应工业化社会向后工业化社会的深度发展对教育提出的新要求，促使教育从群体单一向个别多元推进。②政治因素：20 世纪的政治变革极为剧烈，政治思想和实践给教育带来的重要影响就是民主。民主的政治要求民众具有参与政治的能力，这种能力的具备需要依靠教育。因此，普及教育、教育平等、教育民主化成为教育变革的目标。教育的目的、形式和内容

---

① 张斌贤 . 外国教育思想史［M］. 北京：高等教育出版社，2007：332～333.

都深受自由、民主思想的影响。从早期追求平等，到后期尊重多元的个性，以及采用自由、自主的教育方式和适合个体的教育内容等都体现了政治因素的作用。使每个人都受到符合其不同需要的高质量教育成为现代教育的一个重要的教育信念。③哲学主题的转向：现代哲学发展的重要主题是对传统哲学的批判，尤其体现在对形而上学的反思和拒斥上，由此带来了认识论的转向和发展，主要涌现了现象学、分析哲学、结构主义、实证主义、实用主义、存在主义等新思潮。这些思潮的出现也影响了现代教育思想，其中与 20 世纪早期教育思想相关的主要是实用主义和实证主义。实用主义是一种与传统哲学截然不同的哲学研究方式，它摒弃了对玄奥问题的孤立思考，试图发展一种强调行动的新哲学，这种观念改变了传统的经验主义认识论，其所提出的新观念强烈影响了现代教育，尤其是杜威对教育的思考与实践。实证主义则强调通过观察、实证等科学方法对现象进行研究，从而获得科学规律的主张，深刻影响了实验教育学的理论建构。此外，科学研究方法与技术的新进展促进了教育形式的变化以及现代教育技术的应用；儿童研究运动和儿童学的出现，强调了现代教育对儿童的重视，使得儿童中心主义兴起。上述对于现代教育中的个性化教育，反对主知主义，形成强调全面发展的教育意识等都具有重要的影响。

1. 欧美教育革新运动对个别化、差异化的行动主义教学过程设计的初步尝试

标志着现代教育开端的欧美教育革新运动是指 19 世纪末 20 世纪初，西欧国家以及美国兴起的旨在改造传统教育、建立符合现代社会要求的新型教育革新运动。这场教育革新运动是 19 世纪末欧美各国发生的一系列社会改革运动的组成部分，其宗旨是通过改革传统教育，革除社会弊端，推动社会进步。

（1）西欧新教育运动对儿童经验、兴趣、活动的重新关注

新教育运动强调教育要培养有用的公民、未来理想的"新人"。新教育家更注重从社会学、心理学和生物学等学科角度设计"新人"的理想品格：应该具有开阔的眼界、现代文化科学知识、善于应变的活动和组织能力；有会思考的头脑以及经过实际活动锻炼出来的强健的体魄和灵巧

的双手,有得到自由发展的个性和勇气;强调人性及人性的和谐发展。新教育家对"人"及"人的教育"的重视,在近代社会后期具有思想解放的意义。因此,西欧新教育运动在性质上被理解为教育现代化过程中,对教育史上强调儿童兴趣、活动、自由及个人经验的教育思想的一次伟大的教育继承和创新运动。在教学活动的安排上,新教育运动主张以经验和兴趣为基础、以活动为中心的创新教学模式。新教育强调"活动"和"劳作",而不强调"学习"或"书本",强调用手而不是用脑,强调通过环境进行教育,重视让儿童受到自然界的感化,尤其注重鼓励学生学习运用科学方法解决问题。新教育家们改变了人们原有的关于儿童、知识、课程、教学的认识,构筑起新的以遵循儿童身心发展特征为基础,强调儿童兴趣、活动、自由、个性在教育过程中的重要意义,注重实际、注重科技教育以及一切实用知识教育的新型教育体系。新教育运动在教学过程设计方面虽然没有明确清晰的建树,但其关注儿童、活动、自由的教育意义,对西欧乃至整个世界教育发展的价值诉求产生了巨大而深远的影响。新教育运动所取得的一些成果性认识,如强调学校课程应更多地反映现代社会的实际面貌,为学生提供更多的能力锻炼机会,为学生的个性发展创造条件等,也构成了 20 世纪西欧乃至整个世界的教育发展追求。

(2)进步主义教育思想以人的解放为追求的教学过程设计革新

进步主义教育思想批判传统教育的主知主义倾向,遵循儿童的心理发展规律,以儿童为核心强调教育与社会、教育与生活、教育与实践的联系,采用以经验、活动为核心的课程设置和教学方式,成为适应工业化、民主化的现代教育的重要开端。在进步主义教育思想的众多教育实验中,尝试变革教学过程的主要有关注个别教学的道尔顿制和文纳特卡制、注重发挥儿童主动性的设计教学法。

道尔顿制是一种强调个别差异和个性发展的个别教学制度,其实施有四个基本因素:指定作业、工作合约、实验室和表格法。指定作业是学生必须学习的内容,因其充分考虑到学科和学生的不同特点而做出了不同的安排,因此,它是体现个别差异和个性发展取向教学设计的重要载体,被认为是这种教学制度成败的关键。工作合约是指学生以合同的形式认领学习任务,学生可以按照自己的能力,自由支配时间,自由确定学习进度。实验室是学生可以自由进出的学习场所。表格法用于记录学生完成作业的情况，便于考察学习进度，掌握学习时间。道尔顿制根据学科和学生差异设计不同的作业，并由学生自主安排学习时间、学习进度的做法，体现了充分尊重学生的需要与学习进度差别的价值取向，是具有儿童中心倾向的教学过程设计。

　　文纳特卡制也是一种强调适应儿童个别差异的个别教学制度。它的倡导者华虚朋认为，儿童之间存在显著差异，如何让学校适应儿童的个别差异是当前教育的一个紧要问题。因此，他提出每个孩子都应有独立人格，都有获得全面发展的权利；集体教学法应让位于促进个体发展的方法。文纳特卡制主要有五个步骤[①]：一是针对每个儿童的特殊情况，制定个别训练的目标与标准；二是通过全面诊断，明确儿童的能力；三是编写儿童自我学习与自我订正的教材；四是学习进度个别化；五是进行集体活动和创造活动。文纳特卡制在注重个别差异方面与道尔顿制是一致的，但是它强调基本知识和技能在儿童个性发展中的作用，突出培养儿童的自我教育能力、社会感与合作精神，这是教学价值取向上的改进。

　　设计教学法是克伯屈创造性地将杜威比较抽象、笼统的教育观念，具体化、程序化后的教学活动步骤。关于"设计"，克伯屈有如下定义："设计就是在社会环境中，专心致志、努力进行一种有目的的活动，或一种有目的的活动单元，其中，'目的性'这一点非常重要。"[②]这里的"目的"就是杜威所说的生活、生长与桑代克的"心向"。"设计"的实质就是从儿童的生活和心向出发，对活动或者说某一行为的设计，对活动过程中刺激与反应的全面安排。他的设计教学法是从杜威的"思维五步法"引申而来的。设计教学法分四个步骤。第一步是确定目的。疑难情境代表着外界环境的刺激，学生因此会产生征服疑难的动机，由动机引出明确的目的。第二步是拟定计划。在确定的目的指导下，提出解决疑难的方案。第三步是将方案付诸实践。第四步是对实践的结果做出评判。克伯屈根据学习目的的不同将设计教学法分为四种类型：①建造设计，主要目的是去做、去行动，用物质的形式去体现一个思想或观念；②欣赏设计，

---

① 张斌贤. 外国教育思想史[M]. 北京：高等教育出版社，2007：384～385.
② 崔录，李玢. 现代教育思想精粹[M]. 北京：光明日报出版社，1987：68.

目的是欣赏某种物品或作品；③问题设计，目的是解决理智上的困难和障碍；④练习设计，以获得知识和技能为目的。这种分类不是固定僵化的，每个学习单元可以包含两种或两种以上的设计。虽然设计教学法强调儿童的活动和儿童的目的，但并不放纵儿童，教师的指导和控制受到极大的重视。克伯屈认为，并非儿童的所有目的都具有同等的教育价值，依据儿童的哪种目的来组织教学，决定权仍在教师手里。克伯屈的设计教学法强调有目的地学习，强调儿童学习的主动性，强调学习过程中的教师指导作用，强调儿童学习的社会条件和社会动因，并将这些观念转化为可操作的形式，这使得他的教学法得到认可并广泛传播。当然，设计教学法也有缺陷。正如克伯屈自己所说，设计教学法的四个步骤是针对"建造设计"而言的，对其他三种设计的实施步骤尚未拟定。事实上，由于强调通过经验和行动进行教学，系统知识的学习受到严重削弱，这是设计教学法也是进步主义教育实验的最大通病。从价值取向上看，设计教学法重视儿童通过经验和活动的学习过程，体现了克伯屈对儿童主动学习、自主发展价值的追求，但是他强调根据儿童的经验组织教学过程时，又凸显了其轻视从书本学习间接经验的价值取向，表现出对传统的主知主义教育偏重知识学习的批判。

（3）杜威的"五步思维"：一种经验的、思维的、探究的教学过程

19世纪后半期，对美国教学理论影响较大的是裴斯泰洛齐的实物教学与感觉训练法、赫尔巴特学派的五段教学法。杜威认为这两种教育史上的"革新"既有长处，亦有不足。他认为，直观教学往往把感觉活动孤立起来，把它作为目的本身，从而忽视了思维的发展。他指出，赫尔巴特的伟大贡献在于使教学工作脱离陈规陋习和全凭偶然的做法，但其方法亦有弊端：其一，在实践中往往成为枯燥的常规，机械地沿袭指定的步骤，使处理问题缺乏主动性和灵活性；其二，强化了教师的作用，却低估了儿童主动的心理因素，尤其是需要、情感、兴趣等因素，教学对儿童而言依然是一个被动的过程。① 杜威对传统教学过程一直持尖锐的批判态度，他所要做的就是"变教师讲授、学生静听的教学活动为师生共同

---

① 吴式颖，任钟印. 外国教育思想通史（第九卷）［M］. 长沙：湖南教育出版社，2000：351.

活动、共同经验的过程，书本降到次要的地位，活动是主要的"。他希望建构的新教学过程，是能够体现主动与被动、感性与理性、认识与行动相结合的价值倾向的一种活动过程。因此，他提出必须培养人的思维能力，使人掌握科学思维的方法。

杜威提出的"思维"培养，是指对某个问题进行反复的、严肃的、持续不断的深思，即反省思维，其功能在于创设一个情境，帮助学生解决困难，排除疑虑，解答问题。反省思维方法是一种解决经验中存在问题的方法，是一种使人明智的经验与行动方法。杜威将反省思维的五个步骤直接运用到教学方法上，"教学法的要素和思维的要素是相同的。这些要素如下：第一，学生要有一个真实的经验的情境——要有一个对活动本身感到兴趣的连续的活动；第二，在这个情境内部产生一个真实的问题，作为思维的刺激物；第三，他要占有知识资料，从事必要的观察，对付这个问题；第四，他必须负责有条不紊地展开他所想出的解决问题的办法；第五，他要有机会和需要通过应用检验他的观念，使这些观念意义明确，并且让他自己发现它们是否有效"①。杜威所言的思维过程涉及知识的参与，包含了观察、分析、综合、想象、抽象概括等多种能力的运用，也包括了对各种观念与假设的检验，这是杜威的经验改造不同于一般的经验改造之处。他所言的经验改造包含知识、理性的因素，是一个不断超越直接经验的狭隘性过程，是一个解决实际问题的过程。因此，杜威提出的教学过程程序变革，不仅仅体现在教学论领域的变革，而是整个教育观念的变革，其核心表现为以获取知识为目的还是以培养智慧为目的。他认为："知识与智慧的区分，是多年来存在的老问题，然而还需要不断地重新提出来。知识仅仅是已经获得并储存起来的学问；而智慧则是运用学问去指导改善生活的各种能力。"②杜威要培养的是人的智慧，即明智的行为、行动的能力、解决实际问题的能力。知识的掌握不能扼杀智慧而是为了增进智慧。杜威以智慧为目的的教育观念体现了

---

① ［美］约翰·杜威. 民主主义与教育［M］. 王承绪，译. 北京：人民教育出版社，1990：174.

② ［美］约翰·杜威. 我们怎样思维·经验与教育［M］. 姜文闵，译. 北京：人民教育出版社，1991：163.

其教学过程的价值追求。

杜威关于教学活动过程的主张有几点值得讨论。首先，尽管杜威重视知识的作用，但如何获得系统的知识始终是一个悬而未决的现实问题，智慧的发展是需要以系统知识为基础的。其次，在认识的途径上，杜威坚持只有科学的方法才是认识的途径，但在他的所有著作中，从来没有令人满意地证明过，依靠科学的方法能够应付归类为社会科学的学科。①西方学者哈丁认为："我敢肯定我们中的大多数人都清楚，如果用设计教学法，我们知识中的相当一部分是不会获得的。"②更为严重的是，解决问题与获取知识并不总是一致的，有些问题解决后，虽然能从中获得一些观念，但这些观念并不构成真正的知识，或者是一些早已熟识的常识，缺失促进学生发展的更大价值。最后，情境中的问题对丰富知识的包容度、涵盖力是否足够。谢弗勒曾对杜威的问题提出质疑：是否所有的问题都有答案？是否所有的答案都有价值？是否所有的问题都是真的？将教育局限于"问题的解决"是否低估了教育的价值？他认为，教育不仅应促进学生的思维能力，更应拓宽学生的视野，不应将教育的任务只局限在问题的解决上。③事实上，将丰富知识的获得，将儿童的全面发展寄托于"解决问题"的过程是远远不够的。杜威以培养智慧作为教学过程价值追求的方向，是富有生命力的，其所要解决的问题，如教育与社会的脱离、教育与儿童的脱离、理论与实践的脱离是在任何时代都存在的，且一直困扰着教育决策者、教育实践者和教育研究者。杜威提出的要求尊重儿童的心理发展水平，使教学过程既有成效又有乐趣的观念，对今日教学过程设计依然具有积极的启发意义。

从价值取向角度看，传统教育注重知识的自身价值，教学过程侧重教授知识；进步主义教育革新关注的是"怎样学"的方法价值，教学过程设计突出学生获取知识的方法；杜威则强调"怎样做"的行动价值，其主张的思维五步法对学生行为与行动方法的掌握尤为关注。事实上，这三

① 瞿葆奎.教育学文集：教学（上册）[M].北京：人民教育出版社，1988：445.

② 吴式颖，任钟印.外国教育思想通史（第九卷）[M].长沙：湖南教育出版社，2000：354.

③ 吴式颖，任钟印.外国教育思想通史（第九卷）[M].长沙：湖南教育出版社，2000：355.

种教学过程设计价值取向是相互补充、互为基础的，不能轻率地判断其主旨孰优孰劣。杜威的主张过于强调"教学生怎样做"，而相对忽视了"教授学生以知识"和"教学生怎样学"。没有必要的知识作为基础，不懂得如何有效地掌握知识，一个人可能不知道做什么，更不知道如何去做！

2. 凯洛夫《教育学》对主知主义教学过程价值取向的继承：主知主义取向的、统一的、规范的教学过程设计

凯洛夫是苏联著名教育家，曾任俄罗斯联邦教育科学学院院长，对 20 世纪四五十年代苏联教育实践的发展发挥了重要影响。作为主编，他与叶希波夫等人合作编著的《教育学》，对 20 世纪 30 年代苏联政府在一系列教育改革决定中所反映的教育指导思想，进行了较系统的总结。因此，凯洛夫《教育学》在很大程度上受政府颁布的一系列教育改革政策及法规的影响。凯洛夫《教育学》论述了教学过程的本质，认为教学过程与人类的科学认识过程有着相通之处，因此，应以列宁"从生动的直观到抽象的思维，并从抽象的思维到实践"这一原理作为组织教学过程的指南，同时也认识到了教学过程有自己的特殊性，即借助于教学过程向学生传授的是前人已经获得的真理(知识)；教学过程中，学生是在有经验教师的指导下，获得对现实事物的认识；教学过程需要强调巩固知识的过程；教学过程还必须有计划地实现促进儿童智力、道德和体力发展的任务。因此，教学过程首先是指教师在学生自觉与自愿参与下，以知识、技能和熟练技巧体系武装学生的过程，同时教师还担负着以科学原理和共产主义世界观充实学生头脑、培养学生具有高尚的道德品质并训练发展学生的智力的任务。

基于对教学过程本质的认识，凯洛夫《教育学》提出了六个教学环节：①使学生感知具体的事物，并在此基础上形成学生的表象；②分清事物的异同、主次，认清它们之间的各种关系；③形成概念，认识定律、定理、规则、主导思想、规范等；④使学生牢固地掌握事实和概括性的工作；⑤技能和熟练技巧的养成和加强；⑥在实践中检验知识，并把知识应用于包括创造性作业在内的各种学习活动中。① 在教学组织形式上，凯洛夫《教育学》在细致分析班级授课制产生和发展的基础上，充分肯定了

---

① 吴式颖，任钟印 . 外国教育思想通史（第九卷）[M]. 长沙：湖南教育出版社，1990：705.

这一组织形式对提高苏联普通学校教育质量的意义，并提出"上课所以成为教导工作的基本组织形式，是因为主要在这里实现着共产主义的教养、教育、教学的目的和任务"①。由于对班级授课制的重视，凯洛夫《教育学》所讲述的教学方法主要集中于教师教的方法，尤其是教师口头讲授方法。凯洛夫的价值取向与 20 世纪 30 年代苏联政府为纠正由于综合教学的实施而影响学生对系统知识的掌握所推行的一系列教学改革密切相关。

总体而言，凯洛夫《教育学》建构了较为完整的教学论体系，其教学过程所追求的价值是注重系统知识传授、注重教师在教学过程中的主导作用，这种价值取向确实保障了 20 世纪三四十年代苏联教育质量的提高。从凯洛夫对教学过程阶段的设计中，可以明显感受到赫尔巴特教学形式阶段影响，它不仅呈现出一定程度的绝对化、机械化、忽视复杂性的倾向，而且同样表现出追求统一化、简约化、标准化的价值诉求。这种价值取向也是整个工业化社会的基本价值追求写照。

（四）当代教学理论探求多样综合的教学过程价值取向：统一与差异、共性与个性、规范与灵活并存

20 世纪中后期，世界政治格局发生了变化，和平与发展成为时代的主题，世界多极化和经济全球化的发展趋势进一步加强。科技领域的第三次技术革命将人类带入了一个科学技术的新时代，并对教育产生了直接影响。"科学与技术必须成为教育事业基本的组成部分；科学与技术必须同一切儿童、青年或成人的教育活动结合起来，以帮助个人既控制自然与生产的力量，也控制社会的力量，并从而控制他自己，控制他所做出的决定和行为。"②从 20 世纪 50 年代末开始，许多国家都相继进行了以提高教育质量、培养精英人才为目标的教学改革，形成了一些反映和应用心理学研究成果的教学思想流派。

---

① ［苏］凯洛夫. 教育学（上册）［M］. 沈颖，南致善，等，译. 北京：人民教育出版社，1950：33.

② 联合国教科文组织国际教育发展委员会. 学会生存——教育世界的今天和明天［M］. 华东师范大学比较教育研究所，译. 北京：教育科学出版社，1996：132.

1. 着眼于学生认知发展的教学过程设计：科学主义价值取向

（1）范例教学理论的教学过程设计

范例教学是 20 世纪 50 年代德国教育界为了适应科技发展对教育提出的挑战而进行的教学变革。瓦根舍因、克拉夫斯基等人经过潜心研究和教学实践，形成了一套比较完整的教学体系，被称为"新赫尔巴特主义"。类似于赫尔巴特学派的体系，它从范例这一角度建构了一套传授知识与发展能力并重的教学论体系。范例教学将教学过程设计为 4 个连续发展的阶段。首先是示例地阐明"个"的阶段，它要求通过个别的典型例子来说明事物的特征，让学生掌握事物的本质特征；其次是示例地阐明"类"的阶段，通过对上一阶段"个"的认识成果进行归类、推理，使学生认识这一类事物的普遍特征，从"个"的学习迁移到"类"的学习；再次是示例地掌握规律的阶段，将前两个阶段所获得的认识，提高到规律性的认识，使学生掌握事物发展的普遍规律；最后是示例地获得世界关系的切身经验阶段。在前三个阶段的基础上，让学生获得关于世界的经验、生活的经验，使学生认识世界、了解社会，加强对自身的认识，学会评价自己，增强行为的自觉性。这种从"个"的阶段发展到"类"的阶段再到掌握规律的阶段，并达到让学生获得切身经验的阶段，与马克思主义认识论的原理——从生动的直观到抽象的思维，再从抽象的思维到实践——基本相吻合。教学过程中"个"的阶段相当于"感性认识"，"掌握规律"阶段相当于"理性认识"，"获得关于世界关系的切身经验的阶段"，相当于从抽象的思维到实践、用理论指导实践的阶段。范例教学是基于将教学过程看作认识过程来设计其基本阶段的，其过程设计不仅侧重于学生的认知发展，也蕴含着主知主义的价值取向。

（2）发现学习理论的教学过程设计

受第二次世界大战后科技迅猛发展、美苏对峙以及美国教育不能满足科技高速发展要求等背景因素的影响，对当时教育实践产生重大作用的结构主义教育思想，将有关儿童认知结构发生发展的认知心理学作为教育学理论的基础，着重探讨教育教学问题，主张应鼓励学生掌握学科的基本结构，重视儿童学习的自主性和积极性。为了掌握"学科的基本结构"，布鲁纳主张"发现法"。就学生学习而言，"发现法"可以称为发现学习；就教师的教学过程而言，"发现法"又可以称为发现教学。布鲁纳认为："我们教一门科目，并不是希望学生成为该科目的一个小型图书馆，而是要他们参与获得知识的过程。学习是一种过程，而不是结果。"①在布鲁纳看来，单纯传递教材结构是不能达到掌握的目的的，重要的是要进一步培养学习者创造性解决问题的探究态度并掌握相应的方法。"发现不限于只是寻求人类尚未知晓的事物的行为，确切地说，它包括用自己的头脑亲自获得知识的一切形式。"②发现学习的实质在于把现象重新加以组织或转换，使学生能超越现象进行重新组合，从而获得新的领悟，包括寻求正确的结构和意义。为此，布鲁纳提出了组织发现学习过程的几个要点。①鼓励学生积极探究。教师要相信学生能够依靠自己的努力解决问题，鼓励学生用自己的头脑思考，并给予学生自由探索的机会和时间。②加强新旧知识的联系。布鲁纳认为，相邻概念具有"隐约的相似性"，教师在教授新知识时，要善于利用这种特点，启发学生寻求新旧知识之间的联系，从而有效地将新知识纳入已有的知识结构。③培养学生应用假设、对照的能力。在发现学习过程中，假设的建立主要靠直觉思维，直觉思维是一种"跃进、越级和采取捷径"的，对"问题或情境的意义、重要性和结构"的"直接理解或认识"。③ 教师要在教学过程中鼓励学生对问题的答案大胆猜测，并学会用分析思维对假设进行检验。对照是进行探究的另一有效方式，"通过引导儿童探索对照物，儿童就更可能按照一种方式去组织他的知识，这种方式可以帮助他在需要发现的特定情境中有所发现"④。布鲁纳的发现学习着眼于学生积极主动地掌握学科知识结构，尤其强调发展学生智力，这种教学过程设计凸显了学生的认知发展价值，在当今的教学改革中仍是一种颇受重视的教学过程价值取向。

（3）有意义学习理论的教学过程设计

美国教育心理学家奥苏伯尔根据不同标准，将人类的学习分为有意义的和机械的、接受的和发现的。人们往往误认为发现学习是有意义的，

---

① 滕大春. 外国教育通史（第六卷）[M]. 济南：山东教育出版社，1994：160.

② 高觉敷，叶浩生. 西方教育心理学发展史[M]. 福州：福建教育出版社，1996：254.

③ 吴式颖，任钟印. 外国教育思想通史（第十卷）[M]. 长沙：湖南教育出版社，2000：77.

④ [美]布鲁纳. 布鲁纳教育论著选[M]. 邵瑞珍，张渭城，等，译. 北京：人民教育出版社，1989：350.

接受学习是机械的。奥苏伯尔认为，发现学习既可以是有意义的，又可以是机械的；接受学习也同样既可以是有意义的，又可以是机械的。奥苏伯尔提出，根据有意义学习的心理过程和条件进行讲解式教学，学生的接受学习不是机械和被动的，而是有意义的和生动的。有意义学习需要具备三方面条件：一是学生具有有意义学习的心向，即积极把新知识与自己认知结构中原有的适当知识关联起来的心理准备状态；二是学生认知结构中具有同化新知识的适当知识基础；三是要学习的新材料本身具有逻辑意义。在这三个条件中，学校教学条件下的学习材料一般能够满足第三个条件，因此，关键是学生的心理准备和原有知识基础。奥苏伯尔用"先行组织者"策略来帮助学生在获取新材料过程中利用原有知识来同化新知识。这也是一项教学设计的技术，它在安排学习任务之前呈示给学生引导性材料（先行组织者），"这些引导材料包括的内容在抽象、概括和包摄水平上高于学习任务本身"，即先行组织者一方面通过选择性地提取学习者认知结构中适当的原有知识，作为整合新材料的"类属观念"，从而增强学习者对新材料的熟悉性和意义性；另一方面为新材料的学习提供观念上的固着点。因此，先行组织者的功能是在学生已知知识与需要学习的知识之间架设一座桥梁，以便学习者能够成功地完成学习任务。

　　奥苏伯尔的有意义学习理论虽然没有像布鲁纳的理论那样成为风行全美的教育改革运动的指导思想，但却受到广大教师的重视。他对传统学习和教学方法所做出的鞭辟入里的分析，以及在此基础上建构的既传统又全新的课堂学习和教学理论，为他赢得了同样的国际性影响。自布鲁纳和奥苏伯尔提出两种价值取向显然不同的教学过程之后，心理学家纷纷展开实验研究，数据表明，两者各有利弊。与其说它们是相互矛盾的，不如说是互为补充、相得益彰的。一般的看法是课堂教学应以奥苏伯尔提倡的有意义接受学习为主，以发现学习为辅。事实上这两种学习过程体现出人们认识事物的顺序的差异，发现学习强调从个别到一般的归纳认识顺序，接受学习则强调从一般到个别的演绎顺序。这两种主张均有其合理的认识论依据，也都具有各自的发展价值，何时使用以及如何使用，关键是符合价值取向的要求。

开始于 20 世纪 60 年代的教育改革，不仅促进了教育事业的迅速发展，也大力改革了课程与教学活动的方式。但由于它过分强调学科的结构性、系统性、理论性，过快加深教材的难度和分量，导致学生学习负担过重，挫伤了学生的学习积极性和学习信心，引起了一系列的社会问题。这些问题的出现与当时流行的科学主义、人力资本理论以及方法论思想上的偏颇有关。

教育上的科学主义思潮随着工业革命的兴起而萌发，在教育实践中逐步形成占统治地位的、稳定的思维模式。它以具有独立形态的"学科"为组织教材的基准，目的是教给学生系统的学科知识。在教学组织上，它以工业化大生产模式为榜样，实行集体教学，以班级为教学组织，将读书作为主要方法。为了提高教学的效率，各门学科的知识按照不同年级的水平加以编排，形成从低到高的教学"生产线"，并设计了相关的检测环节（考试、测验）来淘汰"不合格产品"。在这种"科学化"的教学过程中，儿童的自然天性和个性被排斥在外，其结果导致了对儿童身心的压抑和摧残，违背了教育的本来宗旨与真谛。另外，为工业化发展服务的"人力资本理论"则把教育视为一种经济上的投资活动，虽然它揭示了教育提高劳动生产率的功能，但却不能有效解决当时社会发生的政治问题。"科学主义"的盛行与"经济至上"的局限，使得人文主义思潮在此时逐渐萌发，成为推动新教学思想产生与发展的强大推动力量。

2. 着眼于情感培养的教学过程设计：人本主义价值取向

总体上说，人本主义取向的教学活动重视个体交往、情感交流和艺术创造等活动，以个人价值的实现、情感体验的满足、精神健康、创造力激发等为教学的宗旨，注重教学的主观价值，重视教学内容的人文知识、审美价值和道德价值等。教学过程更多是依据具体的课堂教学情境进行的，比较崇尚直觉和灵感，注重主体间的对话与理解、体悟和领会，而不太关注事先的过程设计和固定的过程程序。人本主义取向的教学思想，在美国有以人本主义心理学为理论基础的罗杰斯的非指导性教学，在苏联有合作教育学，在德国有交往教学论流派。

（1）以培养"完整的人"为价值追求的非指导性教学过程设计

罗杰斯认为，传统教学关注的是"脖子上的教育"，学生接受的是"没有感情的知识"，导致了学生认识与情感世界的分离。为此，他力主培养"完整的人"(whole man)，即"躯体、心智、情感、精神、心灵力量融汇一体"的人，"他们既用情感的方式也用认知的方式行事"。① 针对传统教学过程中，教师居高临下地告知学生如何去做、指导学生如何去学，而学生缺乏主动性与安全感的状况，他提出要取消教师在教学过程中的任何"指导"(direction)，应用"非指导"(nondirection)的原则，为学生创设一个能够充分释放与实现潜能的、安全的、和谐的、自由的学习过程。罗杰斯的非指导性教学并不是一种固定的、技术性很强的教学过程，而是一种策略、一种思想、一种教学态度。更重要的是，它是一种哲学信仰和价值观的选择，即学生有权利选择他们自己的生活和学习目标。因此，非指导性作为一种思想具有以下四个特征：第一，极大地依赖于个体成长、健康与适应的内驱力，因此要竭力扫除各种有碍于个体或学生成长和发展的障碍；第二，更多强调情感因素，而不是理智方面的作用，因此，要尽可能直接进入学生的情感世界，而不是借助理性的方法去干预或重组学生的情感；第三，更多强调此时此刻的情境或体验，而不是个体过去的经验；第四，更加强调学习过程本身是一种促进生长的"治疗关系"。② 罗杰斯的非指导性教学把教学的重心放在学生的学习活动上，把教学过程的性质规定为学生内在经验的形成与生长，突出了学生在教学过程中的主体地位，教师不再是裁判者和知识传授者的角色。他重视师生的各种"非课堂"的经验对学习活动的促进作用，重视师生的平等关系以及课堂良好心理气氛的建设，重视学生独立探究等，这是一种关注"人"的教学过程设计。但是，嫁接于心理治疗理论与实践的非指导性教学，忽视了治疗与教学之间最基本、最重要的区别，因此，这一教学思想暴露出严重的问题，如轻视知识的系统传授，忽视理性活动的作用，教学过程由于没有明确的目标而影响到教学效率等。

（2）在师生合作基础上追寻教学过程民主化、人道化的合作教育学

以阿莫纳什维利为代表的合作教育学认为，教学是教师的活动和由

---

① 吴式颖，任钟印．外国教育思想通史（第十卷）[M]．长沙：湖南教育出版社，2000：142．

② 钟启泉，黄志成．美国教学论流派[M]．西安：陕西人民教育出版社，1993：256．

教师活动所引起的学生的学习活动共同组成的一个完整活动状态的统一。他批评苏联传统的学校教学从某种意义上说是一种强制的过程，建立在权利主义的基础上，由负责教育孩子的成人决定孩子努力的方向和目标；学生必须在规定的时间内学到一定数量的知识，被迫接受社会强加于他的学习任务。在对孩子的压制中，"分数"起着非常重要的作用。于是教学过程就表现出专制主义、权威主义的取向：一方面，具有教育经验和良好高尚愿望同时拥有社会给予权利的教师，强制学生学习和掌握知识，忽视学生个性发展；另一方面，学生似乎并不理解教师的良好愿望，把教师的行为看作对其人格和自己真正需要的侵犯。这种对立状态的教学过程不可能使学生的潜力充分发挥。他提出，合作教育学的重要使命就是要消除这种师生冲突和对立的教育悲剧，建立新型的人道主义师生关系，使教学过程民主化。合作教育学在教学过程设计上的主要观点如下。

第一，使学习成为儿童生活的需要。学生学习的成效如何，是以教师能否激发起学生的求知欲、学生对学习和认识的积极性，以及形成内在的学习动机为根本的。教学过程应使学生自觉自愿接受教师的教育意图，使教师成为他们的同盟者和战友。

第二，以人道、乐观的态度对待学生，建立和谐民主的师生关系。他认为，师生关系存在两种类型：强制的、权利主义的与合作的、人道的。他主张："只有师生关系建立在人道原则基础上的教育过程，才是对学生的个性发展，同时也是对作为个性特点的认识积极性的发展最有效的教育过程。"[1]

第三，改革对学生学习活动的评价，实行"取消分数"的实质性教学评价。阿莫纳什维利认为，分数是传统教学中控制教学过程的权杖，它造成了师生之间、生生之间的种种冲突。教学过程应丢弃这根权杖，代之以发展学生认知积极性为目标的实质性教学评价。阿莫纳什维利把评价看作学习活动的一个组成部分，一种具有特定目的的认知活动。教师和学生都是评价的主体，在评价过程中，学生获得新经验，及时改正

---

① 杜殿坤. 原苏联教学论流派研究[M]. 西安：陕西人民教育出版社，1993：292.

错误。因此，评价不是教学过程的结束，而是伴随教学过程始终的行为。

合作教育学的宗旨是使学生深信他将获得成功，不允许任何一个学生掉队，使最没有才能的儿童也得到发展。合作教育学要求教学过程能让每一个学生感受到自己的个性受到尊重，感受到教师的关怀，通过建立平等、信任、相互尊重与合作的新型师生关系，形成人道的、民主的、人性化的教学过程，使学生愿意参加到师生合作的教学过程中。

(3)高扬"解放"旗帜、基于交往的批判—交往教学论流派对教学过程的理解

德国学者沙勒和舍费尔针对当时德国学校教育强制青年服从成人世界规范的专制教育所造成的危机，以及出于弥补以往各种教学论学派忽略师生关系这一影响教学过程的重要因素，提出了侧重探讨师生交往的教学论思想。由于这一思想的形成深受法兰克福学派批判理论的影响，所以他们自称此教学论为"批判—交往教学论"。

交往教学论把教学过程视为一种交往过程，并提出了人不能不进行交往、任何交往都是在一定关系中进行的等交往教学论公理。交往教学论认为教学过程中的关系是一个独立的、重要的成分，而反对以往教学论忽视关系或者仅仅把关系作为促进教学工作的一种方法因素。它提出教师在教学中不仅要重视所教的内容，还必须关注师生在教学过程中的交往关系，如教师在教学中如何传递信息，包括讲授知识、提出问题、做出批评或表扬等。交往教学论把这一方面称为教学的关系性内容，也就是说，它就像本来意义上的教学内容一样重要，教师在教学过程中对这两方面都不能有所偏颇。

交往教学论把"解放"作为学生学习的最高目标。所谓"解放"，是要求学校教学尽可能发展学生的个性，强调学生个性的"自我实现"，使学生通过教育达到成熟，最终能够摆脱教育，从受教育的状态中解脱出来，具有独立的人格与独立的能力。这种能力包括自我负责的态度、与他人合作的态度，能对一切事物做出批评的判断。[1] 为了达到"解放"的教学目

---

① 李其龙. 交往教学论学派[J]. 外国教育资料，1989(6).

标，教学本身也应当是不断摆脱社会的、技术的、他人的各种压制的过程，应当是面向学生的、合作的、"解放"的过程。毋庸置疑，师生之间存在差别，教师无论在知识、能力、对事物的理解等方面都比学生略胜一筹。因此，学生要取得与教师平等交往的自由，必须不断提高自己、发展自己，使自己具备各种能力与自我负责的态度，而获得这种素质就是"解放"的教学目标，在这个目标指引下的教学过程就是"解放"的教学过程。为了真正促进教学实践，交往教学论学派还提出了独特的分析教学过程的四个方面："传授方面；内容方面；关系方面；干扰方面。"[①]其具体内容如下：传授方面包括教与学的一切过程与行为；内容方面包括理想的课程、正式的课程和非正式的课程；关系方面指师生之间交往作用的形式、采取的态度等；干扰方面包括干扰的形式、原因、结果以及排除干扰的措施等。它们的相互关系见图 1-1。

交往教学论者认为，"影响教学过程的四个方面因素始终在教学过程中发生着作用，对教学产生着影响，即使某些时候某一方面成为主要矛盾，其他三个方面并没有消失"。关于教学过程步骤的运用，该学派认为，教师不能死板地根据预定的步骤行事，而必须考虑具体情况灵活处理。该学派强调：每堂课是整个教学过程的一个环节，教师对每一环节、每一步骤都必须做到灵活机动，并设计多种可能；在教学目标的确定方面，不仅设计一般的目标、学科的目标，还要考虑跨学科目标的设计；而且教师还应考虑到目标的达成存在多种可能，有些是完全达到的，有些是部分达到的，有些可能仅仅是为下一步学习奠定基础的[②]。教师只有恰当处理预设的计划与过程的实施，才能在相互影响、相互促进的循环系统中提升教学质量。交往教学论学派虽然在德国的诸多学派中影响不大，但是在当下学生还面临着分数的压力、升学的压力，学生厌学、恐学屡见不鲜，而教师往往习惯于专制的教育风格，不给学生有所创见的机会等教育状况下，该学派强调发展学生的个性，主张让学生在没有压力的情况下轻松愉快地学习，要求学校人道地进行教育，提倡师生平等交往，在教学中加强合作等主张，给学校教育带来了一股令人清醒的气息。

① 李其龙. 交往教学论学派[J]. 外国教育资料，1989(6).
② 李其龙. 交往教学论学派[J]. 外国教育资料，1989(6).

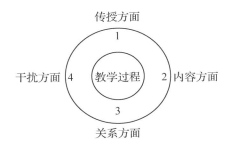

图 1-1　交往教学论流派关于教学过程的四个关系

二、我国教学理论关于教学过程设计价值取向的研究

现代教学论一般把教学过程作为人类认识过程的组成部分。自赫尔巴特提出"教学形式阶段"理论后，教学过程的研究已经成为教学论的核心问题之一。有学者认为，教学过程的理论主要包括三项内容：教学过程的本质、教学过程的阶段以及教学过程中各种因素的关系。中国古代教育家对这三项内容均有所涉及，而对教学过程的阶段的论述最为丰富。①

（一）古代教学思想关于学习过程的探究："博学·慎思·笃行"②

在具体分析中国古代教学思想关于学习（教学）过程的主张之前，有必要首先透视中国教育思想家乃至整个民族的教育价值取向，因为这是各种教育思想关于学习过程价值设定赖以形成的文化母体。有学者将中国古代教育价值取向概括为以下几方面③。

第一，重世俗而轻神性。中国古代教育思想强调教育的世俗功能，注重在现世社会生活中培养人，又主张通过培养具有人伦精神的人为社会政治、经济生活服务，而不以超然世外的目的为教育宗旨。

---

① 朱永新．滥觞与辉煌：中国古代教育思想史［M］．北京：人民教育出版社，2004：178.
② 周德昌．中国古代教育家论教学过程［J］．教育研究，1982(6).
③ 朱永新．中国古代教育理念之贡献与局限［J］．教育研究，1998(10)：55～60.

第二，重道德而轻功利。中国古代教育思想强调教育的道德价值，表现在教育崇尚伦理价值而贬低实用价值。伦理价值与实用价值是本与末的关系，如果舍本而逐末，教育思想只能受到攻击与排斥。

第三，重政务而轻自然。中国古代具有"政教合一"的传统，教育思想强调教育的政治价值，而忽视教育探究自然的科学精神的培养。重政务有助于鼓励知识分子树立社会责任感和政治使命感，却导致教育价值的"窄化"，也限制了自然科学与生产技艺的发展与教育。

第四，重和谐而轻竞争。和谐是中国古代文化所追求的最高境界。古代教育思想贯穿着和谐的精神，而忽视竞争原理的推行。这种价值取向对中国古代的教育方式产生了一定影响，形成了古代教育思想中注重自我教育和道德反省的传统，如"主敬""存养""省察""慎独"等内向化特点。

第五，重整体而轻个体。上述的重人伦、重和谐等价值取向，决定了中国古代教育思想的整体价值取向，而西方教育思想则具有悠久的个人主义传统。整体价值取向讲求国家与民族的整体利益，强调培养学生的整体系统思维能力，但也诱发了家长权威、专制主义，压抑、约束了人的个性和能动性。

当然，中国古代教育思想的价值取向还包括重积累而轻发现、重趋善而轻求真等，这里所谓的"重"与"轻"是相对于西方教育思想的价值取向而言的，并且是就整体特征而论的。

中国古代教学思想中，关于"教"与"学"的研究核心是对学生学习过程和学习方法的研究。在教育家的著述中，直接论述教的并不多，往往是以学论教，教与学尚未分化，"学"与"教学"基本上是通用的。例如，在《论语》中，"教"字出现了 7 次，而"学"字却使用了 64 次[①]；我国第一部比较系统的教育专著《学记》，也是从探讨学生如何学习入手，这些都充分体现了古代教育家对学生学习过程和学习方法的重视。鉴于此，本研究在梳理我国古代教学思想关于教学过程设计的价值取向时，主要是分析教育思想家或教育著述中关于学习过程的主张和观点。

---

① 裴娣娜. 现代教学论(第二卷)[M]. 北京：人民教育出版社，2005：86.

1. 先秦儒家教育思想对学习过程的阐述

从先秦儒家开始，我国古代的教育家就对人的学习过程进行了比较深入的研究。孔子是较早进行学习过程研究的教育家。孔子认为，学习过程可以分为学与行两类环节。学，即文化知识学习，属于认识范畴；行，即行为实践，属于实践范畴。学习过程既是认识过程，也是实践过程，是两种过程的统一，具体环节又包括学、思、习、行几个组成部分。学是基础和起点，行是学习的目的，思与习是学的深化与熟练化。

中国古代真正有意识、明确地阐述学习过程的理论的，当推《中庸》的五阶段论。这个学习过程最早是由《礼记·中庸》的作者对先秦儒家学习过程思想的全面概括而提出的，即"博学之，审问之，慎思之，明辨之，笃行之"五个环节。《中庸》的学习过程理论对后世教学过程理论的发展产生了直接的影响。宋代教育家朱熹、明代思想家王阳明、清代思想家王夫之都以此为基础来论述教学过程。

2. 宋代朱熹的"知为先""行为重"学习过程理论

宋代理学的集大成者朱熹继承并融合孔子的"学、思、习、行"思想、《中庸》的"博学、审问、慎思、明辨、笃行"的学习过程，以及《大学》的"格物、致知、诚心、正意、修身、齐家、治国、平天下"思想，提出了一个比较完整的学习过程阶段，即"博学""审问""慎思""明辨"和"笃行"。这一过程的前四者，与《大学》中的"格物""致知"是相一致的。朱熹关于学习过程的思想就是，"即物而穷其理"和"格物而致其知"。所谓"格物"，并不是去探索外界客观事物本身的道理或规律，而是要深刻理解和躬行践履封建道德规范。所谓"致知"，也不是指从外界客观事物或实践经验中去获得知识，而是从内心体验中获得。朱熹在阐述由"格物"到"致知"的转变时，提出了一个通过"积累有渐"而进入"豁然贯通"的过程，即由"渐"到"顿"的过程。这表明，朱熹在长期的教学实践中，一定程度上认识到学生要获得知识，需要经过一个逐渐积累到最终贯通的过程，即由"零细"上升到"全体"的过程。[①] 朱熹把《中庸》"博学""审问""慎思""明辨"的为学顺序，同对《大学》"格物""致知"的解释统一起来，并在此基础上

---

① 王炳照，阎国华．中国教育思想通史（第三卷）［M］．长沙：湖南教育出版社，1994：268.

提出"即物而穷其理"和"格物而致其知"的教学过程，这是对儒家传统教育思想的新发展。尤其是，他把这一过程视为一个由"积累有渐"到"豁然贯通"的过程，是具有一定的合理性和积极意义的。在论述知与行的关系上，朱熹认为，知与行是相互依存、相互促进的关系，即"知行常相须"。但在学习过程中，知与行有先后轻重之别，他主张"论先后，知为先；论轻重，行为重"。"知为先"是要使学生首先懂得做什么、怎样做的道理，否则会"冥行"，同时还要求学生把文化知识学习作为主要任务，因为学生在学习期间的"行"更多是"习"而不是真正的社会实践。"行为重"是因为"行"既是"知"的目的又是检验"知"真伪的标准。为此，他提出学习过程中的"知行并到"，"致知力行，用功不可偏。偏过一边，则一边受病"。综观朱熹的学习过程环节，大体可以分为格物、致知、笃行三个阶段，"博学"与"审问"对应格物外铄阶段，获得的是感性的"零细说"；"慎思"与"明辨"对应致知内求解答，获得的是"全体说"；"笃行"对应外用实践阶段，指学以致用。从学生的认知和思维能力的形成和发展来考察，这是一个外（感知）—内（理解）—外（应用）的循环往复学习过程，与现代教学论对教学过程特点的把握非常相似。朱熹还强调理想、动机等非智力因素在学习过程中的重要作用。他说："为学功夫，以何为先？曰：亦不过如前所说，专在人自立志。"[1]朱熹将确立远大正确的志向作为学习过程首要而根本的任务，以此作为教学活动的推动力，来保障学习目标的实现。

3. 明代王阳明"知行合一并进"的学习过程主张

明代的王阳明从"知行合一并进"的观点出发，阐述了其对学习过程的看法。他说："夫问、思、辨、行皆所以为学，未有学而不行者也。……尽天下之学，无有不行而可以言学者。则学之始固已即是行矣。……是故，以求能其事而言谓之学，以求解其惑而言谓之问，以求通其说而言谓之思，以求精其察而言谓之辨，以求履其实而言谓之行。盖析其功而言则有五，合其事而言则一而已。此区区心理合一之体，知行并进之功，所以异于后世之说者，正在于是。"[2]王阳明认为，学习过程

---

① 张传燧. 中国教学论史纲[M]. 长沙：湖南教育出版社，1999：181.

② 张传燧. 中国教学论史纲[M]. 长沙：湖南教育出版社，1999：181.

是由学、问、思、辨、习、行构成的有机整体，是合一不二的。就个体知识、技能的发展看，教学过程的确是知行并进的整体推进与提高的过程，知识与技能、知识与能力是相互依赖、相互促进的辩证关系。从这个意义上说，王阳明的主张将古代学习过程理论向前推进了一大步。但其学习过程观也存在忽视知识学习与社会实践训练、人类认识过程与课堂认识过程区别的缺陷。

4. 清代王夫之"行先知后""知行并进"的学习过程观

清代王夫之从"行先知后""知行并进"的学习过程观出发，阐述了其学习过程的观点。他提出："学之弗能，则急须辨；问之弗知，则急须思；思之弗得，则又须学；辨之弗明，则仍须问。行之弗笃，则当以学、问、思、辨养其力。而方学、问、思、辨之时，遇着当行便一力急于行去，而不可曰吾：学、问、思、辨之不至而俟之异日。若于五者第一不可缓，则莫若行。"这对学、问、思、辨、行之间相互依赖、相互促进的互为条件关系的论述更加深刻，理论抽象层次更高。在此基础上，王夫之进一步分析了不同认识器官在学习过程的具体不同阶段所发挥的作用，建构了由六因素有机组成的相互关联的系统，是一个外—内—外，即感知—理解—巩固—运用的过程，是学思并重、知行相资的知识学习与实践训练相结合的过程。王夫之的观点把中国古代学习（教学）过程的理论提升到了一个新的高度。

中国古代教学思想关于学习过程的论述，着重探讨了知行先后、轻重、本末的关系以及学生不同认识感官在学习过程不同阶段的作用。虽然这些教育思想家对学生的学习过程的阐述因为哲学思想和教学实践的不同而存在着差异，但是对知与行的辩证关系却分析得相当深入、透彻，都能意识到"行"（践行）是生发"知"、巩固"知"、检验"知"的重要因素，教学的最终目的是达到知与行的统一。古代教育家们能够比较深刻地揭示教学过程的认识特点和规律性，对教学过程中的基本问题，如学与问、学与思、知与行、学习与指导等形成了初步的认识；在思维方式上，不仅运用经验归纳、经典演绎，而且能辩证地讨论教育问题，使得他们的说理论证具有很强的可接受性，为后世的继续探索提供了重要的理论与实践基础。但是，这些分析与论证，都还只是教育家个人经验的概括与提炼，其研究的视角多出于"伦理学"和"政治学"立场，缺少科学化的观察、分析与论证，用学科的标准衡量这些丰富的教学思想，还缺乏系统性与结构化的建构。

(二)20世纪上半叶教学过程理论的萌生：介绍与移植西方近现代教学过程理论

西方教育思想的传入可以追溯到明末清初，传教士在传播自然科学与技术的同时，也为中国带来了与传统封建教育截然不同的西方教育信息。我国真正开始大规模引进与传入西方教育学说与思想，是在甲午战争以后，而且主要以日本为中介。西方一些著名教育家的学说和著作大多是从日本传入中国的。新文化运动和"五四"运动以后，随着留学欧美人数的增多，西方教育学的引进渐渐舍弃日本的媒介，而以直接输入为主。这一时期，还有不少教育家致力于中国本土的教育实验，以极大的热情和精力探索中国的教育理论。虽然这一时期的教育理论还有许多不成熟的地方，但它毕竟是一个新时代的开端，标志着中国教育理论的建构结束了古代纯思辨的研究方式，而走向科学化的探索。

1. 赫尔巴特教学过程阶段理论的引进与国人自编教材对教学过程的关注与影响

清末，我国对西方教育理论的重视是随着新式教育发展而逐渐加深的。中日甲午战争的惨败，使近代中国人开始探讨救亡图存的新路，从而把眼光瞄向了日本。国人关注日本以教育为最有效手段，输入西学，培养变法人才，开启民智的巨大收效。当时日本教育界非常盛行赫尔巴特教育思想，主要崇尚其理论的两个方面：一是赫尔巴特的道德教育论；二是赫尔巴特的教学理论，特别是五段教学法。他们认为这种教授过程能注意儿童的心理活动，把启发儿童思维、发展儿童智力放了极为重要的地位，比起传统的灌输方式要生动活泼许多。因此，诸多日本教育论著引用或专门论述赫尔巴特的教学思想。日本教育界对赫尔巴特学说的推崇也影响到了中国。一些日本学者的教育学讲义被介绍进来，王国维主编的《教育世界》也刊载了一系列介绍赫尔巴特学派的文章。国人自编的教授法教材与我国当时师范学堂教学计划规定需要开设的这门课程有关。朱孔文的《教授法通论》是我国最早的自编教授法教材，该书内容吸收了西方传统教育派的教学理论和方法，如"教授之方法"一章中的"教段"，介绍了裴斯泰洛齐的三段法（直观、概念、应用）和莱茵的五段法（预备、提示、比较、概括、应用）。① 蒋维乔编写的《教育学》影响极大，9 年间再版了 7 次。它融会贯通了日本教法和编者自己的经验，总结了兴学以来教学理论与实践上的得失，被称为"近今教授法最完善之本"②。该书在理论旨趣上主要受赫尔巴特学派影响。赫尔巴特教学思想对清末学校教育影响最大的就是"五段教学法"。班级授课制的推广，使大多数由举人、贡生等执教的中小学教师在教学上感到陌生和困难。而赫尔巴特的教学过程阶段，因简洁明了，有助于教师迅速掌握。因此，赫尔巴特的教学过程阶段理论受到了中小学教师的重视，其理论有助于教师由私塾式的注入教学逐渐转向班级组织的启发式方向。各地纷纷成立了教育研究团体，组织教师进行理论学习，以及参加大量的教学观摩等活动，传授赫尔巴特的五段教学法。清末西方教学思想的引介、教育理论著作的编著以及种种教学法的尝试与实验，推动了我国近代教育走民族化道路的思考与探索。当然，也应该看到，由于受到封建政体和传统教育观念的影响，清末教育领域的探索只是一味地迷信日本教育经验，忽略了对其他西方国家的教育教学进行全面考察和深入研究，也忽略了对中国自身传统教育教学思想精华的深入反思。

这一时期我国对教学思想尤其是教学过程阶段的关注，是伴随着新式中小学校新型课程开设的需要而产生的，且对教学过程的阐述主要是以学校教材的形式出现的。赫尔巴特学派的五段教学法成为新式学校课堂推广使用的主要阵地。

2. 进步主义教育思想影响下的移植性教学过程实验

新文化运动和"五四"运动期间，中国人民对封建主义的旧思想、旧道德展开了猛烈抨击，反映在教育界，即把批判的矛头指向了封建传统教育。以反传统教育自居并在当时世界范围的教育改革中具有重大影响的进步主义教

---

① 董远骞.中国教学论史[M].北京：人民教育出版社，1998：30～32.
② 王炳照，阎国华.中国教育思想通史（第五卷）[M].长沙：湖南教育出版社，1994：467.

育理论，正好为中国批判旧教育提供了理论武器；而当时在中国思想界被广泛宣传的民主、科学等新思想、新观念，以及中国民族资本主义经济的相对发展，也对教育提出了新的要求，并使一度在中国盛行的赫尔巴特教育理论日益暴露弊端与不足。因此，进步主义教育思潮得以传入中国，并对中国教育理论和教学实践产生了广泛的影响。杜威的亲自来华及其众多的演讲，把其教育理论直接带到了中国，并在全国各地广为传播，到 20 世纪 20 年代达到全盛，其影响持久而广泛，一直延续到 20 世纪 40 年代后期，该思潮是近代中国最有影响的教育思潮之一。中国的教育学理论从模仿日本转向吸取和借鉴美国，教育实践的美国化倾向日益加重，在教学过程设计的价值取向上从主知主义逐步转向行动主义，其中对我国中小学教育实践影响最大的是设计教学法和道尔顿制。

（1）克伯屈的设计教学法的影响

克伯屈的设计教学法的基本指导思想和主要理论渊源，来自杜威和桑代克，其设计教学法的步骤与杜威的思维五步法有着明显的联系。它的基本思想是，在教师指导下，学生运用自己已有的知识和经验，独立地对学习目的、学习内容、学习活动进行设计，通过实际操作，在真实情境中解决实际问题，从而获得知识和能力。它废除了班级授课制，打破了学科界限，摒弃了教科书，强调教师的任务是利用环境引起学生的学习动机，帮助学生选择学习活动所需要的材料，其教学过程设计具有明显的行动主义价值取向。它在中国的正式研究与试行始于 1919 年秋由俞子夷主持的南京高等师范附属小学。该校低中年级实施设计教学法，学生们无论进行什么活动，都是自己需要的、个人要求的。教学采取分团、分组的方式，三个年级打通，通过测验，依个人能力的高低，采用不同的教材、教法。学生所学的功课，由他们自己决定，学生自由选择、自由支配上课时间。学生只知道把自己设计的工作向前进行，要做他们自己生活的事，而不知道有科目。① 这一教学法在中国的盛行期约在1921—1923 年，此后，其影响以各种形式表现出来，一直持续到 20 世纪40 年代末。设计教学法虽然对学龄前儿童和小学低年级儿童的学习有可

---

① 吴洪成，彭泽平. 设计教学法在近代中国的实验[J]. 高等师范教育研究，1998(6)：68～75.

借鉴之处，但其狭隘的经验论基础决定了它内在的局限性。"非有其他方法的补充，则学习太散漫，太凌乱；它的效能太限于目前应用。从小商店、小银行的活动所得到的数目知识，决不能供给儿童所需的算学；从戏剧表演所得到的历史事实，决不能代替系统的历史研究。直接应用或工具的学习，只能得到知识的一鳞一爪，没有整个圆满的眼光，根本原则的把住。"①设计教学法在传播和推行的过程中，由于其理论本身的局限性和仅仅局限于模仿与套用，致使教学实验效果不理想，虽然曾风靡一时，但不久便销声匿迹。

（2）帕克赫斯特的道尔顿制的影响

道尔顿制是进步主义教育思潮中的一种个别教学制度，其实质是要使每一个学生能够对自己的学习速度和方法负起更大责任，其传入中国最初是由《教育杂志》加以介绍的。舒新城于 1922 年秋，首先在其主持的吴淞中学试行道尔顿制。他曾系统论述了道尔顿制的历史、原则、方法以及它与中小学教育的各种关系等问题，认为实行道尔顿制对于纠正当时教育的机械划一，忽视学生个性，以及师生、生生之间缺乏交流等弊端是有积极作用的。到 1925 年，全国约有 100 所中小学试行此制，但有的只限于个别学科，有的只是部分班级试行，而且多半仅维持一学期至一年半。② 道尔顿制主要在中学流行，小学方面试行的不多。

历史事实表明，设计教学法和道尔顿制传入中国后，曾经产生一定的影响，但同时其实施又受到很大的局限。首先，它们受中国当时的社会条件制约。新方法的传入是因为它们迎合了中国教育界反对并试图纠正传统教学法的弊端这一需要。例如，接受设计教学法就是为了克服传统的学科教学相互割裂、缺少联系，不能满足儿童整体生活需要的缺陷；而道尔顿制传入前，中国教育界正在对班级授课制难以适应学生个性发展表示不满。于是，它们就被当作改革的良方被接受了。然而，当时中国的经济基础制约了人们的教育观念，当时中国不仅很难适应新的教学

---

①　吴洪成，彭泽平．设计教学法在近代中国的实验［J］．高等师范教育研究，1998（6）：68～75．

②　王炳照，阎国华．中国教育思想通史（第六卷）［M］．长沙：湖南教育出版社，1994：210．

方法，而且使新方法所需要的师资和设备等诸多方面都难以达到要求。其次，这些新方法本身存在着缺陷。以儿童为中心的设计教学法和道尔顿制，与传统的以教师为中心的教授法相比，的确关注到了儿童的主体性、自我教育能力的培养以及儿童的积极思维的激发等，但其完全从儿童的需要和愿望出发，忽视了教师的作用，使教学更多处于偶然和自发状态，容易流于放任；完全打破学科界限，使教学内容散漫而缺乏系统性，降低了儿童的知识水平；过分强调直接经验，事事让儿童自己去摸索，抹杀了教学过程本身的特殊性，浪费了不必要的时间和精力等。事实上，我国教育界对进步主义教育理论的接受过程，交织着主动与被动的双重性，既有迷信和仿效的倾向，也有试图从本国国情出发，对教育理论进行改造与取舍的思考。20世纪30年代以后，许多人从宣传的狂热中冷静下来，对不符合国情的做法开始有所修正，如何使新教育中国化的问题，成为教育界人士关注的重点。总体而言，进步主义教育思潮曾经对我国的教育理论和实践产生了广泛的影响，它适应了我国教育界要求纠偏补弊的需求，但不顾国情的照搬套用同样不能解决现实的问题。

虽然进步主义理论与实践在20世纪二三十年代的中国盛行，但它并没有完全取代传统教育即赫尔巴特教育学。赫尔巴特及其学派的教育学对当时我国教育学界仍有不小的影响，主要表现在三个方面：一是1936年赫尔巴特《普通教育学》在我国正式翻译出版；二是他把教育学建立在实践哲学（伦理学）和心理学基础上，提出了作为一门独立的教育学的理论体系，一直影响着潜心研究教育学的人们；三是赫尔巴特学派的一些观点尤其是五段教学法，一直影响着广大中小学教学实践。五段教学法由于模式化，操作性强，有利于系统知识的传授，在班级授课制中比较有实效。杜威是以"进步的教育学"批判赫尔巴特的"保守的教育学"的。但他也承认，"赫尔巴特的伟大贡献在于使教学工作脱离陈规陋习和全凭偶然的领域。他把教学带进了有意识的方法的范围，使它成为具有目的和过程的有意识的事情，而不是一种偶然的灵感和屈从传统的混合物"①。当时有人撰文说："自从设计法为一部分学者提倡而且为一部分学校推行

---

① ［美］约翰·杜威．民主主义与教育［M］．王承绪，译．北京：人民教育出版社，1990：75.

以来，从前的形式教学法大受非难；不过平心讲起来，从前的形式教学法也实在有许多精义，尤其对于缺乏经验与创始力的教师可以供给一个可以遵循的路程……我是赞助设计法的一人，但我相信形式教法……含有真理的地方，则仍当保存。"①

总体而言，20世纪上半叶在我国教育领域掀起的引进、模仿与教育实验浪潮中，对我国课堂教学过程设计影响最突出的就是赫尔巴特的形式教学阶段与设计教学法、道尔顿制等进步主义教育主张。这些理论或方法的学习、研究与实验，所带来的不仅仅是对如何设计具体教学过程等方法层面的触动，它们所表达的观念、原则以及价值追求也经久不衰地渗透到教学实践中去了。这应该说是这场现代教学实验运动对中国教学理论研究以及教学实践发展的最突出的作用。

(三)20世纪80年代前的"苏化"与自主探索：凯洛夫《教育学》对教学过程设计的影响

新中国成立以后，我国的教学理论研究方向发生了明显转折，由新中国成立前借鉴和引进西方教育教学理论转变为全盘"苏化"（苏联化）。从这时起，我国的教育理论工作者开始全面地以辩证唯物主义和历史唯物主义为指导，借用苏联的教育理论和实践研究成果建构我国的教育理论体系。

1. 凯洛夫《教育学》对我国教学过程理论发展的影响

新中国成立后，教育学研究开启了一个新的时代，其标志是凯洛夫主编的《教育学》传入中国。苏联社会主义革命的成功，及其在各方面都取得了令人瞩目的巨大成绩，使得我国向苏联学习势在必行。其中，苏联对我国教育理论界和实践界影响最深、流传时间最广的，就是1950年翻译出版的苏联凯洛夫主编的《教育学》，全书的着重点在教学理论（教学法）部分。著名学者陈元晖教授认为，凯洛夫《教育学》对中国教育学理论发展的影响既有贡献，也有局限，其贡献主要在于以下几点。①它明确宣传教育学是培养共产主义新人的科学。凯洛夫《教育学》主要继承了两

---

① 郑金洲，瞿葆奎. 中国教育学百年[M]. 北京：教育科学出版社，2002：24.

位教育学家的教育思想，一个是德国的赫尔巴特，一个是俄国的乌申斯基。赫尔巴特认为，教育学是科学，教育的目的是对年青一代道德品质的培养；乌申斯基的教育理论也将对年青一代的道德教育放在第一位，他曾说："我们大胆地提出一个信念：道德的影响是教育的主要任务，这种任务比一般的发展儿童的智力和用知识去充实他们的头脑重要得多。"①赫尔巴特和乌申斯基对教育目的的阐述，影响了凯洛夫《教育学》，该书也非常重视人的道德品质的培养与意志的陶冶。②凯洛夫《教育学》在吸收心理学知识应用于说明教育和教学理论方面，继承了赫尔巴特和乌申斯基的教育学思想，尤其在教学理论一篇中，更广泛地应用心理学知识阐述学生的年龄特征、学龄儿童的认识活动和人格特点的形成。③凯洛夫《教育学》的体系结构相对比较完整，形成了包括教育学的一般原理、教学论、教育论、学校管理等内容的结构和体系，一定时期内，成为我国教育学专著编写的主要参考框架。

凯洛夫《教育学》也存在着明显的不足。首先，凯洛夫《教育学》力图用唯物论来处理教育理论上的问题，但常常落入机械论之中。例如，对教与学的矛盾关系如何处理等，凯洛夫教学论很少或不明显阐述这类问题。其次，凯洛夫《教育学》对教师在教学过程中所处地位存在非辩证评价。该书认为，"在学校里没有再比教师的人格影响大的了，教师的思想语言、人格和一切品质、一切行为，都影响着学生。对教师如此评价，就不能不使人得出这样的结论：在学校中，在教学过程中，教师总是处于主导的地位，只有教师影响学生，不会有学生影响教师的行为。……教师是永远处于'教人'的地位，学生就必然是永远处于'被教的人'的地位"②。这也是凯洛夫《教育学》传入后对中国教学理论和实践影响很深的一点，即教师的主导地位被过于强调，而学生主动性的培养与发挥就显得相对薄弱。最后，最为突出的是，凯洛夫《教育学》在教学论部分所表现出的严重形而上学倾向，在他论"上课"这一部分章节中尤为明显。"在1948年的版本中，把'上课'列为专章，第五章的题目就叫作'上课是苏维

① 陈元晖. 中国教育学七十年[J]. 北京师范大学学报，1991(5)：52～94.
② 陈元晖. 中国教育学七十年[J]. 北京师范大学学报，1991(5)：52～94.

埃学校教学工作的基本组织.'"①1956 年的版本把这一章改为"节",题目是"上课是教学工作的基本组织形式",在内容与篇幅上,仍然主要谈"上课"。该书认为,"一切课堂教学都是从组织学生去上课开始",为此,该书不仅阐述上课的一般过程和一般方法,而且将上课规定为几个环节,并用心良苦地具体规定了每个环节要用多少分钟。具体安排如下。第 1 个环节,学生有组织地坐入自己的座位,迅速地准备好在这一节课的工作中所必需的一切东西,教师记下缺席的学生,时间为一两分钟。第 2 个环节,查阅学生的家庭作业,时间为 3～8 分钟。第 3 个环节,讲解新课的题目与宗旨和确定对于已学过的功课的联系,所需时间为 5～10 分钟。第 4 个环节,讲述并说明新教材,时间为 10～20 分钟;第五个环节,巩固已教过的教材,时间约为 10 分钟。第 6 个环节,详细说明新的家庭作业,时间为 5～8 分钟。② 虽然不同版本在阐述环节的内容上字句有所不同,但是环节的数目仍为 6 个,既不能被减少也不能被增加,次序也不能被改动。这种对课堂教学过程的规定完全脱离教学实际,不考虑学科特性与学生年龄特征,是明显的形而上的表现。这种固守环节、固定具体时间的过度僵化思想也直接影响了我国教学论关于教学过程设计的价值取向。

2. 我国自编教育学教材对凯洛夫《教育学》关于教学过程设计的模仿

虽然教育学的"苏化"时间仅仅持续了几年(1956—1959 年),教育学的发展也经历了"中国化"的时期(1956—1966 年),并且对凯洛夫《教育学》进行了批判③,但在 20 世纪 80 年代以前,我国自编的教育学教材在很大程度上还是以凯洛夫《教育学》为蓝本。事实上,在改革开放以后,"教育学中国化"问题的重新提出,与教育学者不满于多少年之后,我国的教育学仍是或浓或淡地镌刻着凯洛夫《教育学》的痕迹有关。在当时自编的教育学教材中,教学论的内容几乎是凯洛夫《教育学》的翻版。该书在教学理论这部分特别强调系统的科学知识的学习,加强基础知识和基

---

① 陈元晖 . 中国教育学七十年[J]. 北京师范大学学报,1991(5):52～94.
② 陈元晖 . 中国教育学七十年[J]. 北京师范大学学报,1991(5):52～94.
③ 郑金洲,瞿葆奎 . 中国教育学百年[M]. 北京:教育科学出版社,2002:1～2.

本技能的学习，重视课堂教学和教师的主导作用，以此来培养全面发展的社会主义建设者。这反映了凯洛夫《教育学》对教学过程设计的价值追求，即重视系统知识的掌握、重视教师的主导作用。这种价值取向同样引导了我国教学理论关于教学任务的主张，即"双基"（基本知识、基本技能）教学是教学活动的基本任务，教师在教学活动中发挥着主导作用等。关于教学过程的理论基础，该书强调以辩证唯物主义认识论作为教学过程的理论基础，把"由生动的直观到抽象的思维，再由理论到实践"这样一条"实践（直观）—理论—实践……"的认识路线作为学生掌握知识、发展认识能力的基本路线。同时它还指出，教学过程中学生对于现实的认识，相对于科学认识过程来说是具有特殊性的，表现为："学生领会既知的、为人类所获得的真理（知识）。学生经常由有经验的教师来领导。教师是专门为了教育和教学工作造就出来的人。在教学过程中，一定要有巩固知识的工作。在教学过程中，还包括有计划的实现着发展每个儿童的智力、道德和体力的工作。"①这些表述在我国教学论论著中被概括为教学过程特殊性的三方面表现，即"间接性""领导性"和"教育性"。

这一时期的教学论研究以马克思主义认识论为核心、为主导建构教学论的思想体系。由于深受苏联教学理论体系的影响，我国教学理论体系的形成与发展具有浓厚的苏联教学论痕迹：在教学目的观上，表现为强调"双基"的主知主义倾向；在教学过程观上，基于认识论视角，将教学过程视为认识过程，认为教学过程本质上与人类的认识过程一致，但又有自己的特殊性等；在教学过程阶段的设计上，承袭凯洛夫《教育学》对教学过程的6环节设计，把第三环节与第四环节合并，形成了5环节的教学过程，即"组织教学、检查复习、传授和学习新课、巩固新课、布置作业"②。这样的教学过程设计一直成为学校进行课堂教学的基本程序，成为教学过程设计的统一规范。这些规范对维护课堂教学秩序、保证教学任务的完成起到促进作用，却导致了教学实践中的千篇一律和程式化的倾向。

这一时期对教学过程设计的基本思路是统一、规范与程式化的，这

---

① ［苏］凯洛夫. 教育学［M］. 沈颖，南致善，译. 北京：人民教育出版社，1950：60～61.

② 陈元晖. 中国教育学七十年［J］. 北京师范大学学报，1991（5）：52～94.

与当时我国的主流文化是一致的，集体主义、国家至上成为国家经济与社会发展的主导思想，因此，个性化、个别化的教学过程设计是很难在这种背景下出现的。

（四）改革开放以来教学过程的变革性实践：多元并存的教学过程设计价值取向

20 世纪 80 年代以来，我国社会进入一个新的历史转型时期。十一届三中全会以后，遵循解放思想、实事求是、以实践作为检验真理的唯一标准等政策精神，在借鉴、吸收国外教学理论与实践研究新成果的基础上，我国教育理论工作者对教育教学的一系列重大问题进行了清理，同时积极开展了大规模的教学改革实验，教学理论与实践研究取得了实质性进展。

在"文化大革命"前，我国的主导性价值取向是一种狭窄的文化视野，仅仅面向苏联文化，盲目排斥西方文化；在"文化大革命"中，又将一切外来文化斥为"封、资、修"，使我们的文化环境处于闭关锁国的境地，对国外的教学理论与改革缺乏基本的了解。改革开放以后，封闭的国门被打开。我国教育学工作者渴望了解世界各国教育发展与改革的新成就，这种客观需要对国外优秀文化的引进、介绍提出了要求。教育界掀起了向西方学习的热潮，国外的教育教学理论和流派纷至沓来。与此同时，我国的教育理论工作者也认识到以往教育理论的僵化、保守、贫乏以及与世界教育发展之间的巨大鸿沟，对具有强烈时代精神的国外各种教学理论产生了共鸣和认同感，促进了国外教学理论与流派在我国的传播、移植与借鉴。这一时期，对我国教学理论研究和实践产生较大影响的主要有赞科夫的发展性教学思想、布鲁纳的结构课程理论、巴班斯基的教学过程最优化理论、洛扎诺夫的暗示教学理论、布卢姆的掌握学习理论、奥苏伯尔的有意义言语学习理论、瓦根舍因的范例教学理论以及加涅的学习信息加工理论等。其中对教学过程设计进行创新性移植与改造性实验的，主要有布卢姆的掌握学习理论、暗示教学法、发现教学法、合作学习等。

1. 着眼于知识学习效率提高的教学过程变革实验

(1)"目标教学"改革实验：借鉴布卢姆掌握学习理论、大面积提高教学质量的教学过程设计

"目标教学"实验最初称为"借鉴布卢姆掌握学习理论、大面积提高教学质量的实验与研究"。它是一次大规模的教学整体改革实验。它的起因主要是，基础教育"片面追求升学率"倾向导致学校"只抓少数尖子"，忽视多数学生。这种教育不仅加重了学生的课业负担，而且拉大了学校、班级和学生个体的差距。"目标教学"实验的理论主要借鉴了美国著名教育家布卢姆的教育目标分类学、教育评价理论和掌握学习策略的相关理论。此外，苏联教学论专家巴班斯基的"教学过程最优化"理论对这个改革也有影响。该实验最初起始于 1982 年上海市探索科学的成绩评定规则。1986 年 9 月，布卢姆应邀到华东师范大学讲学，推动了"目标教学"的蓬勃兴起，其实验面广，参与人数多，成效显著，成为我国当代教学改革史上一种独特的景观。

对"目标教学"的含义，有学者解释为"从宏观角度说，目标教学就是从我国社会发展需要和基础教育实际出发，借鉴布卢姆有关教育理论开展的群众性的教学改革实验。从微观角度说，目标教学是以教学目标为核心，以反馈矫正为手段，以教学评价为保证，以多种教法结合使用为桥梁，以群体教学和个别化教学为形式，使 95％以上的学生都能掌握教学内容的教学新机制"[①]。"目标教学"的教学过程设计具有几个基本特征。首先是设计适当集中、精简的教学目标，这是一切教学活动的出发点和归宿。借鉴布卢姆的目标分类系统，认知领域改造为初中四级、小学三级的分类体系。其次是测试反馈，这是"目标教学"过程设计最不同凡响的一个环节。"目标教学"的测试反馈不同于传统教学以选拔、甄别为目的的测验与考试，而是着重于学生是否达到教学目标的检验，通过多种测试手段(观察、提问、讨论、练习、作业、测验、考试等)，了解学生的达标情况，作为"给没有命中的目标射第二次箭"的客观依据。同样的测试手段，服务于不同的功能，其实质是教育的价值诉求不同。最后是矫正补救，教师采取有针对性的措施帮助未达标学生达到要求，这种恰

---

① 李建刚. 论目标教学及其发展趋势[J]. 教育研究，1995(2)：63～66.

到好处的"补射一箭"，实现了绝大多数学生能够达标的目的，相比于以往教学随意、盲目的补课，它能够更有效地大面积提升教学质量。

从"目标教学"改革实验主要追求的效果看，它重视学生的"单元达标"，关注"大面积提升学业成绩"，涌现了"考不到的学校""无差生的学校"①，初步解决了布卢姆提出的"两个标准差的难题"。因此，在教学过程设计的价值取向上，呈现出追求提高知识掌握效率的价值倾向，仍属于主知主义教学价值取向。

（2）"青浦实验"：通过"尝试指导、效果回授"提高教学效率的教学过程设计

"青浦实验"是上海市青浦县（今青浦区）以顾泠沅老师为主的数学教学改革实验。它是在广泛总结该县教学经验的基础上，提出了"尝试指导、效果回授"的教学策略，实现了大面积提高教学质量的教学改革。"青浦实验"在教学过程设计上的变革主要表现在四个方面：在认知发展的动力和支柱上，"让学生在迫切要求之下学习"；在教学内容的呈现上，"组织好课堂教学的层次和结构"；在认知活动的组织上，"在采用讲授法的同时，辅之以'尝试指导'的方法"；在学习过程的外部调控上，"及时获取教学效果的信息，随时调节教学过程"。②"青浦实验"的基本教学过程大致可包括以下几点：①创设问题情境，激发求知欲，使学生在思维最积极的状态下进行尝试学习；②通过自主活动，如阅读、观察、实验等，试探解决问题；③教师通过必要的讲解，概括、揭示出一般结论，并将其纳入学生的知识系统；④运用不同手段，让学生尝试各种变式练习；⑤教师通过多种途径及时回授评定的结果，组织有针对性的答疑与讲解。该实验强调，上述五个步骤并不是固定的，教师应根据学生的实际情况、教材特点而加以调整，也可以对某个方面有所侧重。

"青浦实验"促进了学生学习成绩的快速提高，并且比较稳定。虽然在一定程度上提高了学生的阅读能力和思维能力，该实验也提出了"情意

---

① 李建刚，张志勇，等．义务教育教学新体系：单元达标教学实验与研究［M］．济南：山东教育出版社，1994：24．

② 顾泠沅．教学实验论：青浦实验的方法学与教学原理研究［M］．北京：教育科学出版社，1994：162～177．

原理"，但只是将"情意"作为知识学习的"工具"和"条件"。从总体上看，"青浦实验"仍然只是一种提高学生"知识学习"效率的实验研究，因为其尝试指导仍然只是"尝试知识"，效果回授也是追求"知识效果"。事实上，任何教学过程的设计都不能仅仅追求知识学习，因为知识学习仅仅是学生能力发展、情感陶冶等更重要价值的基础。因此，"青浦实验"教学过程设计的价值取向是也是主知主义的。

2. 在知识掌握过程中发展学生智能的教学过程变革实验

（1）"尝试教学"改革实验：在掌握知识过程中发展自学能力的教学过程设计

"尝试教学"改革实验是由数学教师邱学华提出，并最早在江苏一所小学开展的实验。该实验起因于邱老师对注入式教学过程"先讲后练"弊端的反思。该实验在系统研究国内外先进的教学过程设计的基础上，逐步聚焦于国外的发现教学和国内的自学辅导教学过程设计。"尝试教学"以辩证唯物主义认识论为哲学基础，认为教学活动是一种特殊的认识活动，认为练习是教学过程中学生实践的主要形式，解题是学生理解和掌握数学知识和形成技能技巧的必要途径。因此，该实验提出学生的学习过程是在教师指导下，学生在不断尝试中逐步完成的。实验遵循"实践—认识—再实践—再认识"的认识规律，在教学过程的设计上，以"提出问题—学生尝试—教师指导—学生再尝试—解决问题"为思路。它的具体教学程序包括五步：①出示尝试题，让学生进入尝试活动的问题情境；②自学课本，引导学生自己从课本中找到解决问题的线索，用课本中的范例和信息去尝试解决问题；③尝试练习，这检验学生自学课本的效果，起着承上启下的作用；④学生讨论，尝试说出算理或解题思路，验证自我尝试的正确性，教师引导学生进一步讨论，分析正确的道理或错误的原因；⑤教师讲解，针对学生感到困难的地方和教材的重点进行必要的讲解。"尝试教学"改革实验并不固守基本操作步骤，强调在坚持"先练后讲""先试后导"的基本原则下，根据不同教学内容、不同学生的情况以及教学条件的变化灵活调换基本程序，并由基本程序派生出诸多变式。

"尝试教学"改革实验将教学过程视为一种特殊的认识活动，以认识论为哲学依据，以"先练后讲""先试后导"为指导思想，设计了操作简便的教学过程。因此，它的教学效果显著，尤其能够在农村和山区大面积、全方位提高学生的学习成绩。不仅如此，"尝试教学"冲破注入式教学的束缚，大胆让学生自己去尝试练习，培养了学生敢于探索的精神和自学能力。在价值取向上，它不仅强调知识的掌握，也开始追求学生的能力发展，当然主要还是自学能力的发展，虽然取向仍旧是主知主义的，但对学生发展目标的追求更加丰富。

（2）"初中数学自学辅导教学"实验：掌握知识与培养自学能力并重的教学过程设计

相对于"尝试教学"在实验效果上对学生自学能力的提升，由中国科学院心理所卢仲衡教授主持的"初中数学自学辅导教学"实验，则在实验的目标上明确提出发展学生的自学能力、培养良好的自学习惯的价值追求。因此，该实验在自学能力培养的过程中，通过四个阶段，即领读阶段、适应自学阶段、阅读能力与概括能力形成阶段以及自学能力与自学习惯形成阶段来实施自学能力的培养。在具体的课堂教学过程中，该实验则通过贯彻"启、读、练、知、结"的基本要求，帮助学生逐渐形成自学习惯。

"初中数学自学辅导教学"实验，典型地体现了"学—导"类教学实验，即"学生自学，教师辅导"类实验。该实验在关注知识掌握的同时，强调学生自学能力与习惯的培养，在"学会"的基础上重视"会学"，适应了科技迅猛发展时代对终身学习能力培养的要求。因此，该实验在国内外都获得了较高的声誉。但是，该实验在能力的培养上主要关注自学能力，即自己获取知识的能力，因此，在价值取向上仍旧突出知识掌握与相关能力的获得，属于主知主义价值取向。

3. 将认知活动与情感活动和谐统一的教学过程变革实验

（1）"情境教学"改革实验：将情感活动与认知活动有机结合的教学过程设计

"情境教学"是我国自主探索的具有中国特色的教学改革实验，其创建者是江苏南通师范学校第二附属小学的语文特级教师李吉林。为了改变小学传统语文教学"呆板、烦琐、片面、低效"的状况，受到世界教育改革动向强调由"以知识为中心"向"以学生为中心"的教学转变的影响，借鉴中国传统文化的"意境"理论、现代心理学对人的大脑左右半球的研究成果等理论依据，尤其受外语教学中运用情境训练提高语言学习效果的启发，李吉林开始实验将情境教学运用于小学语文课堂，利用情境提高课堂教学效率。"情境教学"以创设和谐的教学情境为手段，以对学生进行情境陶冶与智能发展为目的，将情感活动与认知活动结合在教学过程中，使学生在学会求知的同时学会做人，从而促进学生的全面发展。"情境教学"改革实验的重要价值，在于触及了长期以来课堂教学过程忽略儿童情绪领域发展的弊端，将情感活动与认知活动有机结合，呈现出教学过程设计的"形真""情切""意远""理蕴"的独特个性。在促进学生全面发展上，"情境教学"表现在以下五个方面[①]：以培养兴趣为前提，诱发主动性；以指导观察为基础，强化感受性；以发展思维为重点，着眼发展性；以情感因素为动因，渗透教育性；以训练语言为手段，贯穿实践性。"情境教学"虽然发端于小学语文教学，但在不断的实施与反思中，它将单一学科的教学实验拓展为多学科的教学实验，又将课堂教学实验延伸到课外活动领域，并试图将学校教育、家庭教育、社会教育进行联构，使学生知识、能力、情感得以和谐发展，突现其追求整体性价值取向的显著特点。这种价值追求表现在情境的创设中，就是"情境的形象刺激学生的情绪，影响学生的情感活动；而学生相应的情绪、情感活动，又会影响学生的思维活动及语言表述。良好的思维和语言的活动，又会反过来作用于学生对形象的感受，使情绪、情感活动持续、稳定或更为强化"[②]。以此达到"情境教学"实验所追求的教学过程最优化的目的。

（2）"愉快教学"改革实验：在发展中求愉快，在愉快中求发展

20 世纪 80 年代中后期，针对越来越激烈的升学竞争、频繁考试等带来的学习负担过重、师生关系紧张、课余生活单调、学生厌学等问题，上海市第一师范附属小学、北京市第一师范学校附属小学等 7 所小学率先推出"愉快教学"改革实验。[③] 这个实验得到了当时国家教委的肯定，并

---

① 李吉林. 情境教学实验与研究[M]. 成都：四川教育出版社，1988：52~57.
② 李吉林. 情境教学实验与研究[M]. 成都：四川教育出版社，1988：67.
③ 向玉琴. 愉快教育理论与实践的探索[M]. 北京：高等教育出版社，1996：47.

提倡在小学推广。"愉快教学"既强调学生素质的全面发展，又强调发展过程中学生愉快、幸福的体验。① 为了有效实施愉快教学，有学者提出，必须确立新的教学目的观、教学过程观。教学目的应"由单纯授受知识走向个性全面发展"，教学过程"由单纯对程式化、规范化的片面强调走向规范化与灵活性、科学化与艺术性的有机统一"②。"愉快教学"强调育人过程的主体性、整体育人、愉悦性等原则。"愉快教学"强调减轻学生的学习负担，充分发挥学生的内在潜能，使学生愉快地学习，在愉悦的体验中获得发展。一般认为，"愉快教学"应遵循几个基本策略，即营造师生间和谐的人际关系，创设美好的教学环境，培养学生乐学的情趣与"苦学"的意志等。这些原则体现在教学过程设计上，应关注学生兴趣的产生、成功的体验、审美的需要。"愉快教学"改革实验重视对兴趣的研究，认为学生在教学过程中的认识兴趣分为情境兴趣、稳定兴趣与志向兴趣。兴趣的激发，有利于学生保持积极的正情绪状态，为其学习的成功奠定基础。"愉快教学"强调教学多给学生学习成功的机会，微小的成就、在原有基础上的进步便可视为成功，每一次的成功都能带给学生愉快的心理体验，从而实现乐学。"愉快教学"关注课堂审美情境的创设、审美活动的设计，以此增进学生的审美意识、审美情感和审美能力，丰富学生的精神生活，激发他们对美的热爱。和谐、民主的师生关系，是"愉快教学"得以实施的保障，因此，师生相互理解、尊重与信赖，也是教学过程必须考虑的因素。"愉快教学"的实施过程，建构了不同的教学进程，其共性表现为教学过程中如何激趣、如何导趣等。

"情境教学"和"愉快教学"的教学过程都关注对学生积极情感、态度的激发与培养，使学生在认知发展的同时，获得情感陶冶与审美体验，其教学过程变革体现了对学生作为一个完整的人的发展追求。

4. 目前存在的几种重要的教学过程设计价值取向

在历史传承与变革性实践的相互作用下，目前，我国课堂教学过程呈现出几种教学过程设计价值取向，具体表现如下③。

① 卢家楣，陈焕章，等．论"愉快教育"的基本特征[J]．教育研究，1994(9)：49～63.
② 王本陆．关于愉快教学实践的思考[J]．教育科学研究，1993(1)：7～11.
③ 裴娣娜．现代教学论生成发展之思[M]．北京：人民教育出版社，2012：191～200.

(1)以教师讲授为主，系统传授和学习书本知识的教学过程设计价值取向

这是从古至今教学过程设计所采用的一种基本价值取向，其特点如下：以学习系统的书本知识为主，重知识的逻辑顺序；以教师系统讲授为主；以班级授课制组织形式为主。这种教学过程设计价值取向，由于较好地发挥了教师的主导作用，使学生能在短时间内经济有效、循序渐进地掌握系统知识；它能充分发挥学习者集体的作用，有利于师生、生生学习上的相互切磋与观摩；教学时间、结构等安排比较严格，使教学工作具有严密的组织和计划性。这种优越性使其成为教学过程设计的基本价值取向。但它在处理教师与学生、集体与个别、理论与实践的关系问题上仍有欠缺，促进教育工作者探索新的教学过程设计价值取向。

(2)以学习者为中心，从活动中学习的教学过程设计价值取向

这种教学过程设计在美国教育家杜威的实用主义教育理论中得到系统论证与应用，其特点如下：强调以学生为中心，以学生个人直接经验为中心；强调学生的活动，要求学生主动积极地从活动中学习；强调学生的学习兴趣。这是一种自由的、重视个性的价值取向。杜威模拟科学研究过程而设计了教学过程程序：提出"怀疑"—构成"假设"—指导"实验"—证明或弥补"假设"—"自己去发现"知识等。组织学生从活动中学习的教学过程设计价值取向，经过几十年教学实践的发展，保留了其合理内核，一定程度上避免了使书本知识的系统学习与实际脱节和教师主导与学生智力活动割裂的片面性，逐渐发展形成当前的问题解决、活动教学的教学过程设计。

(3)设置个人的学习情境，严格控制学习进程的自学辅导教学过程设计价值取向

这是一种提供一定的情境，引导学生遵循一定程序进行自学的教学过程设计。它源自20世纪40年代的程序教学，即将教材分成一个个小部分，按照严格的逻辑编成程序，由学生自己学习。程序教学是以控制论观点对教学过程进行分析和控制的教学过程设计方式，其特点如下：通过多种形式为学生提供经过严格选择的有内在逻辑结构顺序的信息，不仅指明应学习的内容，而且规定学习这些内容的行为方式以及创造自我检查的条件；强调通过学生自己的学习活动，有效地控制学习进程；强调行为训练与积极强化。这种教学过程设计近年来在我国中学教学实践

中得到较广泛的应用。它反映了对教学个别化、学生学习独立化的追求，有利于培养学生的自学能力，有利于因材施教，有利于技能训练，有利于教学的个别化与全班教学有机结合。教学以学习者个人为中心，自定学习步骤，每个学生可根据自己的情况掌握学习进程，从而促进学习好的学生更好发展，同时也为待优生缩短学习差距提供了条件。它的局限性在于不是所有的教材、教学内容都适用这种设计。

（4）提供结构化材料，引导学生从发现、探索中学习的教学过程设计价值取向

这是20世纪60年代出现的一种新的教学过程设计。学生利用已有知识或根据教师提供的"结构材料"，在教师启发诱导下，通过阅读、观察、思考、讨论、实验等多种途径，研究问题，发现事物变化的起因和内部联系，从中找出规律，从而获得知识并发展能力。它的特点是，以问题解决为中心，以发展探究性思维为目标，以学科的基本结构为内容，以再发现为学习方法。它强调教学过程关注学生发展而不是知识积累，强调让学生理解、掌握学科的基本结构，包括基本概念、基本法则等，按教材内容知识结构以及学生认知安排教学内容及其进程。在教学结构序列上，引导学生像科学家那样经历一个从提出问题—形成假设—收集整理资料—得出结论—检验修正新发展真理的过程。新课程改革大力倡导的研究性学习主要表现为这种教学过程设计。

（5）在创设的情感活动中进行潜移默化学习的教学过程设计价值取向

这种教学过程设计简称"情境教学"，其思想可追溯到20世纪20～30年代的暗示教学。20世纪80年代初，情境教学被介绍引入我国，以李吉林老师为代表的教育工作者，深入探索情境教学的教学观与教学过程设计。它的特点在于强调情感的陶冶，在"创设情境—学生参与各种活动—总结转化"过程中，以"情"为中介，突出了情感在教学认识中的作用。以"情"为中介的情境教学，是区别于对教学认识逻辑地、理性地把握的一种新的教学过程设计，它巧妙地把认知与情感、抽象思维与形象思维、教与学、指导与非指导等诸因素加以协调、平衡与整合，在更深层次上反映了教学认识的基本过程。也就是说，在运用"目标—策略—评价"这一基本教学过程设计的同时，认真研究"活动—体验—表现"（学生参与活

动，在活动中体验，在体验基础上表现)这一个曾经被忽视的教学过程设计。这是对偏重理性认知的传统教学过程的重要超越，也是对以往形成的教学过程设计的一个突破。

(6)以行为技能训练为主的示范模仿学习的教学过程设计价值取向

行为技能包括读、写、算以及各种运动机能、实验操作技能等。根据行为技能获得的过程，这种教学过程设计包括以下几个基本步骤：定向—参与性练习—自主练习—行为迁移。一直以来，它是学校技能训练的基本过程，广泛应用于所有学科，而在数学学科和音乐、美术、体育中最为典型和突出。

三、教学过程设计价值取向演变的线索审理

考察任何问题都不能离开基本的历史联系，以发展的眼光分析问题，才能获得科学、可靠的把握。对中外教学理论关于教学过程设计价值取向的历史审视，有助于形成教学过程设计价值取向演变的基本线索。

(一)国外教学理论关于教学过程设计价值取向演变的主要线索

在古代西方长期的教学实践中，先哲们的理性探索不断积聚教学思想，他们关于教学过程的主张，主要是从人的认识过程角度阐述的，例如，试图通过从个别到一般、从特殊到普遍、从具体到抽象的认识过程来把握对象的本质。对教学过程设计的科学化追求始于西方近代。唯实主义教育思想基于科学归纳法的教学过程主张，自然主义教育思想遵循儿童内在自然倾向的教学过程实践，以及教育心理学化思想对教学过程的揭示，使教学过程设计逐步符合儿童认识发展规律。在夸美纽斯、卢梭、裴斯泰洛齐的探索的基础上，赫尔巴特完成了教学过程设计科学化的建构，即形成了教学过程的"形式阶段"理论。它的重要意义在于从教师教的角度，揭示了班级授课形式下教学过程的基本进程，对促进课堂教学效率的提高，帮助学生有效掌握人类已经积累的大量知识、经验等文化遗产，发挥了积极作用。还有被后来学者称为"主知主义"的教学理

论体系，这一理论体系在教学过程设计上表现出重视学生认知发展、智能培养的价值取向。进入现代社会，教学过程理论的发展呈现分化态势，以批判与继承"主知主义"为主要标志。行动主义在批判"主知主义"教学过程设计简约化、统一化、标准化的基础上，倡导个别化、差异化的教学过程设计，例如，关注"个别教学"的道尔顿制和文纳特卡制，注重发挥儿童主动性的"设计教学法"，以及杜威的"五步思维"教学过程主张等。这些教学过程设计对于促进学生差异化发展、主动性培养、探究意识与能力的发展等起到了重要的推动作用。苏联学者凯洛夫主编的《教育学》的教学理论，则继承与发展了"主知主义"教学过程设计的价值取向，在集体教学组织形式下，进一步规范化、程序化了教学过程的基本结构、环节，表现出关注学生认知发展的、步调一致的教学过程价值取向。当代教学过程设计价值取向则在分化的基础上，走向统一与差异、共性与个性、规范与灵活的并存。西方教学理论既有着眼于学生认知发展的科学主义价值取向的教学过程设计，也出现了关注学生情感培养的体现人本主义价值取向的教学过程设计，呈现出丰富、多元的态势。

（二）中国教学理论关于教学过程设计价值取向变革的主要趋势

相比于国外教学理论确立较早，价值取向从单一到多元的丰富历史，中国教学论学科的研究起步晚，关于教学过程设计价值取向的变革趋势，比较单一，也比较清晰。我国古代学者关于教学过程的探讨，主要集中于"知"与"行"之间，谁先谁后及两者的关系如何，反映了学习过程中感性经验与理性认识、学与用的关系探讨。进入 20 世纪以后，中国教育学学科的发展经历了几轮"引进"与"借鉴"，教学过程设计价值取向也随之发生改变。20 世纪初，我国引进了赫尔巴特教学过程理论，促进了学校课堂从传统教学过程走向现代教学过程，不仅丰富了教学内容，还极大地提高了教学效率。进步主义教育思想的引进，使当时学校教学过程设计呈现几种并存状态，即传统教学过程方式、主知主义、行动主义等对学校教学过程设计都发生着影响。20 世纪 50 年代"苏化"后，以主知主义为主流的教学过程设计价值取向，影响学校教学过程设计长达几十年，体现出整齐划一、重视学生认知发展的价值追求。20 世纪 80 年代后的全面开放与自主探索，使中国基础教育教学过程设计呈现多元并存的价值取向，表达了对学生主动、全面发展的价值诉求。近一个多世纪以来的价值取向变革，在促进学生发展上，呈现出从单一走向多元，从片面走向整体，从被动走向主动的改革趋势。

（三）既有研究的启示

通过对中外教学理论关于教学过程设计价值取向演变的梳理，可以初步形成如下几点认识。

首先，每一种教学思想或教学流派关于教学过程设计的主张都体现了某种价值追求、价值取向。例如，根据儿童内在倾向设计教学过程，可以促进学生自然地发展；遵循"形式阶段"设计教学过程，使学生更有效地掌握知识；基于"五步思维"的教学过程设计，有助于培养学生自主探究问题的意识与能力；非指导性教学过程设计以培养"完整的人"为价值追求，等等。因此，从价值取向角度研究教学过程设计，其根本目的在于揭示不同教学过程设计所体现的不同教育价值功能，其现实指导意义在于，当教育者明确了某种教育价值功能时，就可以主动选择体现这种价值的教学过程设计。

其次，教学过程设计价值取向逐步从探索教师如何有效地教知识，走向强调在知识掌握与能力发展中如何有效地促进学生发展。这一变化与整个教育发展关注"人"、重视"人"、尊重"人"的发展息息相关。"目中有人"成为教学过程设计的重要价值取向。

最后，如果说尊重"人"的发展是教学过程设计的方向性追求，即"合目的性"，那么，不断探讨学生认识发展的规律、学生的学习机制等个性心理因素，并据此设计教学过程，则体现了教学过程设计的理性、科学性追求，即"合规律性"。教学过程设计价值取向体现出"合目的性"与"合规律性"的统一。

把握历史可以更清晰地认识现实与未来。通过对教学过程设计价值取向研究的历史审视，本研究得到了一些初步的结论，这些观点在后续的研究中，得到进一步的说明与论证。

第二章　教学过程设计价值取向的现实图景

　　梳理中外教育史上重要教学理论阐述的教学过程设计的主张，使我们意识到对这一问题的理解与研究有待进一步深入与拓展。在历史研究的基础上，面对现实的课堂变革性教学实践，透视其鲜活、生动的教学过程设计图景，揭示价值主体在设计教学过程中的实然价值选择，有助于从价值论视角深入分析教学过程设计的影响因素，为后续的理论分析与应然选择提供现实的依据。

一、考察背景

（一）社会背景：中国社会转型期的多元价值并存与冲突

　　当前中国社会正在经历着一场深刻的价值重建与文化转型，其实质与核心就是人们生存方式的转变或重塑，就是实现人自身的现代化。与之伴随的则是对人们的物质生活和精神世界的震荡。中国社会的转型处在相当复杂的人类文化和历史发展背景之中。西方社会以历时形态更替的农业文明、工业文明和后工业文明，在中国则是以共时形态存在于现代化的进程中的。每一种文明既有其不可替代的价值，也存在某种内在的缺陷。面对价值取向、文化观念上的冲突，传统社会那种以整齐划一、简单服从、计划控制为主的思维方式不再被认为是天经地义的了，人的发展更多依赖于通过自主搜集、处理各种信息，自主决策、选择成长路径来寻求适宜自身的发展空间。对人的"主体精神"的推崇成为时代精神的重要内容。以多媒体和互联网为核心的当代信息技术的飞速发展，不仅为人类由印刷时代步入信息时代奠定了物质基础，也为每个社会成员创造了数字化的生存环境。它的结果是，社会信息的投入产出比迅速增长，人们交往合作的渠道极大拓宽，新的信息技术被广泛应用于各个领域，这让人们可以更彻底地享受"个性化"的生活方式。这场变革已经并将继续深刻影响着学校中教与学的方式，成为人类学习方式演变发展的第三个里程碑。

转型与变革同时带来了多元文化价值观的冲突，表现在如下几个方面[①]。一是中国民众文化心态的变革。由计划经济体制转为市场经济体制的经济结构和运行方式上的创造性变革，倡导在公正、平等的基础上竞争，导致个体的独立意识、竞争观念、法律意识等新文化精神的张扬，对主体、多元、差异、平等和宽容等的强调，极大地冲击了传统的道义观、公平观、生活观、交往观等。二是不平衡的区域性发展特征，使得我们不得不面对同时建设工业化社会、信息化社会的任务。三是改革开放后，文化的发展呈现出开放性、民主化、多样性等特征，多种文化——传统与现代、东方与西方、大众与精英文化的冲突、融合与价值选择，已成为人们不得不关注的重大问题。在从传统走向现代的过程中，学校、教师、学生都面临着复杂的文化生态环境以及文化价值选择。合理判断并科学选择教育教学的价值取向，成为学校改革与发展的重要责任。本研究对课堂教学过程设计的考察，正是在这种多元文化价值观冲突的社会转型期进行的，这也是本研究面临的突出社会背景。

（二）教育变革定位：新课程改革实施带动的多层面教育变革实践

自 1999 年新一轮基础教育课程改革启动，它至今已经走过了轰轰烈烈的十多年。新课程改革针对当时基础教育课程教材中的弊端，提出了六大改革目标，其核心目标是课程功能的转变，即"改变课程过于注重知识传授的倾向，强调形成积极主动的学习态度，使获得基础知识与基本

---

① 裴娣娜. 多元文化与基础教育课程文化建设的几点思考[J]. 教育发展研究，2002(4)：5～8.

技能的过程同时成为学会学习和形成正确价值观的过程"①。虽然《基础教育课程改革纲要（试行）》中关于这项目标强调的是课程功能的转变，但它同样注重教学过程价值取向的转变。教育部相关领导的阐述是："从单纯注重传授知识转变为体现引导学生学会学习，学会生存，学会做人"；"强调学生学习的过程与方法。以前更多关注的是学习的结果，而忽略了学生是通过什么样的学习方式和策略来学习的，死记硬背、题海训练得到的高分，掩盖了学生在学习方式上存在的问题，所以关注学生学习的过程与方式是引导学生学会学习的关键"；"尤为重要的是要在学习知识的过程中潜移默化地培养学生正确的价值观、人生观和世界观，要引导学生在学习知识的过程中，形成正确的价值选择，具有社会责任感，努力为人民服务，树立远大理想"②。这些表述指出了成才与成人、过程与结果、知识与品德等几对关系间的相互权衡。关于教学过程的改革，《基础教育课程改革纲要（试行）》强调："教师在教学过程中应与学生积极互动、共同发展，要处理好传授知识与培养能力的关系，注重培养学生的独立性和自主性，引导学生质疑、调查、探究，在实践中学习，促进学生在教师指导下主动地、富有个性地学习。"③本次新课程改革的热点也是亮点之一就是学生学习方式的变革，尤其大力倡导自主学习、合作学习与探究学习，其结果是在课程改革推进的活动中，无论学科性质与学生特点如何，教学过程的设计都积极体现着探究、合作与自主学习的活动。教学过程设计的这种价值导引，一方面促进了学生积极主动地参与课堂学习活动，并在多样化的活动中实现更全面的发展；另一方面也存在盲目跟风、为变革而变革的教学过程设计，表现为探索活动形式化、热闹课堂平庸化等现象。本研究对教学过程设计的现实图景的考量就是在这样的教育变革背景下实施的。因此，新课程改革所积极倡导的教学理念、过程设计、学习方式等变革性主张，必定会或强或弱地影响教师的实然

---

①　钟启泉，崔允漷，张华．为了中华民族的复兴　为了每位学生的发展　基础教育课程改革纲要（试行）解读［M］．上海：华东师范大学出版社，2001：4.

②　钟启泉，崔允漷，张华．为了中华民族的复兴　为了每位学生的发展　基础教育课程改革纲要（试行）解读［M］．上海：华东师范大学出版社，2001：代序6.

③　钟启泉，崔允漷，张华．为了中华民族的复兴　为了每位学生的发展　基础教育课程改革纲要（试行）解读［M］．上海：华东师范大学出版社，2001：7.

教学过程设计。这些影响恰恰是本研究在考察现实的教学过程设计时必须正视的教育变革定位。

改革开放以来，中国基础教育在教育、教学领域掀起了一次又一次改革浪潮。从单科、单项的课程、教学改革发展到学校整体改革，从单一学校变革到整体性区域推进，从自下而上的草根式变革到自上而下的政策推动等，三十多年来各层面的变革性实践持续不断。改革所追求的终极价值是"为了中华民族的复兴，为了每位学生的发展"。因此，分析不同层面变革性实践中，教学过程设计价值取向的创新性探索，也是本研究现实考察的一部分。

二、考察问题与考察对象

对教学过程设计的价值取向进行考察，意味着必须承认这样的假设：所有教学过程的设计都是设计主体价值选择的结果，是设计主体关于教学价值的基本追求主导着教学过程设计，而不仅仅是既有的几个经典的教学过程理论决定着教学过程设计。研究者必须持有这种假设进入研究现场，对教学过程设计的考察才可能基于价值论的视角展开。

（一）实然考察的框架建构

对教学过程设计的价值取向进行现实考察之前，需要明确考察与分析的基本框架。在具体探讨分析框架时，应该确立基本的认识定位。

首先，教学过程设计的价值取向表现为相对稳定的状态。通常情况下，作为设计主体的教师，在设计教学过程时所表现出的价值追求，不是一时的、偶然的、心血来潮的临时想法，而是在自身成长、工作经历、社会需求等诸多主客观因素影响下形成的相对稳定的看法，它一旦形成就不会轻易改变，成为教师设计教学过程的主导性趋向。正是这种价值取向的相对稳定性为后续的实然考察提供了研究依据与分析意义。当然，也正是由于这种相对稳定性，设计主体的价值取向一旦形成又具有"惰性"，不借助任何外力作用甚至外力作用不够强大，都难以促使其发生改变。

其次，教学过程设计的价值取向表现为一个价值观念系统。现代教学的一个重要思想是把教学作为一个系统来看待。也就是说，"倾向于把教学视为由若干相互关联的要素组成的具有特定功能的复合体，即教学系统"①。这就意味着，教学过程的设计包含着对教学过程中不同要素以及要素所组成结构的设计。从现实的教学过程设计来看，这种具体化的、针对不同要素的分析与结构设计的情况，是客观存在的、常态化的工作。需要明确的是，不同要素绝不是彼此孤立、互不联系的，而是相互制约、相互影响、密切相关的。相同的教学过程要素，不同的教学过程结构，呈现出的教学功能是不同的。因此，对相同教学过程要素组成的不同教学过程结构的不同价值追求就构成了不同的价值观念系统。要素之间的相互关联性，决定了价值观念系统中各个要素的设计具有相对一致的价值追求。如果某一个要素的设计与系统中其他要素设计出现相悖的价值取向，后者会以无形的约束促使前者进行趋同性改变。只有背离的情况越来越严重，才可能使整体发生重大变化。所以，价值取向的转变是一项整体的工作，改变其中一两个要素是难以实现的。因此，要以系统的、整体的眼光寻求教学过程设计的价值取向的功能发挥。

最后，对教学过程设计的价值取向考察必须体现教学活动自身的特点。也就是说，考察与分析的框架建构要从教学活动过程的自身特点出发。教学系统的要素如何确定，一直是学术界争论的问题。观点之间的差异主要源于静态与动态分析角度的不同。静态要素分析侧重于关注实体性的构成要素；动态要素分析将教学视为一种活动或一个过程，往往既关注实体性的构成要素，又强调活动性的行为要素。② 依据研究主题与宗旨，本研究既要从静态角度考虑教学过程的构成要素，又需要分析活动性的行为要素。基于教学活动自身的特点以及教学过程的基本要素，教学过程设计包括以下要素。①教学过程主体设计。教学过程是教与学的双边活动过程，在这个过程中，将教师、学生等过程主体设计为何种地位？发挥何种作用？自觉意识程度如何？等等，反映了设计者关于教学过程主体设计的价值取向。②教学过程指向设计。任何教学过程总是

① 裴娣娜. 现代教学论（第一卷）[M]. 北京：人民教育出版社，2005：151.
② 裴娣娜. 现代教学论（第一卷）[M]. 北京：人民教育出版社，2005：152.

指向一定目标的达成，而目标主要包含哪些方面？为什么要指向这些？等等，则反映了设计者关于教学过程设计的本体性价值取向。③教学过程中各种活动的设计。教学目标的达成是通过教与学的活动过程实现的，怎样设计教的活动、怎样设计学的活动，直接影响着教学的成效。这些设计反映了教学过程活动方式设计的价值取向。④教学过程进程的设计。教学过程是由前后相关、上下相承的各个环节、步骤组成的，合理、恰当的进程设计能够促进学生的全面发展。是遵循程序化的统一要求，还是尊重学生发展的个性化设计，反映了教学过程进程设计的价值取向。⑤教学过程的内容选择与安排设计。教学内容是一种对象性要素，是师生以之为对象进行交流的中介。对教学内容的选择与安排反映着设计者关于课程的价值取向。⑥教学过程的评价设计。评价是教学系统进行信息交流的重要活动，谁来评价、怎样评价、评价标准等方面的设计，反映了设计者对教学过程评价设计的价值取向。

在上述六个方面要素的设计中，本研究选择三个要素作为观察与分析的指标：教学过程主体设计价值取向、教学过程设计的本体性价值取向、教学过程进程设计价值取向。选择这三项内容，是力求以最简洁的考察操作，尽可能描述比较真实、全面的图景。

首先，本体性价值具有过程总体性指向的特殊重要地位，当其他价值与其冲突时，最终也要服从于它。教学过程设计的本体性价值表达的是对教学过程多种功能价值选择的结果，体现出教学活动过程所追求价值的核心方向，即育人方向。因此，它成为任何教学过程设计必须关注与体现的内容。

其次，对主体的设计构成任何一种价值观念的第一个基础，也是全部价值观念体系的核心，在价值观念系统组成的"坐标系"中，处于"原点"的位置①，对主体的定位决定了整个坐标系统的定位。研究教学过程设计、建构设计价值取向，其重要目的是促进学生主动、全面的发展。因此，作为教学过程主体的学生的主体地位是否被重视、主动参与活动的积极性是否被充分调动等，也必然成为考察教学过程设计价值取向的

---

① 李德顺. 价值论(第二版)[M]. 北京：中国人民大学出版社，2007：212.

重要内容。

最后，考察教学过程进程设计是为了关注教学过程的基本结构设计，"由于结构制造效果，因此结构具有功能"①，不同的教学过程结构设计呈现出不同的教学过程功能。因此，考察教学过程进程的设计，能够透视该设计所体现的教学功能，对功能的价值选择构成教学过程设计的价值取向。所以，考察教学过程进程设计，也是本研究关注的一个重要因素。

上述三个方面构成了初步描述教学过程设计价值取向的考察框架。这三者是相互联系、相互制约的，共同建构教学过程设计价值取向。其他三个方面，即教学过程中活动设计的价值取向、课程设计的价值取向与评价设计的价值取向，在目前的课程研究与教学评价研究中，常常被作为重要的研究主题单独阐述。因此，本研究不对这三方面进行探讨。

（二）考察问题

对教学过程设计价值取向的现实考察，目的在于透视设计主体在设计教学过程时，表现在上述几个方面所追求的基本价值取向，以及实施教学过程中在价值取向方面存在的问题，为后续价值论视角的深入分析奠定现实基础。对课堂教学过程设计的现实图景考察集中在两种类型的教学过程设计上：一类表现为"主流倾向"的教学过程设计；另一类是呈现出"星星之火"态势的创新性教学过程设计。前者是当前教学过程设计的主流性存在，表现于学校教学的任何学科与学段。虽然在新课程改革的大力推动之下，"主流倾向"的教学过程设计也做出了大量的探索性研究，但是，在现实条件中多种价值观念相互冲突的作用下，它在价值取向上表现出言与行相悖的教学过程设计与实施，对传统价值的突破与超越相对不足，更多的是继承与完善。后者虽然目前只是小范围的甚至是某几个学科的探索，但在学生高质量、个性化、全面发展方面有所突破。这方面的积极探索，将不断影响其他学校，逐步呈现"燎原之势"。现实考察涉及如下两方面。

---

① 叶至诚. 社会学[M]. 台北：扬智文化事业有限公司，2000：81.

1. 主流倾向：教学过程设计价值取向的表征与问题审理

对主流取向教学过程设计价值取向的考察，以初中物理教学过程为例，包括描述现实与审理问题两方面。

（1）教学过程设计的呈现与价值取向分析

主流取向教学过程设计的考察主要关注当前初中物理教学过程设计的主要类型与形态以及价值取向的现状。本研究依据所建构的实然考察框架，针对研究对象，逐一分析其教学过程设计的类型、形态、价值取向等。具体内容如下。

首先，教学过程主体设计的价值取向呈现。对教学过程主体设计价值取向的考察，以"教学过程导入的设计"情况作为观察点。通过对导入的设计与实施情况的观察与呈现，依据这个环节对学生主体性调动的真实效果，将教学过程主体设计归纳为几种类型，并呈现其不同的价值取向。

其次，教学过程设计的本体性价值取向呈现。本体性价值取向的直观呈现，具体表现为两个方面：一方面是通过对教学过程设计的文本分析，数量化地呈现价值取向的总体情况；另一方面是通过课堂观察与录像观看，考察教学活动的实施过程，分析价值取向的基本状况。

最后，教学过程进程设计的价值取向呈现。教学过程进程设计的价值取向考察，既包括对教学设计文本中"教学流程图"的分析与呈现，更重视分析具体教学实施中，不同的教学进程设计对学生发展的价值追求。

（2）教学过程设计价值取向的问题审理

审理教学过程设计价值取向存在的问题，主要从价值主体、价值观念、价值选择三个方面阐述。这几个方面组成了价值取向的基本结构。具体内容为教师作为价值主体的主体意识如何？教师设计教学过程时，其价值取向存在哪些偏差？

2. 变革性实践：不同层面教学过程设计价值取向的创新性探索

（1）学科层面教学变革的实践探索

学科层面的教学变革，以东北师范大学附属小学数学课堂教学过程设计变革为例，呈现其主要变化与价值追求。

（2）学校整体教学变革的实践探索

学校整体性教学变革，以山东茌平杜郎口中学的教学模式改革为例，呈现其教学过程的变革以及价值取向。

（三）考察对象

关于考察对象选择的阐述，仅仅涉及主流倾向教学过程设计的状况，即为什么选择初中物理教学过程设计，以及选择具体听课、观察等课例的分析与描述。对另一类研究对象，由于数量少且仅仅以案例的方式呈现，故不在这里阐述。

1. 考察对象的学科选择

任何课堂教学过程设计的建构，都必须基于设计者对所授学科内涵实质的深刻把握与理解。因此，研究某一学科的教学过程设计，必须深入该学科内容体系中，只有在全面理解教育意义、深刻把握学科实质、整体领悟课程价值、具体分析教学目标的前提下，才能真正解读教学过程设计的意图与价值诉求。本研究选择物理学科课堂教学过程为考察对象，其理由涉及三个方面。首先，基于研究者本人的物理学科知识储备。研究者曾经在物理学师范专业完成了普通物理与理论物理等相关课程的学习，具有较完备的物理学学科知识体系，为理解初中物理教材的体系与结构奠定了坚实的基础，师范专业的"师范性"训练也为把握教学过程设计提供了条件。其次，物理学科具有一定的代表性。物理学属于自然科学中最基础的学科之一，探究物质世界最基本的结构、最普遍的相互作用、最一般的运动规律成为该学科的追求目标，与其相关的化学、生物等学科都具有这种特质。因此，从学科本质看，物理学科的教学过程设计与化学、生物等学科相似，可以成为这类（自然学科）课程教学过程设计的典型。最后，物理学科是高考的必考科目。在高考"指挥棒"对教学过程设计价值取向发挥着非常重要影响的当下，高考必考科目与非必考科目的教学出发点、教学过程设计、教学评价等诸多方面都存在着极大的差异，它们在地位、作用、重视程度等方面的"待遇"也是天壤之别，学校常常为前者主动增加教学课时，提升学习难度，而后者则被迫减少课时或停开。因此，研究高考必考科目的教学过程设计，有助于探究同类课程教学过程设计的某些共性。出于上述三方面原因，本研究对教学过程设计的课例选择来自物理课程的教学。

2. 考察对象的学段选择

本研究选择的学段为初中阶段。初中教育对人的发展具有特殊重要的价值。初中教育在基础教育中是承上启下的关键环节，在基础教育体系中发挥着特殊重要的作用，其特殊性主要表现如下。

首先，知识学习的特殊性而导致的"两极分化"现象。初中阶段与小学相比，无论是知识的深度、难度、广度，还是能力要求，都有质的飞跃。小学阶段的教学还没有直接的升学压力，课堂生活相对宽松自在。初中阶段的教学面临升学的分流竞争，学习生活相对紧张。在知识学习上，初中阶段学习科目增"多"，学习起点变"难"，学业负担更"重"，学习能力要求颇"高"。面对新的学习要求，有些学生能够适应，而有些学生不能很快适应，学习上往往会出现"两极分化"现象。此时的"分化"程度是小学与高中阶段少有的。

其次，初中学生处在身心发展的"关键期"。初中阶段正是学生的青春发育期，他们的身心发展进入了第二个高峰期。他们不仅身高显著增长，大脑机能也迅速发展，接受能力、思维能力、自我控制能力等，也都有很大变化和提高。他们的情感丰富而热烈，对未来充满了憧憬和幻想；他们富有朝气，独立意识增强，但逆反心理偏重，情绪稳定性差。因此，初中阶段被认为是学生思维发展和品德发展的质变期、关键期，既可能向积极方面变化，也可能向消极方面变化。只有抓好这个"关键"，才能为学生整个人生发展打下良好的基础。

最后，由于初中教育地位的特殊性而出现的教育质量"豆腐腰"现象。在中小学教师心目中，"小学在搞素质教育"，"高中在搞应试教育"，初中教育则处在"上不着天，下不着地"，不知道该"搞什么"的状态。一段时期以来，初中教育似乎成了人们指责的对象。媒体以及教育界人士对基础教育的评价是："小学是'铁脚'，高中是'铜头'，初中是'豆腐腰'"。以"豆腐"比喻初中阶段是在表达该阶段教育的软与弱。教育质量、内部管理、教师队伍乃至相关研究文献①等诸多方面，都能反映初中阶段教育相比于其他阶段，常常处于受忽视的薄弱环节。本研究不可能专门探讨初中阶段教育的问题与对策，但是，从某一侧面关注初中阶段教学质量，考察初中阶段教学过程设计的实然价值取向，对基础教育某些问题的解决具有重要的意义与价值。

3. 考察对象的样本选择

本研究的主题针对课堂教学，决定了其样本选择必须以每一堂"课"为基本研究单位。依据样本选择的广泛性与代表性原则，本研究选择了35 节初中物理教学课例。这些课例的选取考虑了地域差异、学校差异与教师差异。在地域上，有北京地区课例与其他地区课例；在北京课例中，有城区学校的课例，也有远郊区学校的课例。在学校差异上，有城市示范高中的初中部，有城市的初中，有郊区完全中学的初中部，也有郊区初中。郊区学校有坐落于县城的，也有乡镇校。在教师选择方面，男性教师 17 人，女性教师 18 人；在教龄分布上，除 20 年以上教龄较少外，其他各段基本上都均匀分布。基本情况如表 2-1 所示。

表 2-1　初中物理 35 节研究课基本情况

教学主题	授课教师	性别	任教学校	学校位置与类型
摩擦力	胡老师	男	密云 S 中学	县城：初中
电功率	郝老师	女	密云 L 中学	县城：初中
光的反射	祝老师	女	密云 T 中学	乡镇：初中
探究物质导电性	景老师	女	密云 W 中学	乡镇：初中
探究电流与电压的关系	廖老师	女	密云 S 中学	县城：初中
探究物体浮沉条件	胡老师	女	大兴 S 中学	县城：初中
光的传播	陈老师	女	大兴 F 中学	乡镇：初中
密度	董老师	女	怀柔 S 中学	县城：初中
电路设计	侯老师	男	怀柔 S 中学	县城：初中
串并联电路电阻	彭老师	男	怀柔 Y 中学	乡镇：初中

---

① 宗锦莲. 关于初中教育的文献研究[J]. 江苏教育研究，2009(29)：50～55.

续表

教学主题	授课教师	性别	任教学校	学校位置与类型
生活中的透镜	朱老师	女	平谷 Z 中学	县城：完全中学
通电螺线管的磁场	徐老师	男	平谷 L 中学	乡镇：初中
磁场	王老师	女	平谷 X 中学	乡镇：初中
焦耳定律	李老师	男	顺义 S 中学	县城：完全中学
摩擦力	赵老师	女	顺义 N 学校	县城：民办初中
分子动理论	周老师	男	顺义 Y 中学	乡镇：初中
数字实验研究物体运动	哈老师	男	延庆 S 学校	县城：九年一贯制学校
压强	何老师	男	延庆 Y 中学	城镇：完全中学
平均速度	张老师	女	延庆 B 中学	县城：初中
平面镜	胡老师	女	延庆 J 中学	乡镇：初中
动能与势能	王老师	女	西城 B 中学分校	城区：初中
受力分析（复习课）	李老师	男	西城 B 中学分校	城区：初中
简单电路	许老师	男	丰台 E 中学	城区：示范高中初中部
串并联电路	郭老师	男	丰台 E 中学	城区：示范高中初中部
伏安法测电阻	鞠老师	女	丰台 D 中学	城区：初中
电阻大小影响因素探究	李老师	女	海淀 S 中学	城区：示范高中初中部
电功率	王老师	男	海淀 S 中学	城区：示范高中初中部
功	徐老师	女	海淀 Z 中学	城区：初中
功	齐老师	男	海淀 Z 中学	城区：初中
比热容	刘老师	女	朝阳 C 中学	城区：初中
重力	马老师	男	陕西西安 S 中学	城区：示范高中初中部
速度	李老师	男	陕西西安 S 中学	城区：示范高中初中部
光的折射与发射（复习）	黄老师	女	温州鹿城 S 中学	城区：示范高中初中部
家庭电路与安全用电	杨老师	男	四川理县 L 中学	边远地区：完全中学
磁生电	白老师	男	四川理县 T 中学	边远地区：九年一贯制学校

三、考察资料的形成

考察资料的收集与形成是任何教育研究都非常关注的重要环节。形成研究资料的主要方式有三类：个案方式、测量方式和干预方式①。针对本研究的问题与研究对象的特性，研究资料的收集主要采用个案的方式。个案方式不同于个案研究，个案研究是一种研究类型，而个案方式则是一种形成研究资料的方式。个案方式形成的研究资料主要涉及研究对象的具体关系性本质（功能性本质），而不具备测量方式形成资料的形式性本质（结构性本质）的特征。对于教学过程设计而言，它属于微观的实践领域，个案方式形成研究资料有利于它呈现鲜活的、生动的现实图景，具有优越性。个案大致分为内在个案、工具性个案和多个个案。在内在个案中，研究者所研究的个案不是因为该个案具有典型性，而是出于对该个案本身的兴趣。在工具性个案中，研究者更多地将个案当作探究某一问题、提炼概括性结论的工具，而对个案本身的兴趣居其次。多个个案则更是一种极端的工具性个案研究，研究者旨在研究某一总体或一般情况，对于特定的个案本身则没有什么兴趣。② 本研究选取的个案不是出于研究者对某些课堂教学过程的兴趣，而是期望对多个课堂教学案例进行研究，把握初中物理教学过程设计的价值取向的存在样态，并获得相对概括性的结论。因此，工具性的多个个案研究成为本研究确定个案的基本原则。以个案的方式形成研究资料的具体运用方法为观察法、访谈法。

（一）观察法

观察法虽然是人类认识世界使用的最早、最基本的方法之一，但至今依然是社会科学与行为科学研究中最基础的方法之一。观察不仅仅是用眼睛"看"，更为重要的是，"看"必须具备明确的目的性，"看"的广度

---

① 宁虹．教育研究导论［M］．北京：北京师范大学出版社，2010：77.
② Stake，R.E.．Qualitative Case Studies．// Denzin，N.K.&Lincoln，Y.S.（eds）．The Handbook of Qualitative Research，Sage Publications，2005：444.

与深度决定于研究者"看"的意向性品质，而这在很大程度取决于研究者的理论自觉。由于观察研究一般要进行深度研究，形成的实际资料数量比较庞大，而且整理资料、分析资料也需要大量时间，所以在本研究的观察中，样本数一般不会太多。本研究确定了35个观察样本，其中有11节教学现场观察课、24节教学录像课。11节教学现场观察课的具体分布为：北京市海淀区某示范高中学校初中部的两节八年级物理课；北京市丰台区某示范高中学校的两节八年级物理课；四川省理县某中学两节中学八年级物理课；温州市某中学教师在成都七中的一节研究课；海淀区某初中八年级物理两节同课异构研究课；丰台区某校九年级物理研究课；朝阳区某初中八年级物理教学研究课。录像课共计24个，其中20个课例为北京市远郊六区（顺义、平谷、密云、延庆、怀柔、大兴）教学大赛的录像课。这个比赛非现场评审，而是由参赛教师在自己任教学校录制课堂教学的录像，评审则以教学实施录像、教学设计、说课稿作为依据。另外4个课例是西城区某初中与西安市某中学提供的教研组内的常态教研活动录像课。对上述35个课例的课堂教学过程设计进行研究，根据教学过程设计现状考察其分析框架，逐一做出深入细致的记录与分析，形成了研究资料。后续的研究结果分析是基于这35节课堂教学的资料而形成的。

在收集上述资料的同时，笔者也获得了2010年"全国物理教学名师赛"的30节初中物理教学录像课。这个教学大赛是中学物理教学三大赛事中水平最高的比赛，由中国教育学会物理教学专业委员会主办，北京新知堂传媒科技有限公司协办，通过"考试在线"网（www. ectv. com. cn），提供全部比赛的教学录像。比赛分为初高中两组，每省选派初高中各一名教师参加比赛。比赛以现场教学的方式进行，初中组的教学比赛在北京市崇文区文汇中学进行。为了实现教学的相对真实化，避免教师将自己最精彩的某一内容的教学过程作为展示性表演，本次比赛的教学内容不是由教师自定的，而是根据学生的学习内容进度安排教师为学生授课。虽然教师的教学过程受到一些客观因素影响，如教师对学生的不熟悉（借班上课）、评委的背景限制（所有评委就座于现场）、教学资源的限制（学校提供的资源有限），但是，这30节课（初中物理）的确呈现了高水平的物理课堂教学，既为后续的物理教学改革建立了一个指示性的"坐标"，又为相关人员提供了丰富的研究素材。因此，笔者对这 30 节课的教学录像逐一研究，但限于时间，未做详细具体的分析。研究名师赛的教学录像，是为了了解当前物理教学过程设计的改革状况与前沿探索，为本研究分析教学课例提供对照性参考的"坐标"，即将这些课作为这个时期物理教学的最高水平。

按照观察者是否参与观察对象的活动，观察法可分为参与型观察和非参与型观察。参与型观察是指观察者深入被观察者的活动中，在密切的相互接触和直接体验中了解他们的言行；而在非参与型观察中，观察者的任务就是作为旁观者进行客观的观察，以不介入观察对象的常规活动为原则。实际上，这两者并不是截然对立的。参与和非参与之间实际上构筑了一个连续体的谱系①，即严格意义的观察者—作为参与者的观察者—作为观察者的参与者—完全的参与者。在本研究中，虽然笔者试图作为一个"局外人"，不希望被研究者知道，期望作为旁观者进行客观观察，但是却难以实现。因为只要研究者公开进入课堂，任课教师和学生就知道"有人来听课"，就能够清楚地意识到他们自己在被观察。因此，笔者的身份只能是"作为参与者的观察者"，其好处是在听课过程中不仅可以"名正言顺"地观察教与学的过程，而且可以"随心所欲"地适度参与学生的讨论并与学生沟通，为更细致地了解学生提供了方便。但为了全面地了解教学过程设计的实施状况，笔者更多地是以"观察者"的身份研究个案，课堂中的参与程度并不高。

根据观察研究本身设计的标准化与过程的程式化程度，观察可分为结构型观察与开放型观察。前者的标准化和程式化程度都比较高，要求观察者按照统一的观察指标和记录标准观察所有的研究对象；而后者在观察时则不必遵循严格的观察项目与程序，只有一个粗略的观察提纲或观察思路即可，且允许观察者根据具体情境调节观察的视角和内容。本研究采用的就是开放型观察，研究者在观察过程中尽可能详细地做好现场记录，并在事后根据回忆或录像整理和补充观察记录，其优势是可以

---

① 陈向明. 质的研究方法与社会科学研究［M］. 北京：教育科学出版社，2000：62.

不拘泥于教学过程的某一方面，而对课堂教学过程进行全面、完整的观察。

根据前文所确定的观察与分析问题的基本框架，本研究对课堂教学过程设计观察并记录与分析的主要方面为教学过程主体设计的价值取向、教学过程设计的本体性价值取向、教学过程进程设计的价值取向。

（二）访谈法

访谈是一种研究性交谈，是通过与被研究者"交谈"和"询问"的研究活动，收集并形成与研究主题相关的第一手资料的研究方法。访谈有利于通过语言交流，深入理解人的内心世界，洞察他人所体验的、关注的世界，把握他人的兴趣、信仰、价值、知识以及看、思与行动的可能性。访谈的这一特点，决定了其适用于非行为性的意义感、价值观念或情感信仰等内在的东西。根据研究实施的结构化和控制程度，访谈法可以分为结构型访谈、开放型访谈与半结构型访谈。结构型访谈是一种标准化的访谈。开放型访谈则没有固定的访谈问题和程序，访谈的内容、顺序、语言、进程等都由访谈双方自由决定，仅仅是围绕一定的目的进行的访谈。这有助于受访者充分表达自己的意见与情感。半结构型访谈则介于上述两者之间，研究者对其有一定的控制，但性质仍然是开放的。本研究所涉及的研究个案有 11 节是现场观摩课，限于条件，仅与其中 8 位授课教师进行了课后的"交谈"与"询问"活动，访谈采用的基本方式为开放型访谈。在这种开放式的课后研讨中，笔者重点关注授课教师对教学内容、对学生的分析与认识，以及对教学过程的考虑等。

（三）文本分析法

上述形成研究资料的方法都要求研究者不同程度地介入研究对象或研究现场，因而在研究过程中可能或多或少地改变研究对象。事实上，只要教室进入陌生人，或者架上摄像机，教室的情境就已经发生变化，教师与学生的心理与行为必然有所改变。相比于介入性研究，非介入性研究（unobtrusive research）则是一种在不影响研究对象的情况下对教育资料进行分析的方法。它既可以是定性的，也可以是定量的。本研究将采用定性的文本分析方法，对教师教学过程设计的文本资料进行相应的分析，发现和推断设计者设计教学过程的基本价值取向。

在本研究所选择的35个课例中，有14个课例附带可供分析的文本，其中13个文本既有课堂教学设计文本，又有说课稿，有些案例课还附带有教学课件与课堂演示视频。教师提供的课堂教学设计与说课稿，在不同学校虽然呈现不同的撰写形式，但文本表达形式差异并不影响本研究所关注的价值取向。通过对文本内容的定性分析，能够在一定程度上透视教师设计教学过程的价值取向。

四、主流倾向：教学过程设计价值取向的表征与问题审理——以初中物理教学过程设计为例

（一）教学过程设计的直观呈现及其价值取向的现实描述

1. 教学过程主体设计的价值取向呈现

教学过程主体如何设计，关系着教学过程中师生双方的地位。关于这个问题的认识，近代教育始终在"教师中心"与"学生中心"两极之间徘徊，这一"钟摆现象"导致了灌输与启发的差异。我国教育理论工作者自20世纪70年代末开始，对教学主客体问题展开了持续的、长久不衰的研究，推动了关于教与学关系的重新认识，不仅引起了教学重心由"教"向"学"的转移，还引起了教与学的职能、形式等整个教学体系更深刻的变革。伴随主体教育理论的兴起，教学主客体问题研究的主流转入对主体问题的探究。当前，尤其在新课程改革的背景下，学生是教学过程的主体，在教育界理论与实践领域基本成为共识。

对教学过程主体设计的价值取向考察，应该是全程式的、整体性的。它既包括教学过程在导入环节上对学生情感调动与认知准备的设计、过程中师生交往互动对学生主体作用发挥的持续性促动的设计，也包括对学生个体与群体指导的针对性、启发性的设计，以及学生训练或操作活

动中自主性体现的设计等诸多方面。但本研究对教学过程主体设计的价值取向考察不可能包括全部内容。这是因为，一方面本研究对其中某些因素设计的考察在后续的内容中会逐步涉及，另一方面是由主体性发挥的基本特性所决定的。课堂教学过程中教师对学生主体地位的尊重以及对学生主动性的调动，根本上是由教师的教育教学理念所决定的。教师的教育教学理念的形成是自身经历与认识、学校文化与要求、社会环境与趋势等各类因素共同作用与影响的结果。教学理念一旦确立就会对教师的教育教学行为产生一以贯之的、方方面面的影响，具体到教学过程的设计，则自始至终全程性地影响着教师对各个环节的设计取向。因此，选择其中一个环节进行深入分析，就可以管窥整堂课的基本价值取向。就像全息照片，不论将其分割为多少个部分，其中的每一部分都会保留完整的图像。本研究选择"教学过程导入的设计"情况作为对过程主体设计价值取向的考察点，其原因有二。一是因为导入环节是对学生学习状态尤其是主动学习态度的启动过程，不仅涉及情感调动，而且包括认知准备。这个环节设计的效果会在很大程度上影响学生对新知识的把握程度。二是由于这个环节设计在客观上具有普遍存在性。在笔者近十几年参与研究的课例中，绝大多数教师在课堂教学过程设计中都会考虑到如何导入新知识这个重要部分，而且在本研究所选择的 35 个课例中，教师都设计了这一环节，只是这个环节对学生主体性调动所发挥作用的大小差异较大。因此，基于其重要性与普遍存在性，本研究将对导入设计的考察作为教学过程主体设计价值取向的观察点。

　　教学过程的导入是课堂教学的开场白，是教师在展开新知识之前，有目的、有计划设计的用以引出新课的重要教学环节。导入，顾名思义，指"引导"与"进入"，"引导"是指教师的一系列行为，其目的是帮助学生迅速"进入"学习状态。因此，教学导入是指一个新的教学任务开始时，教师运用多种手段"引导"学生全方位"进入"学习状态的所有活动的统称。通过导入环节，学生的注意、兴趣、思维等被引导到一个特定的学习方向。高质量课堂教学的结果必然促进学生认知与情感的整体协调发展，同样，作为展开新的学习活动的课堂导入设计，它所追寻的价值也体现在两个方面。

首先，集中注意，引起积极学习心向。注意是人的心理活动对一定对象的指向和集中，是"心灵的唯一门户"。当学生的注意力高度集中时，其心理活动专心致志于所选择的对象，有助于学生将心理活动指向认知目标与内容，克服其他刺激的影响。此时大脑信息加工效率最高，对事物观察最细致，理解也最深刻，记忆也最牢固。学习动机是激发与维持学生学习行为，并使之指向一定学业目标的动力倾向。它可以唤醒学习情绪、强化学习准备、增强学习意志，有助于激活相关的背景知识，降低学生在学习过程中对事物的知觉和反应阈限，极大缩短反应时间，提高学习效率。学习动机水平高的学生能在长时间的学习活动中，保持认真的态度，坚持完成学习任务。因此，在教学过程起始阶段，设计特别的活动与情境，引导学生的注意力和兴奋点迅速集中并指向特定学习任务，激发学生的强烈求知兴趣与欲望，并使学生主动投入学习过程中，从非学习状态进入学习状态，就成为教学过程导入的重要价值追求。

其次，衔接新知与旧知，明确学习方向。知识本身通常是系统、连贯的。建立起新旧知识间实质性而非人为性的联系，以其所知喻其不知，引导学生的思维在"旧知识固定点—新旧知识连接点—新知识生长点"的关联中有序展开，这样的设计既符合学生认知发展规律，也可以促进学生知识掌握的系统性与良好认知结构的形成，同时也遵循了知识教学的逻辑顺序。从根本上说，教学导入不是目的，而是手段，是连接课与课之间、新旧知识之间的桥梁与纽带，具有承上启下、承前启后的价值功能，为学习活动的深入展开奠定基础。每一节课的学习目标各异，通过导入环节的目标明示，学生可以清晰感知即将学习什么、怎么学习、达到何种程度，等等，有助于学生明确学习方向与学习过程，产生学习期待，进而充分调动内在动机并规范自己的行为，增强自我效能感与学习效果。奥苏伯尔的"先行组织者"策略、赞科夫提出的"让学生理解学习过程"教学原则，都强调导入设计要为学生认知发展做好充分准备。

特级教师于漪认为导入就好比提琴家上弦，歌唱家定调。第一个音定准了，就为演奏或者歌唱奠定了良好的基础。同理，有效的导入设计，从认知与情感两方面为学生高质量的学习奠定了重要基础。

通过查阅教学设计文本、说课稿以及课堂观察，本研究所考察的35位物理教师都设计了导入新课这个环节，这与物理学科的探究本质和密切联系生活的特性息息相关。但是，这些导入对于学生学习积极性的调动以及认知发展的作用，就表现出参差不齐的状况，产生了不同的学习效果。通过课堂观察，从导入设计的效果看，其基本表现出四种形态，以下案例呈现了其特点。

（1）案例一："设置悬念"，导入误导了学生，其作用完全没有发挥

这节研究课的主题是"分子动理论的基本事实"。学生要知道的基本事实如下：物质是由分子构成的；分子不停地做无规则运动；分子之间既存在引力也存在斥力。

教师在"教学设计思路"中的表述是，本节课的教学由"设置悬念"引入新课，这样能较好地激发学生的求知欲和参与教学的欲望。

"教学过程设计"对导入的描述如下：

教师演示撕纸片。

问题：纸片从哪断开？猜一猜。纸片为什么从此断开？

这与本节课所学的知识有关，学完本节课的内容后，同学们就能解释此现象了。

大千世界由物质组成，如水、土、空气、动物、植物等。那么物质是由什么组成的呢？古希腊学者德谟克利特早在两千多年前就认为宇宙万物是由微粒组成的。为什么会有这种猜测呢？

教师演示分割粉笔（演示的同时与学生一起分析推理）。物质是否是由微粒组成的呢？今天我们通过实验间接验证对微观世界的认识。

教师在导入环节的演示过程如下：

教师拿出一张白纸（白纸的左右半部各写"1"与"2"，"1"代表右半部，"2"代表左半部），询问学生。

教师手拿一张A4纸的两侧说："我这里有一张白纸，如果我用力撕，会从哪侧断开？"

一部分学生猜测着回答："2。"另一部分学生犹犹豫豫答："1。"

事实上学生们也不知道，仅仅在蒙着、猜着答案。教师用力撕，纸从"2"这一侧断开。

教师问学生："为什么会是这样呢？我们今天就学习这个问题。"

在设计这节课的导入时，教师试图通过"设置悬念"激发学生的求知欲以及参与教学的欲望，但从学生的反应看，学生有"悬念"，无"欲望"。这与教师的问题有关，教师的问题是"在哪一侧断开"，这与"用力撕纸可以断开"是两个不同理论的解释。用力撕纸，纸可以断开，这个现象说明了分子之间有空隙，而且这也是这节"分子动理论基本事实"的主要结论。但若问纸"在哪一侧断开"，就让学生陷于很难分析的状态。因为一张平整的、没有做过特殊处理的白纸，在哪一侧撕裂、断开都是有可能的，这需要用其他理论做出解释。这位教师非常用心的独特设计，却由于所提问题的差错，将学生带入了与分子动理论不相关的"悬念"状态。从学生们的表情反馈的信息看，学生处于茫然与困惑之中。这种"弄巧成拙"的导入，不仅没有让学生在认知发展上有所感悟，反而使学生陷入"云里雾里"的模糊认识状态，影响了后续的三个猜想性实验。教师对知识的分析不够深入，对教学语言的设计不够准确，使得导入变成了"误导"，使导入设计效果偏离了原来的初衷，对学生主体调动的价值没能得到应有的发挥。

（2）案例二：形式化的"闪入"，缺失实质性价值

这节研究课的教学主题是"磁场"，教师的导入过程如下：

上课伊始，教师拿出一个事先准备好的条形磁铁，对全体学生说："老师手里有这么一个东西，大家看看，咱们小学上自然课的时候学过磁铁吧？"

学生齐答："学过。"

教师接着说："这是一个磁铁。从今天开始咱们就进入第十二章的学习，学习'磁'这一章。请大家打开学案，自己独立完成'预习学案一'的任务。这上面有几个概念，大家在书上83页找到这几个概念，并将内容填入学案。"

学生们拿出相关学案，一边翻书，一边完成教师布置的任务。

上述导入环节的设计可以用"闪入"来形容，其似有似无的设计，即磁铁的出示，仅仅是告知学生这节课的内容与磁铁有关而已，导入的效果只是完成了其作为引出课程主题的示意性任务。虽然学生们都看到了磁铁，但他们的学习兴趣与注意力、对学习可能达成目标的认识等感性与理性因素，都没有得到充分的调动，甚至连学习的准备状态还没有完全达到，学生尚处于茫然不知所措的状态。一个几乎没有触动学生学习准备状态的导入设计，不仅没有发挥导入的应有价值，更不可能达成对学生主动性激发的价值追求。

（3）案例三：通过动手体验、描述感受、提出猜想，充分发挥学生的主动性

这节研究课的主题是"摩擦力"，由于生活中到处存在摩擦力，这是一个与学生日常生活密切相关的学习内容，其内容包括几个方面：滑动摩擦、滑动摩擦力与哪些因素有关；静摩擦、滚动摩擦；增大、减小摩擦的方法等。它是《运动和力》这一章的重点内容之一。

一位年轻的女教师是这样设计导入环节的：

教学环节	教师活动	学生活动	设计意图
创设情境	设计体验活动 从水中抓出不同的两个物体 说明自己的感受	学生在规定时间内完成体验 描述自己的感受	由真实的体验活动入手，激发兴趣，感知摩擦的存在，为实验探究做铺垫，培养学生的语言组织及表达能力

教师导入教学的实施过程如下：

在物理实验室，学生面前的实验桌上摆放着一个个圆柱形的玻璃缸，里面有一块石头、一块肥皂。教师对学生们说："我们先来进行一个体验活动。在我们同学面前有一个盛水的容器，里面放入两种不同的物体，请大家体验一下从水里将这两个不同的物体抓出来，感觉是不是一样的？现在开始。"

学生们纷纷动手抓这两个物体。有意思的是，学生们几乎很难将肥皂"抓"出来。经过一次一次的体验，教师问学生："谁来描述一下自己的感觉？"

一个学生说："我抓石头的时候感觉挺容易的，抓在手里挺稳的，然后抓肥皂时感觉不那么容易，肥皂很容易从手里溜走。"

教师非常聪明地接住学生说出的动词："哦，溜走了，非常形象的一个词语。那么我们为什么抓这两个物体的感觉是不一样呢？这与我们今天要研究的摩擦力有着非常密切的关系。"

教师板书课程主题，接着说："那刚刚我们体会到肥皂从手中'溜走了'，手和肥皂这两个不同的接触面发生了相对的滑动……"

这位教师的导入设计让学生获得了非常生动、真实而深刻的体验。从现场活动看，学生们虽然想尽各种办法，却几乎没有几个学生能够从水中抓出肥皂，这反而激发学生更加情绪高昂地投入体验活动。教师在请学生描述感受后，很聪明地借用学生自己的语言——"溜走了"，引出了滑动摩擦力的概念，这种顺势而为的做法，表现出教师对学生自身体验与感受的尊重与重视，而这种尊重与重视本身就反映了教师对学生主体地位、对调动学生主动性的高度关注。这个导入设计为教学过程的后续探究与猜想，即"影响摩擦力的因素"，奠定了积极思考的氛围与初步的理性认识。这一设计与实施是成功的、有效的，为学生主动参与、深入思考创造了条件，也充分体现了教师设计的价值取向，即"激发兴趣，感知摩擦的存在，为实验探究做铺垫"。

（4）案例四：真实的问题解决情境，让学生感受到科学的价值

这节研究课的主题是"动能与势能"。授课教师在导入环节首先复习上一节课学习过的"做功"的两个必要因素与功的表达式，通过复习旧知识，为新内容的"能量"学习做好铺垫。接下来教师展示课件，为学生讲述《新民晚报》的一则报道：沈阳开往上海的 195 次列车，经过上海分局管辖的沪宁线时，突然从列车的车窗里飞出一个馒头，恰好打在当班的一名职工的鼻梁上，当场将其击昏。

学生对此报道表现出感兴趣的状态，并议论纷纷。

教师顺势问："那么现在请大家思考一个问题，为什么小小的馒头能把人砸伤？馒头怎么会有这么大的破坏力呢？"

学生都比较疑惑。

教师接着说：“现在回答不了这个问题没关系，今天我们就要学习有关的知识。那么学完之后看看你们谁能回答这个问题，能用科学的术语解释‘为什么小小的馒头能把人砸伤’。”

经过一节课的探究、分析与深入讲解，学生们掌握了动能与势能的概念及其影响因素。在下课前，教师又回放了这则新闻，请学生来解释。

一个学生回答：“因为馒头从高速行驶的火车上飞出时，速度较大，动能也就比较大，所以它的破坏力就比较大，能把人砸伤。”

由一则报道带出一个问题，并强调最后由学生用科学的术语解释原因，可以看出这位教师对所讲授的内容具有良好的敏感性，能够敏锐地抓住生活中的点滴事件作为教学资源。这使教师在设计教学过程的导入环节时，能够借助真实的问题创设思考的情境，并通过对知识的掌握解释现实问题。这是“学”与“用”相结合的设计，在学用结合中不仅促进学生更深刻地理解知识，更让学生感受到科学知识的魅力与价值，从而激发了学生学习科学的内在动机。内在动机能够更为持久地调动学生主动学习的积极性。因此，从这位教师在导入环节的设计看，她是在有意识地突出学生作为学习主体的价值取向。

上述仅仅从 35 个案例中选择 4 个有代表性的案例进行具体描述与分析。通过对全部案例的研究，可以得到初中物理教学过程在导入环节设计上的基本图景。首先，从导入作用发挥的途径与方式看，主要有教师角度的演示实验、课件展示、语言描述等方式，还有学生的探究性活动与体验等方式。不论哪种途径与方式，其关键在于既有恰当的引出新知识的分析与理解，又能促进学生积极的学习态度与情感的调动。其次，从导入环节对学生主体性调动的效果看，存在有效、无效和误导三种状态。有效的导入能够激发学生高昂的学习热情与积极思考的主动态度，其设计充分体现“学生是学习主体”的价值取向；而无效与误导的导入则表现出对主体性的表面重视与实质忽视的价值倾向。最后，如果将上述影响效果设定为两极之间的连续体的话，其影响效果的分布大致呈现两极少、中间多的分布形态，即误导与无效的设计极少，而设计非常到位且有效的也就只有 2～3 个课例，多数案例的设计表现出有一定的提示效果，但对主体性的调动不太明显的情况，而且将导入视为形式化环节的课例约占一半。参照笔者近年在中学听课的总体情况（涉及多个学科的初高中学段），这种分布状态基本上反映了教师对导入设计的认识、理解与实施状况。

2. 教学过程设计的本体性价值追求表现

近 30 年来，我国课堂教学对教学过程的本体性价值追求经历了逐步深化的认识过程。从以基础知识和基本技能的掌握为中心发展为强调加强基础，培养智力，发展能力，进而到突出智力因素与非智力因素协调发展，直到 21 世纪初，特别注重创新精神和实践能力的培养。这一变革路径体现了我国教学论工作者对教学过程本体性价值追求的日益丰富与全面。

对教学过程设计的本体性价值追求的考察，既要了解教师"如何说"，更要观察教师"如何做"，这是由于有些教师在"教学设计"中对教学本体性价值的追求表现出丰富性、全面性，但在课堂教学实施过程中仍旧偏向于单一化、片面化。所以考察方式分为两类：对教师的"教学设计""说课稿"的文本分析；对教师在实际教学过程中对学生全面发展落实情况的课堂观察。

（1）基于"教学设计""说课稿"的文本分析

研究总共收集了 14 个课例的 27 份文本，其中 13 个课例既有"教学设计"，又有"说课稿"，1 个课例只有"教学设计"。通过对 27 份文本的深入分析，呈现教师对教学过程设计的本体性价值追求。文本内容分析主要采用的方式如下。首先，选择文本内容分析对象。具体方法为在阅览每一个课例"教学设计""说课稿"全部文本的基础上，重点阅读与分析"设计思路"或"指导思想"以及"教学目标"部分的内容，选择其中能够清晰呈现教师对教学过程设计的本体性价值追求的语言表述作为分析对象；其次，加工与梳理文本内容分析对象。具体方法为逐一分析内容中表达对学生成长、发展具有本体性价值追求的核心词汇，将词汇按照情意类、智能类与综合类三个维度进行分别归纳，分类的主要依据是布卢姆关于教育目标分类领域的研究成果；最后，对其中某些维度的关键词汇做数量化统计，并通过图表展示本体性价值追求的主要状况。为了更真实地展示原始资料，下面用列表的方式呈现文本内容分析对象的语言表述。笔者仅对其中部分标点与误用的个别词语做了修改。考虑到表格呈现内容的有限性，笔者省略了教学目标中的"知识与技能"部分：一是由于这部分内容表现为具体化的知识点，不同的教学内容难以做统计；二是受传统教育思想与文化，尤其是考试评价等功利性因素的影响，现实教学过程中，对知识目标的设计与落实，成为绝大多数教师矢志不渝、坚定追求的价值倾向。因此，对知识目标贯彻与落实的价值追求表现出一致性，而不是差异性。下面首先呈现文本内容分析对象以及关键词语的归类。

表 2-2　教师教学设计文本中关于本体性价值的内容分析

主题	教师教学设计文本关于本体性价值追求的内容	关键词语的归类
摩擦力	培养学生的科学素质。科学探究既是学生的学习目标，又是重要的教学方式之一。让学生体会在研究多因素问题中怎样运用"变量控制"的方法。通过自主学习和探究培养学生的科学探究意识，通过讨论和合作完成实验，培养学生自觉地与人合作交流的愿望。通过对摩擦力应用的讨论培养学生从生活走向物理，从物理走向社会的观念和应用所学知识为社会服务的意识。	情意类：与人合作交流的愿望、社会服务意识的培养、科学素养与科学探究意识培养 智能类："变量控制"方法的运用； 综合类：课程基本理念二①。
电功率	通过实验设计与操作实践，培养学生与同伴的合作意识和勇于实践的精神。通过探究活动，使学生经历科学探究的基本过程，使学生根据现象探究规律，形成良好习惯。整课的宗旨：让学生学会学习，使学生获得知识的过程同时成为获得学习方法和能力发展的过程。激发和培养学生养成良好的学习习惯和形成有效的学习策略；通过小组合作的形式发展自主学习的能力和合作精神。通过科学探究，培养学生的科学实验探究能力，通过探究活动，使学生学习收集实验数据、分析数据总结出结论；通过实验探究，培养学生实事求是的科学态度和敢	情意类：合作意识培养、良好的学习习惯形成、培养科学态度、激发学习兴趣、学会交流； 智能类：学习策略的形成，实验探究能力（收集数据、分析数据、得出结论）的培养。

---

　　①　这里的"课程基本理念二"是指《义务教育物理课程标准》（7～9年级）中，"课程基本理念"的第二个理念，即"从生活走向物理，从物理走向社会"。该理念强调课程设置贴近学生生活，让学生从身边熟悉的生活形象去探究并认识物理规律，从而提升学生学习物理的兴趣，培养良好的思维习惯和科学探究能力。这个设计理念既关注情感培养也强调智能发展。在这个表格的后续归纳中，都使用这种表示方式。

续表

主题	教师教学设计文本关于本体性价值追求的内容	关键词语的归类
电功率	于创新的探索精神，激发学习物理知识的兴趣；通过交流讨论，使学生学会倾听别人的见解，增强与他人合作的意识，学会与人交流自己的见解认识；通过观察铭牌，计算电功。	
光的反射	致力于使每一个学生都有最大的收获，使他们的素质都得到提高。这就要求我们更重视以学生为主体的课堂教学形式的探索，重视开发学生的生活空间、思维空间及表现空间。 通过对光的反射定律的探究要达到两点目的：①让学生掌握物理探究的方法（遇到问题时，先科学合理地猜想，再设计探究方案，利用选择的仪器实际操作实验，最后根据数据和现象来总结），同时培养学生的观察分析能力、思维能力、归纳总结能力；②通过探究让学生真正掌握本节课的重点内容——光的反射定律。 教学设计中要充分体现"从生活走向物理，从物理走向社会"的基本理念。不仅要使学生通过探究活动获得知识，而且要使学生通过探究活动学习怎样进行探究。在实验探究的过程中，既训练学生研究物理问题的方法，又培养学生尊重事实的科学态度，还可以让学生感受到成功的喜悦，从而激发学生科学探究的兴趣。	情意类：培养尊重事实的科学态度、激发科学探究的兴趣； 智能类：掌握物理探究的方法（合理猜想、设计方案、收集数据、概括结论等）、培养观察等能力； 综合类：课程基本理念一①、课程基本理念二。
探究物质导电性	本节课教学设计理念依据新的《全日制义务教育物理课程标准》中"从生活走向物理，从物理走向社会，面向全体学生"的理念。本课着重设计让学生通过自己经历科学探究的过程主动获取知识，突出以学生为主体，培养学生的探究能力。本课改变了学生被动接受的传统的教学模式，"在探究状态下学习"贯穿整个课堂教学。使学生在知识、技能、智力等方面得到和谐发展，以及智力因素和非智力因素相互促进和协调发展。感悟自然界中物质相互转化的规律，树立辩证唯物论的观点。	情意类：培养探究精神与创新意识、树立辩证唯物论的观点； 智能类：培养探究能力，知识、技能、智力得到和谐发展，智力因素和非智力因素协调发展；

---

① 这里的"课程基本理念一"是指《义务教育物理课程标准》（7～9年级）中，"课程基本理念"的第一个理念，即"注重全体学生的发展，改变学科本位的观念"。该理念强调义务教育阶段的物理教育目的是培养全体学生的科学素养，而非精英教育，课程设置应该满足所有学生发展的需要，提升公民的科学素养。

续表

主题	教师教学设计文本关于本体性价值追求的内容	关键词语的归类
探究物质导电性	本节课在教学设计时尽可能地营造出浓厚的探究氛围，让学生始终处于积极的思考和探究活动中。通过环环相扣的探究，让学生自己去思考或合作完成，将学生活动不断推向新的高潮，让所有的学生都明白"探究的科学过程"和"探究的科学方法"，教给学生的不只是物理知识，更重要的是要教会学生科学探究的方法，真正培养学生的探究精神和创新意识。	综合类：课程基本理念二。
光的传播	指导思想：以学生发展为本，注重科学探究，强调"从生活走向物理，从物理走向社会"。引导学生通过实验探究活动，体验科学探究的乐趣和方法，通过提出问题、做出猜想、设计实验、实验探究取得证据并分析论证，得出结论过程的教学，培养学生分析、归纳、概括等方面的能力。在本课教学中，努力做到教学内容生活化，让教学贴近学生，贴近生活，尊重学生在课堂中的主体地位。 目标设计：通过回忆生活中光的直线传播现象，激发学生对物理的学习兴趣；通过实验，让学生体验学习的乐趣，并在实验过程中学习合作与交流；通过了解日食和月食现象，激发学生更加热爱大自然、热爱科学的情感。	情意类：激发学习兴趣、学习合作与交流、热爱大自然和热爱科学的情感、体验探究的乐趣； 智能类：培养分析、归纳、概括等能力，体验探究的方法； 综合类：课程基本理念二。
密度	设计思想：依据建构主义的学习理论和教学心理学原理，在密度概念教学过程中，应通过形象化的实验，充分发挥学生主动探究的积极性，引导学生在合作探究、小组讨论的过程中自主建构密度概念，教师仅仅是学生概念学习的引导者、促进者和帮助者。为此，本节课主要通过"科学探究→建构概念→实验操作→实际应用"的主要教学流程，培养学生终身的探究乐趣、良好的思维习惯和科学实践能力。本节课采用"科学探究小组合作"教学模式。 目标设计：通过探究活动理解密度的概念，初步掌握通过实验研究物理规律的方法；通过教学活动，激发学生的学习兴趣和对科学的求知欲望，培养学生实事求是的科学态度；鼓励学生积极参与探究活动；密切联系实际，提高科学技术应用于日常生活和社会的意识。	情意类：培养终身探究的乐趣、养成良好的思维习惯、学生自主性的培养、提高科学知识的应用意识；培养实事求是的科学态度； 智能类：培养科学实践能力、掌握实验研究的方法； 综合类：课程基本理念二。

续表

主题	教师教学设计文本关于本体性价值追求的内容	关键词语的归类
电路设计	设计指导思想：控制变量法是科学探究的重要方法，许多重要的科学发现都是这一科学方法的应用，本节课就是让学生体验科学探究的过程，从中受到科学研究方法的教育；让学生体会"从生活走向物理，从物理走向社会"的理念，真正感悟物理知识的价值，能够利用所学物理知识解决简单的实际问题；体现学生学习方式的多样性(自主学习、探究学习、合作学习)，培养科学探究能力。 预期达到的探究能力目标：学生能够按照要求进行简单电路的设计；学生根据探究的目的能够选择科学的探究方法和实验器材，设计实验时能运用控制变量法；通过理论应用于实际的学习过程，激发学生的创新思维，增强学习的兴趣；体会科学实验思想及科学研究的方法。	情意类：增强学习兴趣； 智能类：科学方法的教育、学以致用解决简单的实际问题、培养科学探究能力、能运用控制变量法、激发创新思维； 综合类：课程基本理念二、课程基本理念三①。
串并联电路电阻	设计思路：对于串联电路的电阻关系先让学生猜想，然后利用实验进行验证，最后通过理论推导的方式得出结论，培养学生利用已知规律探究探索新规律的意识。由于并联电路电阻关系通过实验数据很难得出结论，这里先通过例题计算得出初步结论，再利用串并联电路特点和欧姆定律进行推导，从而得出并联电路电阻关系。这样安排的目的是使学生明白物理规律既可以直接从实验得出，也可以用已知规律从理论上导出，使问题、实验、讲授、论证统一起来。 目标：通过实验体会等效电阻的含义，了解等效的研究方法；从已知的科学规律出发，通过数学公式的逻辑推导获得新的科学知识的过程，发展学生对科学的探索兴趣，培养学生的创新意识、独立思考的科学态度。	情意类：培养学生利用已知规律探究新规律的意识、激发学生科学探索兴趣、培养创新意识和独立思考的科学态度； 智能类：理解等效的研究方法。

---

　　① 这里的"课程基本理念三"是指《义务教育物理课程标准》(7～9 年级)中，"课程基本理念"的第三个理念，即"注重科学探究，提倡学习方式多样化"。该理念强调成功的科学教育要使学生既能学到科学概念又能发展科学思维能力。这个诉求的实现要依靠多种不同的教学方法。

主题	教师教学设计文本关于本体性价值追求的内容	关键词语的归类
焦耳定律	指导思想：依据新课程标准理念，以提高学生的科学素质为目的，围绕课程目标的三个维度，追求科学探究的内容；以为学生创立实验情境为策略，以培养学生的实验探究能力、运用知识能力、思维能力为目标，体现物理来源于生活又服务于社会的教育思想。 目标：通过实验探究电流的热效应与电流、电阻及通电时间的定性关系，培养学生提出问题、猜想假设、设计实验、观察实验现象和归纳实验结论的能力；通过实验的操作、分析过程，进一步让学生熟悉物理学习的基本方法——实验探究法，培养学生的实验操作能力和处理数据能力；通过电热的利用和防止等知识学习，培养学生将所学知识用于实际的意识。	情意类：培养将所学知识用于实际的意识； 智能类：培养学生提出问题、猜想假设、设计实验、归纳结论的能力，熟悉实验探究法。
摩擦力	设计思路：在探究课题的设计过程中，引发学生的好奇心和求知欲，引发学生科学探究兴趣，使学生自主学习，养成良好的思维习惯；注重培养学生的探究能力、协作精神、创新意识，要使学生在领悟知识的过程中得到知识与技能、过程与方法、情感态度和价值观的锻炼。 目标：通过与实际联系，了解摩擦现象存在的普遍性，并培养学生初步的观察能力、提出问题和解决问题的能力；通过小组合作交流，让学生体会学习的快乐，激发学生研究问题的兴趣，培养学生主动与他人交流合作的愿望和精神；通过实验探究过程，培养学生实事求是的科学态度。	情意类：引发学生的好奇心和求知欲，养成良好的思维习惯，培养协作精神、创新意识、主动与他人交流合作的愿望，培养实事求是的科学态度； 智能类：培养初步的观察能力、提出问题和解决问题的能力。
分子动理论	目标：通过对物质是由什么构成的猜想、实验探究，了解探究物理的基本方法；通过实验及对实验现象的观察，归纳出扩散现象和分子间的相互作用力；通过对物质构成的探究进一步增强对自然界的好奇心；通过对分子间相互作用力的研究，养成辩证地看问题的观点。	情意类：通过探究增强对自然界的好奇心、通过研究养成辩证看问题的观点； 智能类：了解探究的基本方法，通过观察归纳现象。

续表

主题	教师教学设计文本关于本体性价值追求的内容	关键词语的归类
压强	目标：观察生活中各种与压强有关的现象，了解压力和物体的受力面积的关系，通过探究压力的作用效果决定的因素，理解压强的概念，初步学会使用研究物理量的方法——控制变量法；通过探究性物理学习活动，使学生获得成功的喜悦，培养学生对参与物理学习活动的兴趣，提高学生学习的自信心。	情意类：在探究中获得成功的喜悦、提高学习兴趣与自信心；智能类：初步学会运用控制变量法。
平面镜	设计理念：本节课的教学不仅仅是为了让学生知道结论、特点等内容，更重要的是要让学生知道结论是如何得出来的，在得出结论时用了什么样的方法和手段，在实验中如何使用等效替代的方法进行实验，从而得出结论。①本节课设计立足于"从生活走向物理，从物理走向社会"的思路；②通过给学生创设问题情境，充分调动学生的学习积极性，使学生乐于去讨论、去猜想、去动脑设计并动手做实验，让学生成为平面镜成像特点的"发现者"；③在整个教学过程中，教师是学生学习的合作者、引导者和参与者，教学过程是师生交流、互动的过程；④通过本节课的教学，让学生体会到物理知识就在我们的身边，激发学生学习物理的兴趣和强烈的求知欲，初步培养学生设计实验、动手实验、观察思考、分析综合、归纳推理的能力。 目标：在探究"平面镜成像特点"的过程中，领略物理现象的美妙与和谐，获得发现成功的喜悦；通过对平面镜应用的了解，初步体会科学技术对人类的影响；培养对实验中的问题要勇于面对、大胆探索以及善于合作的精神。	情意类：让学生乐于参与，成为规律的发现者，激发学习的兴趣和求知欲，获得成功的喜悦，培养大胆探索与善于合作的精神；智能类：不仅知道结论，更要让学生知道结论是如何得出的，领略物理现象的美妙与和谐，初步培养学生设计实验、动手实验、观察思考、分析综合、归纳推理的能力；综合类：课程基本理念二。
光学知识的复习	教学理念：科学课程的核心理念是"全面提高每一个学生的科学素养"。根据这个年龄段学生心理发展的特征，结合教材内容，多次运用信息技术策略，再现生活情景，激发每一个学生的学习兴趣，且采用竞争与协作的方式，激励每一个学生，提高学生的科学素养；同时让学生深深体验到"科学在我们身边，生活中处处有科学"的科学思想。 目标：通过讨论分析，培养发现问题、提出问题和解决问题的能力，学会分析、比较、归纳等科学方法；在学习科学知识中体验成功的乐趣；在探究中培养探索科学原理的兴趣与创新意识。	情意类：激发每一个学生的学习兴趣，在学习知识中体验成功的乐趣，培养探究的兴趣与创新意识；智能类：培养学生发现问题、提出问题和解决问题的能力；学会分析、比较、归纳等科学方法。

在上述表格中，笔者对关键词语类别的分区，主要是基于布卢姆的教育目标分类领域，"关键词语的归类"一栏的内容表述，基本上使用设计文本的原始语言，为了做进一步的类属分析，还需要深入理解这些原始语言表述的意义（价值追求），进而做出进一步的类属分析。

第一，关于情意类词语的分析。

情意类词语的分析方式如下：将表格中所有情意类词语按照相同与近似的表达意义合并与归类，并适度参考《义务教育物理课程标准》（以下简称《物理课标》）关于"情感态度价值观"维度的 7 条目标，将其归纳为 10 个子类别，分别是科学态度（如尊重事实、实事求是等），探究精神与勇气（如探究精神、探究意识、勇于探索等），探究兴趣（如探究乐趣、科学求知欲等），辩证的观点（如辩证看待问题的观点），热爱的情感（如热爱自然、热爱科学），合作与交流精神（如合作交流的愿望、协作精神、合作意识等），学习兴趣，创新意识，责任感与使命感（如社会服务意识、科学知识的应用意识等），自信（如自信心、体验成功）。其中前 5 个子类别，即科学态度、探究精神与勇气、探究兴趣、辩证的观点以及热爱的情感，与物理学科的学科育人价值息息相关，是物理课程教学过程对学生发展应该做出的必要贡献，属于物理课程教学过程设计的内在价值，为了后续研究方便，笔者将其归纳为"物理学科教学过程设计的内在价值追求"。后 5 个子类别，即合作与交流精神、学习兴趣、创新意识、责任感与使命感、自信，则与基础教育"成人"价值息息相关，是教育的终极性价值体现，也是任何学科课程课堂教学过程设计都必须追求的价值，笔者将其称为"教学过程设计的普适性价值追求"。对这两类价值追求的更深入分析还应该至少包括两点：①实然的数量化特征，即在上述 14 节课例的设计文本中，每一类别所包含的子类别被关注或提及的频次是多少，这个研究属于定量研究；②应然的完整性判断，就每一类别各自所包含的子类别是否合适与完整，其相互关系如何做出判断，等等，这需要根据物理学科教育的本质特征做出定性推断，这项应然研究将在后续章节给予阐述。

为了更清晰地呈现每一类别中各个子类别的数量化特征，笔者在完成数量化统计后做出了统计结果的图。如下图所示。

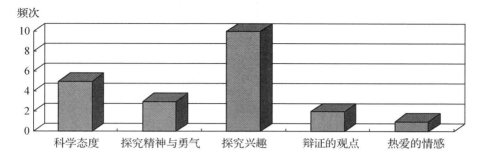

图 2-1　物理学科教学过程设计的内在价值追求

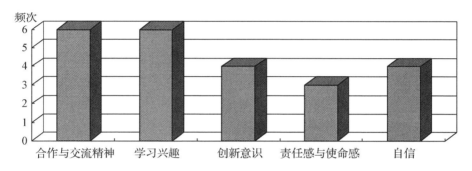

图 2-2　教学过程设计的普适性价值追求

观察图 2-1 和图 2-2，可以发现：

首先，"教学过程设计的普适性价值追求"中几个子类别之间的差距并不大。这表明，这 14 个课例的任课教师在设计教学过程时，表现出对教学过程应该追求更加丰富与全面的价值具有比较清晰的认识。其中"合作与交流精神""学习兴趣"两个子类别是教师涉及相对较多的，而这两方面的价值追求是本次新课程改革在学生成长方面的重要理念，这些理念对教师的教学过程设计的影响比较深入。

其次，"物理学科教学过程设计的内在价值追求"的各个子类别差距较大，对"探究兴趣"培养的子项关注者较多，而对形成学生辩证地看待问题的观点、对自然与学科的热爱则涉及最少。这与现实的物理教学非常接近。受新课程改革大力倡导的变革学习方式理念以及《物理课标》对"科学探究"的重视的影响，不仅科学探究的要素、方法、能力等术语成为物理教学过程设计的热门词语，培养学生的探究精神、探究意识等也成为物理教学过程设计的重要价值追求。本研究的数量化统计结果恰好反映了新课程改革的基本价值追求。"辩证的观点"与"热爱的情感"虽然在历次课程改革中没有被忽视，但也从没有成为课程改革的核心与亮点。"要培养学生辩证看待问题的观点"与"教学应培养学生对所授学科深切的热爱"，一直都是教育学教科书中的经典"语录"，成为阐述"知识掌握与品德发展相互统一"这一教学规律必须分析的内容。至此，上述梳理分析似乎得到了一个未曾预料的新发现：理论工作者在其研究成果中不惜笔墨常常强调的重要理念、教师教育各个阶段（包括职前与职后）的培训不惜气力重点关注的价值追求，在教师设计教学过程时，几乎完全被边缘化，成为设计中可有可无的点缀，可以想见，相关理念在实际的教学过程中可能荡然无存。

第二，关于智能类词语的分析。

对智能类词语的分析与对情意类词语的分析步骤基本相同。首先，将表 2-2 中智能类词语按照意义相似性进行合并与归类。在《物理课标》中，关于"科学探究"的阐述，既确定它是教学追求的目标，也确定它是教学改革倡导的重要教学方式，成为本次课程改革物理教学过程设计的亮点。因此，教师在设计教学过程时，基本上都遵循《物理课标》对课程目标的三个维度中的"知识与技能"维度中对技能的要求，以及"过程与方法"维度中 6 个与科学探究密切相关的能力要求。因此，参考《物理课标》的相关内容，对智能类词语分为两个大类：科学探究能力与具体操作方法。科学探究能力类主要包括观察能力、提出问题能力、猜想与假设能力、制订计划与设计实验能力、实验操作与收集数据能力、分析与归纳结论能力六个子类别；具体操作方法类主要包括控制变量法与等效替代法等两个子类别。经过数量化统计，结果呈现如下。

图 2-3 和图 2-4 之间的差异同样清晰地表达了教学设计对各个子类别目标的追求之间的不同。在科学探究能力的各个子类别中，不同能力的培养受到关注的程度相差不大，只是由于不同教学内容对探究能力培养的强调各有侧重，但都得到了重视。而具体操作方法方面，对具体实验操作中的"控制变量法"设计应用较多，这与该方法在多变量影响的实验操作中的普遍使用密切相关，而等效替代法的使用则比较受限制。初中

阶段的物理教学主要在研究电阻的相关知识时会使用"电阻箱"作为等效替代的器材。

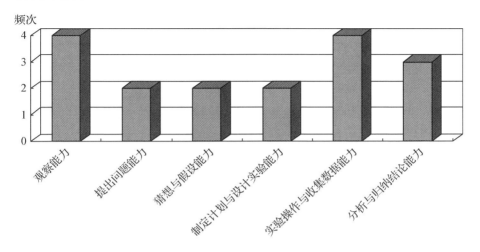

图 2-3　科学探究能力

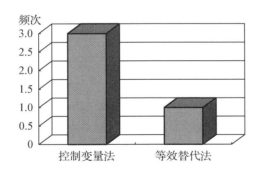

图 2-4　具体操作方法

　　第三，关于综合类词语的分析。

　　由于关键词语中的综合类词语已经借助《物理课标》做出了明确的区分定位，因此其分析比较简单，只需要做出数量化的统计。结果如图 2-5所示。

　　图 2-5 呈现出不同课程基本理念在教师设计教学过程时重视程度上的巨大差异。教师对课程基本理念二的重视程度远远高于其他，约占研究对象的一半。这个理念，"从生活走向物理，从物理走向社会"，最能反

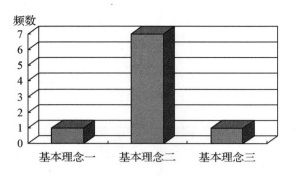

图 2-5 课程基本理念分布

映物理学科本质以及物理教育诉求。而基本理念一，即"注重全体学生的发展，改变学科本位的观念"，虽然是物理课程设计的总体性理念，但它更是通用性的、适合于所有学科的理念与追求。"改变学科本位"是新课程改革六大变革目标之一，"注重全体学生的发展"则是 30 多年素质教育自始至终的根本追求；同样，基本理念三，即"注重科学探究，提倡学习方式多样化"，虽然有其特殊化的"科学探究"，但化学、生物等学科也同样需要进行"科学探究"，而"学习方式多样化"则是本次课程改革积极倡导的重要变革，体现在所有学科的课程变革过程中。可以看出，相对比较共性的、普适性的课程理念，在物理教师的教学过程设计中体现较少，而反映学科本质特征的理念则受到物理教师的高度关注。这虽然在一定程度上反映了教师的"学科本位"思维倾向，但这的确是物理教师最应该具备的学科素养。

总体来看，教学过程设计在文本中呈现的本体性价值追求是比较全面的、完整的，既符合素质教育大背景的要求，也体现了新课程改革的基本理念。这说明，教师对教育改革与新课程理念是能够认识到的，表现了教师能够清楚地了解外在于自己的各类价值主体对学校教学过程设计所倡导的价值取向。这是对教师认识层面的考察。教师是否认同这些理念，是否能真正将这些理念作为自己教学实施的指导思想，则属于内在于价值主体的价值观念，这就需要从教学过程的实施状态来考察。

（2）基于课堂教学实施效果的观察与分析

上述教师对过程的设计文本，表现出教师对教学过程本体性价值相对比较完整与全面的追求。但事实上，多数设计在实施中并没有达到预想的效果。为了呈现的清晰化，下面同样用表格的方式进行对比性研究。

在表 2-3 中，笔者保留了来自文本表述的本体性价值追求的原始术语，即表 2-3 最右侧一栏的"关键词语的归类"，而将原表格中"教师教学设计文本关于本体性价值追求的内容"改换为"教学实施过程中本体性价值实现的表现"，这些表现则来自研究者在实际听课与观看录像时所做的观察记录，并将观察记录中的思考与批注做适当的简化后呈现于表格中。

表 2-3　教学实施过程中本体性价值实现状况与设计对比

主题	教学实施过程中本体性价值实现的表现	关键词语的归类
摩擦力	知识讲解与学生的合作探究能力培养都得到重视；在探究中尤其强调探究方法的掌握，这是很有意义的。教师对"控制变量法"给予特别强调，学生基本上掌握。课程理念二的实现不到位。情意类价值体现偏弱。	情意类：与人合作交流的愿望、社会服务意识的培养、科学素养与科学探究意识培养； 智能类："变量控制"方法的运用； 综合类：课程基本理念二。
电功率	学生对重要概念（电功率）的理解有所欠缺，教师应从本质上将概念的内涵说清楚，而不是花费大量时间用于"探究"额定功率的作用，学生的探究能力发展受到影响。情意类价值都有所涉及，但似乎都不到位。	情意类：合作意识培养、良好学习习惯的形成、培养科学态度、激发学习兴趣、学会交流； 智能类：学习策略的形成；实验探究能力（收集数据、分析数据、得出结论）的培养。
光的反射	实施过程给人的整体感觉是"服从"："服从教师权威""服从实验操作时机械化的程序""服从教师的要求"，如记录笔记、画图的规范等。学生按部就班、顺从服帖地学习知识，只有理解过程，而没有质疑机会。这是比较典型的知识掌握价值取向，对能力发展与情感培养几乎不涉及，很难激发学生科学探究的兴趣。	情意类：培养尊重事实的科学态度、激发科学探究的兴趣； 智能类：掌握物理探究的方法（合理猜想、设计方案、收集数据、概括结论等）、培养观察等能力； 综合类：课程基本理念一、课程基本理念二。

续表

主题	教学实施过程中本体性价值实现的表现	关键词语的归类
探究物质导电性	教师在教学过程中能够放手让学生做更多的导电性探究，一定程度上激发了探究兴趣与创新意识；但对导电原理的解释不到位，学生似懂非懂。物质导电性的变化演示不充分，学生难以树立辩证看待问题的观点。以知识掌握为价值取向。	情意类：培养探究精神与创新意识、树立辩证唯物论的观点； 智能类：培养探究能力；知识、技能、智力得到和谐发展，智力因素和非智力因素协调发展； 综合类：课程基本理念二。
光的传播	课堂上，教师多次强调："请大家记住！"物理是讲道理的学科，只要明白道理就可以记住，完全不需要死记硬背。让学生"记住"知识，即物理概念与物理规律，对学生的能力培养几乎没有涉及。这是纯粹知识掌握的价值取向。	情意类：激发学习兴趣，学会学习合作与交流、培养热爱大自然、热爱科学的情感，体验探究的乐趣； 智能类：培养分析、归纳、概括等能力，体验探究的方法； 综合类：课程基本理念二。
密度	教师期望通过探究让学生掌握密度的物理意义，但遗憾的是探究没有达到效果，只是在读书理解物质密度数值时特别强调了物理意义。教师能够意识到概念教学应追求物理意义的理解，这是物理课的基本价值取向。但对意义的理解不是通过探究所获得的，而是教师的指导性语言让部分学生初步知道，学生还没有达到理解概念的程度。仅仅掌握了知识，其他都难以涉及。	情意类：终身探究的乐趣、良好的思维习惯、学生自主性的培养，提高科学知识的应用意识，培养实事求是的科学态度； 智能类：培养科学实践能力、掌握实验研究的方法； 综合类：课程基本理念二。
电路设计	这节课的内容是原理的应用，重点是技能的形成。为了帮助学生形成技能，教师设计了 5 个探究实验，实现了培养学生探究技能的预设。教师在复习知识的同时，能够注意培养学生用知识解决问题的技能，而且密切联系生活实际设计电路，让学生对知识的实用性有切身的感受，也提高了学生的学习兴趣。	情意类：提高学习兴趣； 智能类：科学方法的教育、学以致用解决简单的实际问题、培养科学探究能力、能运用控制变量法、激发创新思维； 综合类：课程基本理念二、课程基本理念三。

续表

主题	教学实施过程中本体性价值实现的表现	关键词语的归类
串并联电路电阻	在学生理解知识的同时，教师寻求让学生体验实验验证、猜想、通过数学推导验证猜想与推导结论等科学探究过程，并且对学生产生了比较好的影响。在学生做练习时，教师特别强调规范性：做计算题时，首先分析解题思路，并强调思路的逻辑性；做计算题时带入数值的规范；得到结果时的单位带入；计算可以应用的解题技巧等。这些是学生在学习物理学科乃至理科课程时应该培养的基本规范，教师非常重视在课堂教学过程中不厌其烦地纠正，这是教师对学生发展负责的表现。在关注学生智能发展上，这节课是表现最优的。	情意类：培养学生利用已知规律探究新规律的意识、激发学生科学探索兴趣、培养创新意识和独立思考的科学态度； 智能类：理解等效的研究方法。
焦耳定律	教师不仅让学生理解焦耳定律的内容，而且通过猜测与探究实验的方式培养学生科学研究的相关技能与分析能力，实现了物理教学掌握知识与发展能力，尤其是探究意识与能力培养的任务。尤为可贵的是，教师试图结合物理学史知识（物理学家的生活历史）进行爱国主义教育，虽然不能达到触动学生的目的，但能借助知识教学进行相关教育，这已经是难能可贵的了。	情意类：培养将所学知识用于实际的意识； 智能类：培养学生提出问题、猜想假设、设计实验、归纳结论的能力，熟悉实验探究法。
摩擦力	学生们真实地主动参与到了探究、体验、观察、思考、讨论等动手与动脑活动中，不仅掌握了知识，也初步掌握了探究的方式；学生敢于且善于猜想，并能够设计实验验证。学生既掌握了知识又锻炼了动手能力，且实验技能有所提高。遇到问题时的重新设计、思考与解决，训练了学生解决实际问题的能力。小组合作的能力也有一定的增强。这是一个比较全面的本体性价值追求课例。	情意类：引发学生的好奇心和求知欲，养成良好的思维习惯，培养协作精神、创新意识、主动与他人交流合作的愿望，培养实事求是的科学态度； 智能类：培养初步的观察能力、提出问题及解决问题的能力。

续表

主题	教学实施过程中本体性价值实现的表现	关键词语的归类
分子动理论	学生既没有学懂知识，更缺乏能力提升，这使得学生对物理学科的学习兴趣大打折扣。尽管这不是教师的本意，教师似乎是希望教学有"新意"，即三个"猜想"，实现教学过程设计的新突破，但其传统的习惯导致教学仍旧以灌输为主，只不过由讲述灌输，变成实验灌输与机器灌输。	情意类：通过探究增强对自然界的好奇，通过研究养成辩证看问题的观点； 智能类：了解探究的基本方法，通过观察归纳现象。
压强	教学过程既实现了知识掌握，即对压强概念较好理解的预设，也在一定程度上培养了学生分析问题的能力。通过压强知识的学习与应用，对学生的学习兴趣的提升与自我保护的知识掌握都有所促进。	情意类：在探究中获得成功的喜悦，提高学习兴趣与自信心； 智能类：初步学会运用控制变量法。
平面镜	教师的设计是让学生成为学习的主人，让学生自己思考与设计探究平面镜成像的规律。但是在具体的教学实施过程中，由于教师的指导不到位，学生对实验探究的设计难以自己形成，其效果是，教师直接给出或者学生通过预习事先了解思路，不仅学生的主体性没有得到充分发挥，对课程内容的理解也只是少部分学生达到目标。知识掌握与能力发展都不尽如人意。	情意类：让学生乐于参与，成为规律的"发现者"，激发学习的兴趣和求知欲，获得成功的喜悦，培养大胆探索与善于合作的精神； 智能类：不仅知道结论，更要让学知道结论是如何得出的，领略物理现象的美妙与和谐，初步培养学生设计实验、动手实验、观察思考、分析综合、归纳推理的能力； 综合类：课程基本理念二。
光学知识的复习	教师的设计很独特，让学生发掘手机应用这一日常生活中与学生息息相关物品中蕴含的光学知识，一定程度上激发了每个学生的学习兴趣；但作为复习课，其基本定位是什么？如何在全面梳理知识体系的基础上，提高学生分析与解决现实问题的能力，是教师必须关注的。这节课更多偏重于知识价值，但对情感、能力也能适度关注。	情意类：激发每一个学生的学习兴趣，在学习知识中体验成功的乐趣，培养探究的兴趣与创新意识； 智能类：培养学生发现问题、提出问题和解决问题的能力；学会分析、比较、归纳等科学方法。

以上通过对比的方式展示了 14 节课例在本体性价值方面的设计与实施表现，从实施过程对价值追求的达成度看，这些表现可以分为五类：A．知识掌握的价值没能完全实现；B．知识掌握价值取向；C．知识掌握与能力发展并重的价值取向，即偏重智力因素发展的价值取向；D．智能发展与情感培养价值兼顾的价值取向，但两者不够和谐，即智力因素与非智力因素发展并存的价值取向；E．全面和谐发展的价值取向。它数量分布如图 2-6 所示。

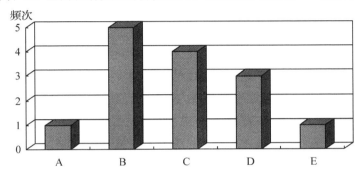

图 2-6　本体性价值取向实施达成度的分布（一）

尽管教学过程设计的本体性价值取向在每一节课都表现得比较全面与丰富，但图 2-6 却明显呈现出教学过程设计对智力因素发展的价值追求更多关注。这个结果与前文对设计文本的分析相去甚远，但这确实是现实教学过程的真实价值取向。

出于描述的复杂性考虑，另外 21 节课的课堂观察记录就不一一呈现了，但对实施过程的分析依据上述方式，并就实施的价值取向达成度区分为同样的五类，其分析与统计结果如图 2-7 所示。

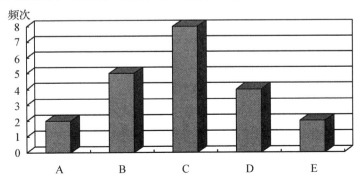

图 2-7　本体性价值取向实施达成度的分布（二）

这 21 节课在本体性价值取向实施的达成度上依旧偏重于智力因素发展的价值取向，但与前面的图表结果稍有不同的是，单纯重视知识掌握价值取向的课例比例减小，而知识掌握与智能发展并重的价值取向课例占比增加，这与课例来源的学校背景不同有关。前述 14 个课例主要来自北京市远郊区县，这 21 个课例中的 10 个课例来自北京市西城区、海淀区丰台区与朝阳区的学校，这些学校师资、生源都是相对较好的。这种差异，在一定程度上表现了地区差异、学校差异对教学过程设计的影响。

总体来看，教学过程设计的本体性价值在教师的教学设计文本中呈现了比较全面、完整的价值追求，既符合素质教育理念的要求，也体现了新课程改革的理念。但是教师在实施中所表现出的本体性价值追求，则不尽如人意。更多的课例偏重于单纯知识掌握的价值取向，以及知识掌握与智能发展并重的主知主义价值取向，对情感、态度与价值观的形成与培养相对不足，呈现出相对单一、片面的价值追求。

3. 教学过程进程设计的价值取向描述

教学过程进程，主要指教学过程中各种活动安排的时间先后顺序与逻辑顺序等问题。因此，教学过程进程的设计，需要考虑从时间顺序上教学应依据怎样的步骤进行，应把教学的整个过程划分为哪几个既相对独立又前后密切联系的阶段。"进程"在不同的教学理论著作中也被称作阶段、结构、程序等，在教师设计的教学过程文本中也被称为流程或环节。在既有的研究中，关于教学过程进程设计的价值取向存在不同的范型，如果进程设计的价值取向主要依据偏重于教师还是学生来划分，可以区分为以主知主义为价值取向的"传授—接受"范型，以行动主义为价值取向的"指导—探究"范型；若进程设计的价值取向主要依据偏重于认知发展还是情感培养来划分，则可分为以科学主义为价值取向的着眼于认知发展的教学过程设计与以人本主义为价值取向的着眼于情感培养的教学过程设计。应该说明的是，上述划分表达了教学过程进程设计在价值取向上存在的两极，但不能以非此即彼的二元思维方式对其进行理解与运用。事实上，任何两极之间存在着连续体。虽然有些教学过程进程的设计，从价值取向上看可能正处于两极中的某个极点上，但很难想象所有教学过程进程的设计都处在极点的位置，绝大多数的进程设计是在两极连续体中的某个位置，表现出偏向于某一极的价值取向。

在本研究的课例中，具备设计文本的 14 节课例中共有 10 节课的"教学设计"专门阐述了"教学流程"（"教学流程"这个术语是一线教师比较习惯使用的语言，故下文中很多地方也会使用这个概念），但在"教学流程"中表达什么内容存在差异。下面呈现几个文本的"教学流程"设计。

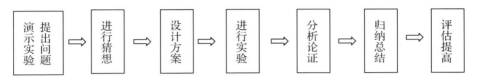

图 2-8 "探究平面镜成像特点"课例教学流程图

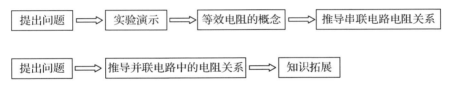

图 2-9 "探究串并联电路中的电阻关系"课例教学流程图

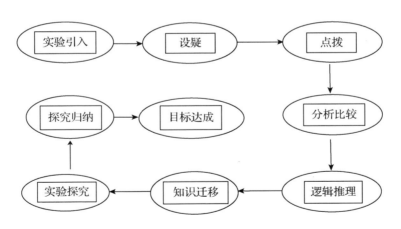

图 2-10 "密度"课例教学流程图

以上三个课例均以图示的方式呈现教学过程进程设计，其环节数量达到 7 个、9 个。将教学过程设计为如此多的环节，表明教师对教学过程进程设计的主要活动理解不清，对环节划分的依据缺乏认识。它反映了教师对设计的基本形式尚未把握。

　　对教学过程的进程设计不仅要考察其表现形式，更重要的是分析其内容所表达的实质，即价值取向。下面呈现三个案例，笔者将逐一分析其设计所追求的价值取向。

　　(1)案例一："电流的热效应——焦耳定律"课例的教学进程设计：徘徊于学生探究与教师控制之间

　　教师设计这节课的指导思想是："依据新课程标准理念，以提高学生的科学素质为目的，围绕课程目标的三个维度，追求科学探究的内容；以为学生创立实验情境为策略，以培养学生的实验探究能力、运用知识能力、思维能力为目标，体现物理来源于生活又服务于社会的教育思想。"

　　教师在指导思想中强调通过实验情境培养学生的实验探究能力、运用知识能力。因此，教师设计了"问题与猜想—设计与探究—结论与应用"的活动进程组织教学。在具体实施进程中，教师首先创设了良好的问题情境，并请学生猜想电流的热效应与哪些因素有关。在此基础上，教师引导学生思考如何运用"控制变量法"逐一进行实验，并提出实验设计。师生、生生在问题解决的探究情境中，通过对话与交流，共同合作形成了实验探究的基本思路，这一环节的设计充分调动学生积极思考。但在接下来对实验仪器的操作原理解释中，教师则从"对话"走向了"独白"，给学生思考的时间较少。如果教师借助通路图，继续通过师生交往与对话的互动活动，则可以使学生自己理解原理。探究需要开放的心态与情境，教师虽然有所放手，但是对"探究过程"心存顾虑：如果学生探究的结果不是教师预设的怎么办？学生探究时间如何控制？等等，这些顾虑限制了教师给予学生开放的探究时间与空间，尤其是开放的思维环境。可以用"进退两难"、徘徊于"收"与"放"之间来形容教师对学生探究的态度。图 2-11 是该课程教学过程的进程设计示意图。

　　(2)案例二："摩擦力"课例的教学进程设计——教师引导下的学生自主研究过程

　　教师对这节课的整体认识如下：

　　摩擦力的概念在小学科学课中有所涉及，初中阶段在此基础上对滑动摩擦力与影响其大小的因素做定性分析，为高中阶段的定量分析做铺垫，本节内容起到了承上启下的作用。

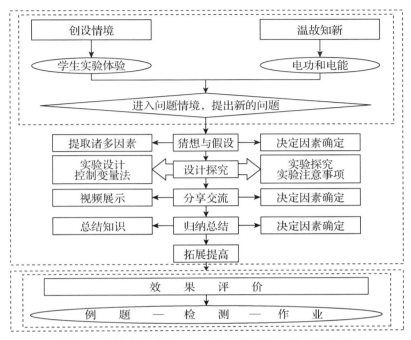

图 2-11　"电流的热效应——焦耳定律"课例教学流程图

从学科角度来讲，摩擦力这一节内容贴近学生生活，但学生对此了解并不深入，甚至往往意识不到摩擦的重要意义，在授课过程中要适当设置符合学生认知特点的、具有物理学科本质特点的活动，激发并保持学生的学习兴趣。

摩擦力是概念学习与实验探究相结合的一节课，以实验探究为主，通过实验探究得到滑动摩擦力的大小与哪些因素有关。教学中最棘手的问题有：摩擦力的大小如何测量？如何控制物体做匀速直线运动？实验数据记录表如何设计？等等。在指导学生实验的过程中，我将逐步引导学生解决这些问题。

这位教师根据教学内容的特征以及学生认知发展的特点，设计"以实验探究为主"的教学进程，其主要活动包括三个部分：导入环节、实验探究环节、结论与应用环节。如图 2-12 所示，导入环节设计为通过真实的体验活动激发学生探究的兴趣，并感知摩擦力的存在。实验探究环节则让学生猜想各种可能影响摩擦力的因素，并让学生自主完成两个设计。

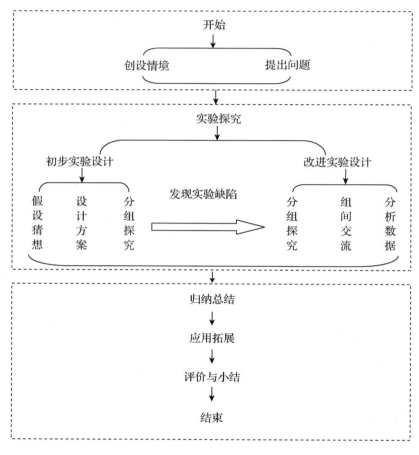

图 2-12 "摩擦力"课例教学流程图

一个是实验方案的设计。它不仅调动了学生的主体性与合作交流的意识，也有利于学生将以前学习的知识运用于实践，并真正理解"控制变量法"的本质。另一个是设计实验记录数据表格，有助于培养学生的逻辑思维能力以及归纳信息的能力。教师真正调动学生主体性的设计则表现在，对实验中一定会遇到的难题做出了暂时性的"缄默"，等待学生在真实探究中遇到问题时，教师再引导学生思考如何克服"不容易控制木块做匀速直线运动"的问题，激发了学生解决问题的欲望。教师对教学过程进程设计的"初步实验设计"与"改进实验设计"，成为这节课设计的亮点。因为这种设计是教师充分尊重学生探究的真实过程、真实状态与真实想法的设计，是没有事先代替的设计(包括实验方案、实验记录表格甚至实验操作步骤等)。在循循善诱的指导中，教师带领学生在真实的探究过程中进行探究。这种设计体现了尊重学生主体地位，让学生成为学习主人的教学过程主体观，也表现了教师根据内容与学生的实际发展水平，谋求最大限度促进学生全面发展的价值诉求。

(3)案例三："光的反射"课例教学进程设计——形式化的探究，实质上的灌输

这是一个典型的设计理念与实施效果相去甚远的案例。在"说课稿"中，教师提出以学生发展为本的理念，基于培养学生探究的意识与能力的设想，为了更好地激发学生的兴趣与探究热情，设计了三个演示实验，其意图是让学生通过观察，得出光的反射定律的三个结论。仅仅从设计看，尤其是从教学过程进程设计看(图 2-13 的中间部分)，这是一个"教师演示—学生观察—学生建构结论"的突出学生主体地位的进程，且在一定程度上表现为学生自主发现研究结论的"发现式教学"。然而，从实际实施的过程看，教师在演示实验时自我中心的、机械化的操作，以及迫切期望学生直接说出自己心中所预设结论的心态，使得演示实验仅仅成为灌输的一个手段。学生的表现可以用"服从"来概括。他们观察的内容、观察的程序都是按照教师的统一要求去完成的，甚至在读出实验数据时也表现出统一、服从与从众的倾向，学生在课堂上对教学内容表现出的热情也不高。"探究""发现"等教学过程设计的重要价值取向是解放学生的手与脑，让学生敢于质疑、敢于实践、不盲从于权威。然而，这节课表面上看是探究，实则灌输，灌输的手段从曾经的"人灌""机灌"，发展为"实验灌"。虽然这节课设计了"教师演示—学生观察"的"互动导学为主的综合启发式教学模式"(引自该教师的"教学设计")，却与传统的灌输式教学如出一辙。教师在设定教学目标时的美好愿望，"培养学生热爱科学的情感，鼓励学生善于发现和设法解决生活中的实际问题"成为空想。

通过对现实教学过程进程设计的文本与实施的分析，可以得出三点启示：首先，教师对进程设计的内涵以及设计规则缺乏理解，呈现出经验化、随意化特征；其次，教学进程设计所追求的价值各不相同，但与其本体性价值取向相一致；最后，教师对教学进程设计都表现出统一性，

缺乏对发展水平不同学生的个性化、差异化设计。

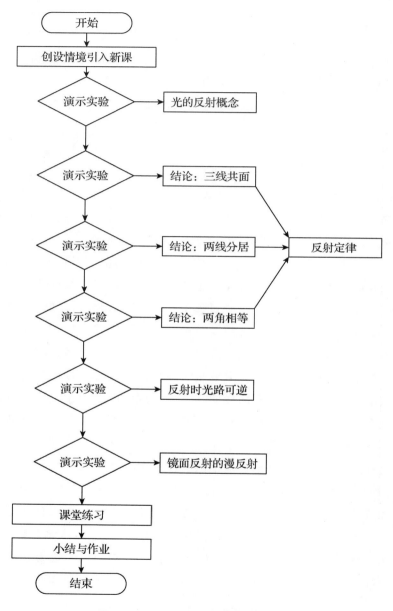

图 2-13 "光的反射"课例教学流程图

（二）教学过程设计价值取向的问题审理

本章通过两种考察方式，即文本分析与课堂观察，从三个方面，即教学过程导入（实质上也是学生学习情境创设的环节）设计的价值追求、教学过程设计的本体性价值追求以及教学过程进程设计的价值追求，对教学过程设计价值取向的现实图景给予了描述，可以初步概括出以下几点。首先，多数教学过程设计都表现出对学生主体地位的关注，力图通过具体活动的设计达成教学愿景。其次，部分教学过程设计能主动适应时代的需要并努力实践教育改革的倡导，尝试探索促进学生整体、全面发展的本体性价值追求，在具体的教学实施活动中，初步达成了设计的预设效果。但是，受制于主观与客观因素的影响，不同教学过程设计体现的价值取向相去甚远，就整体而言，尚存在一些问题。

1. 作为价值主体，教师的设计主体意识缺失、主体行动力差异显著

依据教师专业化的理论，作为专业人员的教师，其专业性的内在要求体现在教师的专业自主权和权威性上。也就是说，教师作为专业人员，他们所设计的教学过程属于专业性的活动，需要具备作为专业人员所应掌握的专业知识，即"圈内知识""高深的艺术"[①]，才能够对他们所授课程的教学过程（业内事务）做出判断与裁决。因此，从专业化的角度看，教师应该成为课堂教学的决策者、设计者与领导者，必须自主设计教学过程，并发挥自身的专业素养，达成教学过程设计的愿景。

从现实的设计状况看，教师在专业自主与专业素养方面主要表现出两方面问题：一是教师对自身主体地位的意识缺失，表现为或者推卸设计主体应承担的责任，或者屈从来自教学之外的不合理要求；二是教师作为主体能够自主设计过程，但专业素养的参差不齐导致他们执行设计的行动力差异较大。

（1）作为价值选择与判断的主体，教师应具备的设计主体意识缺失

从现实考察看，教师对自身设计主体地位认识的偏差表现在两个层面。

---

① 教育部师范教育司. 教师专业化的理论与实践[M]. 北京：人民教育出版社，2003：36.

第一，服从权威，放弃设计主体应承担的责任。

研究者在某相对落后地区的一所学校考察时发现，两位教师上课所用的教学设计，包括呈现的课件等都很接近。通过访谈两位教师得知，他们的教学设计都来自学校物理教研组组长 L 老师。于是笔者访谈了 L 老师，他不仅是物理组组长，同时也是学校的科研主任，是一位热情开朗且富有教学经验的老教师。L 老师认为，同组的年轻教师既缺乏教学经验，也缺少对教材的了解。因此，他很乐意分享自己的教学过程设计给同组的其他教师，而且非常认可教师们直接使用他的设计去实施教学。L 老师认为这种做法是提高本组教师教学质量的重要措施之一。事实上 L 老师所任教的班级是该年级生源最好的一个班级。

学生不同的发展水平与发展需求，要求教师的设计必须区别对待；教师个体专业素养高低不同的差异，同样需要教师设计时扬长避短。正如包治百病的药方根本没有，适合于各不相同学生的教学过程设计也不可能存在。学生的成长是差异化的、不可复制的，课堂教学中每一次活动与体验、合作与交往也都是情境性的、个性化的、不可重复的。因此，作为教学主体的教师，不能以任何理由放弃设计主体的义务，应该且必须承担起教学设计主体的责任。

第二，屈从压力，让步于外在不合理要求。

研究者曾在北京某知名示范高中的初中部听课，发现两节不同内容、不同年级的物理课，在设计上呈现出共同的活动程序与辅助材料：两节课的教学都运用了自主设计的"学案"导学；共同采用"先学后教"的策略；教学过程都运用"小组合作"的教学方式，等等。课堂教学过程中，虽然某些小组的合作学习表现出学生间相互促进的效果，但学生间相互聊天的小组也是存在的，因为教师很难对每个小组实施有效的指导与监控。在学生自控力较弱的情况下，教学效果不能保证每个学生都能有所发展。两节课的课堂观察所带来的困惑是，这些优秀教师为什么采用统一的教学模式？通过课后对两位教师访谈得知，这种教学模式是学校近期启动的教学改革主题。学校为了实现"以人为本"的教学理念，为了充分调动学生的主体性，要求每位教师在教学过程设计中，都必须设计"学案"供学生课堂使用，且必须按照"先学后教"的活动进程设计教学过程，都采用"个人自学—组内互助—全班合作"解决学生难点的步骤实施教学过程。校方不分学科的统一要求，虽然其出发点是为了学生的发展，但是统一的操作程序、统一的教学模式，不仅难以实现对学生发展的最大化促进，反而影响了教师自身主体性的发挥。尤其是任课的两位教师内心也并不情愿完全按照这种模式化的操作实施教学，但限于学校的压力，也不得不屈从。

学校管理者虽然也是专业人员，但他们不可能熟悉每个学科的内在本质，也不可能了解每个班级的学生特点，而能够把握学科本质并了解班级全体学生的只有任课教师。因此，对每堂课的设计而言，只有教师本人才具有最大限度的决定权与自主权，更何况是在这样一所优秀教师云集的名校。这个案例表现出教师主体性缺失的另一层面形态：虽不认可外在的要求，但采取妥协的态度。这种表现仍旧是教师放弃了作为一名课堂教学决策者、设计者与领导者的责任。教师作为专业人员，他不仅需要自主设计教学过程，还应发挥自身的专业素养，以促进学生真实有效的发展为愿景，自主完成教学过程设计。

（2）作为价值活动的主体，教师实施教学设计的行动力差异显著

教师作为专业工作者，不仅有权决定专业工作的方向、内容与步骤，还需要运用自身的专业素养成功地实践专业工作。对于教师而言，他们既要自主设计教学过程，又要根据学校条件、学生差异、教学内容、自身优势等不同方面的制约因素，因势利导、积极有效地实施教学过程设计，使"蓝图"在自己的辛勤付出中变为成果，让设计变成学生的真实真正的发展。通过对研究对象的细致考察，可以得到两点结论。第一，不同学校教师在教学过程设计价值取向上虽然表现出一定的差异，但差异不显著。第二，不同学校教师在教学过程设计的实施效果达成度方面，存在非常显著的差异。

第一，在教学过程设计价值取向上，不同教师表现出一定差异，但差异不显著。

教学过程设计价值取向的差异，主要体现于教师所设计的教学文本。因此，教师教学过程设计价值取向差异的表现程度，基于文本分析的结果，具体表现在三个方面。首先，在教师关于教学过程主体设计的价值取向上，从既有的文本表述看，几乎没有什么差异，绝大多数教师能够意识到学生

作为学习主体的意义与价值，都希望设计能够调动学生主体性、积极性的导入环节。这表明这些教师对于课堂教学过程应该发挥学生主体性、应该确立学生的主体地位等相关教学理念的认识是清晰的、明确的。其次，在教学过程设计的本体性价值追求方面，通过文本内容分析，尤其是对情意类、智能类以及体现课程基本理念的综合类关键词语的分析，得到的结论是，约有一半以上的教学过程设计，提到了其教学过程设计立足于新课程改革、《物理课标》所倡导的基本理念，表明了多数教师在设计物理教学过程时能够从课程标准倡导的基本理念出发，设计课堂教学过程。最后，在教学过程进程设计的价值取向分析上，通过对设计文本中教学流程图的分析可以基本掌握。少数教师将教学过程进程的环节设计为七个或九个，表明教师对教学过程进程设计的主要活动理解不清，对环节划分的依据缺乏认识。它反映了教师对教学过程设计的基本形式尚未完全把握。

在上述三个方面的价值取向分析中，教师对教学过程需要调动学生主体性的认识比较到位，对教学过程设计应促进学生全面发展的本体性价值追求也表现出比较一致的认同，在教学过程进程设计方面试图细致划分教学流程。从总体趋势上看，教师在设计教学过程时，能够根据学校教育变革理念以及基础教育课程改革所倡导的理念等价值导向，结合所授内容与学生特点，设计教学过程。这反映了作为价值主体的教师的价值取向的形成与确定，或深或浅地受到社会、学校等不同主体关于教育教学的价值取向的影响。因此，呈现于文本内容中的教学过程设计，通常能够反映出社会、学校对教师的基本要求，虽然教师个体之间限于自身认识的不同会产生一定差异，但差异表现不显著。

第二，在具体实施教学过程中，教学效果的达成状况存在着非常显著的差异。

与教学过程设计文本在内容阐述上形成的"和而不同"相反，实施设计的教学过程，在达成教学效果方面则存在显著差异。这种差异是基于对课堂教学效果的观察得到的结论。具体差异表现在三个方面。首先，教师在教学导入环节对学生主体性的调动，呈现完全不同的效果，即有效、无效和误导三种状态。有效的导入能够激发学生高昂的学习热情与积极思考的主动态度，其设计充分体现"学生是学习主体"的价值取向；而无效与误导的教学导入则表现出对学生主体性激发的表面重视与实质忽视的价值倾向。其次，在具体的教学过程中，教师对教学过程本体性价值取向应达成的关注点主要是智力因素的发展。不同地域的学校又表现出进一步的差别：农村地区的学校教师，尤其是初中教师，更多表现为单纯知识掌握价值取向；而城市学校教师，尤其是示范高中教师，不仅重视知识掌握与智能发展，一定程度上兼顾了学生积极情感的培养，即单一、片面与丰富、完整价值取向并存。最后，教师实际实施教学过程中，不同的活动过程组织形成了不同的效果，表现为通过有效组织的活动过程，教师能够指导学生自主研究，从而获得了良好的教学效果；教师对学生探究活动的组织，徘徊于"收"与"放"、学生自主与教师控制之间，表现出"进退两难"的心态与情境，教学效果大打折扣；教学活动过程的形式化探究与实质上灌输，难以实现教学效果等。尽管在进程设计上都表现出对物理学科探究过程的尊重，但在实际教学过程中，教师在"控制与自主"之间的把握尺度，不仅反映了教师对来自不同方面的教学理念、教学主张的真正理解与认可程度，也表现出教师对理想与现实博弈的态度。

通过考察发现，尽管文本设计比较"完美"，但真实的教学过程在上述三个方面都存在非常显著的差异，由此可以看到，真实课堂教学过程的价值取向存在着巨大差异。

2. 从价值内容的选择看，教学过程设计与实施的价值取向存在偏差

价值内容，就是价值主体选择什么性质的或适合主体哪一方面尺度的价值。它属于人的价值观念。从现实考察的结果看，不同教师表现了不同的教学过程设计价值取向。下面从设计与实施两层面分析教学过程价值取向存在的偏差。

（1）教学过程设计价值取向：重科学素养轻人文精神

物理学科属于自然科学，因此，在物理学科教学过程设计中强调学生的科学素养，即科学概念、科学规律、科学探究的意识与能力、科学精神等的把握，本属应有之义。然而，任何自然科学在发展过程中，都蕴含着丰富的人文精神，它对于人们世界观、价值观的形成，对于人们正确理解科学技术进步与社会发展的关系，对于培养人的质疑与批判的精神等，都具有重要的意义与价值。因此，任何自然学科的教学过程设计，也必然要体现人文精神，融人文素养的形成于科学知识掌握与科学能力培养之中。以"润物细无声"的方式，将科学精神与人文精神融合在教学过程设计之中。

上述考察的教学过程设计文本，都能够比较充分地体现教师对学生科学素养的关注。前文对"教学过程设计的本体性价值追求"的分析部分，关于"情意类词语的分析"中，使用了一种表述："物理学科教学过程设计的内在价值追求"，用于概括情意类词语中与物理学科内在本质密切相关的要素。它包括如下内容：科学态度（尊重事实、实事求是等）；探究精神与勇气（探究精神、探究意识、勇于探索等）；探究兴趣（探究乐趣、科学求知欲等）；辩证的观点（辩证看待问题的观点）；热爱的情感（热爱自然、热爱科学等）。从这五方面要素在设计文本中所占的比重看（见图 2-1），教师对探究兴趣关注度最高，而对能够体现人文精神的辩证的观点、热爱的情感的关注度最低，尤其是学生世界观、价值观的形成，正确理解科学技术与社会的关系等没能得到应有的关注。它既表现出物理教师的整体素养，尤其是学科素养的不够完整，也反映了教师教育关于科学素养与人文精神培养的重视程度存在差异。这种状况提示我们，对于教师教育的关注点不能仅仅限于学科自身，还应站在人与社会和谐发展的视角看待每门学科的育人价值。

（2）教学过程实施价值取向：重工具价值轻本体价值

对于现代教育应坚持教育的本体价值取向还是工具价值取向，不少教育理论工作者撰文阐述过。本体价值取向的教育，是"成人"的教育，是对人的自身需要的满足，它追求人的智慧提升、人的品格完善。工具价值取向的教育，是"成才"的教育，关注达到目的所需要的条件与过程，它强调培养现代社会发展所需要的人才，即科技人员、管理人员、服务人员等。一些学者强调教育应满足个人的兴趣、精神需要、自我完善的价值；陆有铨教授认为，"只要有国家存在，教育就不可能纯粹或主要是为了'人'的发展、'人'的自我实现等等"，"因为人的发展的具体内容和方向，都不只是自我或某人规划的结果，它们都无可逃避地要受到国家和社会的制约"。在思考教育的时候，应该充分考虑两个"适合"："要适合社会的需求、国家的利益，中华民族的复兴和崛起当然是必须考虑的首要因素。另一方面，还要考虑适合学生作为人的内在的自然需求。"①本研究认同这种主张，它不仅基于对西方国家最近几十年教育发展的全面考察，而且尊重了教育的特殊性。

通过对教学过程实施状况的考察，可以看到工具性价值取向充斥整个教学过程，表现如下。一方面表现为功利化的教学过程追求。"分数"这种外在于教学过程的目标，主导了教学过程。如何有效提升学生在考试中的分数，成为多数教师实施教学过程的导向。有些教师在内容的选择上仅限于考试涉及的范围；有些教师在课堂教学过程中要求学生必须"记住"重要内容，以便应付考试；有些教师在课堂上设计大量的练习，让学生反复练习，从而提高学生解题的熟练度与技巧。外在目的对内在目的的僭越，使教学过程成为训练学生的工具，使教学过程育人的价值被边缘化。另一方面表现为片面化教学效果的教学过程设计。多数教师在实施教学过程中主要关注知识掌握，只有部分教师能够兼顾知识掌握与能力发展，但这些实施过程都重视学生的发展中认知因素的发展，而对情感方面的发展关注不够。对科学理性的过度重视，使得教学过程中的人文关怀被忽视，使人文素养培养被弱化。这种忽视、弱化一定程度上影响了学生主体性、创造性的发挥。功利化与片面化追求的结果，导致学生发展的不完整。这种教学过程的价值追求既难以满足社会对人才素养全面性发展的需要，也不能促进学生的个性化需要。

（3）教学过程设计与实施价值取向：重整齐划一轻个别差异

学生成长发展的背景、经历、过程的不同，使得他们每个个体都具有独特的个性品质。这在教学过程中则表现为学生学习的起点不同、兴趣表现各异、掌握知识快慢有别、理解规律深度有异等各个方面。学生发展的差异性是客观存在的，这种差异性要求教学过程设计的多样化、多层次性。然而，不论从教学过程设计的文本描述，还是从实际授课过程的观察分析看，几乎没有一节课表现出对学生客观存在差异性的关注，也几乎没有一位教师采用有差别的教学过程以适应学生不同的发展需求。因此，课堂教学过程中，伴随着教学活动的推进，有的学生能紧跟教师

---

① 朱晓宏.复归与重构——当代美国道德教育理论与实践的变革[M].济南：山东教育出版社，2011：前言14.

的教学进程掌握知识、形成能力，而有些则是似懂非懂的"陪读"。课堂教学过程有责任让每个学生都能在自己原有的基础上获得发展，这是素质教育所追求的价值取向。但是课堂上的统一安排，甚至实验探究中的目的、内容、过程、数据统计、结论等都强求学生一致，不仅抑制了学生个性化的发展，也扼杀了本可以在自由探究过程中得到发展的创造性。这种不尊重学生个体独特性的表现，源于中国传统文化中的大一统思想，受制于计划经济体制下整齐划一的制度要求，更依赖于教师长久以来所形成的观念与习惯。因此，如何突破统一与规范，突出个性化、个别化的教学过程设计，是未来教学过程设计需要特别关注的问题。

五、变革性实践：教学过程设计价值取向的创新性探索

改革开放三十多年来，伴随着经济全球化、文化多样化时代的来临，各种思想流派、学说观点纷纷涌现，人们对基础教育人才培养提出了更高的要求。课堂教学是学生生存与发展的重要方式，是实现学生发展的主渠道。一些学校和教师本着促进学生真正发展的课堂教学观念，通过对课堂教学过程的教与学的行为分析，优化学生的文化环境和活动方式，探索促进学生学习能力、实践能力和创新能力发展的教学过程设计，对教学过程设计价值取向的把握，突破传统封闭、僵化的设计套路，站在历史与未来交汇点上把握现实，建构了动态、开放、多元的教学过程。

关于未来人才应具备的素养，有学者提出 21 世纪学习技能是 3 项基本技能(读、写、算，即 3R)与 7 项终身学习技能(见表 2-4)[1]的相互融合。

表 2-4　21 世纪终身技能的 7 个 C

7 个 C	涵盖的技能
批评性地思考和做 (Critical Thinking-and-Doing)	问题解决、研究、分析、项目管理等

---

① Bernie Trilling. 迈向学习型社会——运用 ICT 学习的全球挑战[J]. 中国电化教育，2005(1)：22～27.

续表

7 个 C	涵盖的技能
创造性(Creativity)	创造新知识、"最佳适配"(best fit) 设计解决方案、巧妙地说故事等
协作(Collaboration)	合作、妥协、达成共识、团体建构等
跨文化理解 (Cross-cultural Understanding)	跨种族、知识和组织文化
交流(Communication)	有效传递信息、使用媒体
计算、处理(Computing)	有效地使用电子信息和知识工具
独立职业生涯和学习 (Career and Learning Self-reliance)	应变、终身学习、重新设计职业生涯

从我国的课堂教学现实出发，在学校教育范围内，基于学与教全过程的整体性考虑，把握学科教学的基本规律，关注实现学生主动发展、差异发展的价值追求，诸多学校锐意改革、积极探索、勇于实践，尝试着建构新的课堂教学过程，体现了不同价值取向的追求，促进了更多学生的更有效的发展。在这些变革中，有的聚焦于某一学科教学过程设计价值取向的变革，有的则从学校层面提出整体要求，变革教学过程设计模式，实现学生主动发展。下面就从两个层面选择创新性变革实践中的个案，分析其教学过程设计价值取向的突破性变革及其教育价值。

（一）学科层面变革：个性化教学模式的探索

个性化教学，以"珍视群体中的每一个人"为基本出发点，以关注学生的差异为特征，以促进学生个性发展为目标。个性化教学的教学过程本质在于学生学习的自主选择性，即学生可以自主选择学习内容、学习顺序和学习进度。如何针对学生发展的个别差异因材施教，设计教学过程，并让学生各有所得，是自班级授课组织形式提出以来得到持续关注与探索的教学价值。东北师范大学附属小学在这方面进行了积极的阐释，并取得了令人瞩目的成就。[①] 在个性化教学实践中，着眼于学生的学习差异，他们梳理了集体指导补充模式、学习进度模式、学习起点模式、学习顺序模式、

---

① 王庭波，刘艳平．个性化教学模式的实践探索[J]．课程·教材·教法，2011(8)：24～29．

课题选择模式五种教学模式。这五种教学模式既相对独立，又相互补充；既具有稳定性，同时又不断发展变化。每种教学模式侧重于关注学生某一个方面的差异，但同时也兼顾其他方面的差异，根据不同的学科、学习领域、学习内容以及学生的实际情况，有针对性地选择和使用。

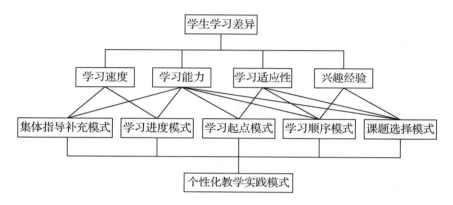

图 2-14 东北师范大学附属小学个性化教学实践模式图

1. 集体指导补充模式的教学过程设计

集体指导补充模式指全体学生在单位时间内针对同一学习任务自主学习，经过教师集体指导后，再根据个体的学习情况进行补充学习或发展学习。它主要关注学生的学力差异，以教师的个别化指导为显性特征，以全体学生都达成基础性目标为目的，其优势在于弥补传统集体教学中教师指导不到位的状况。集体指导补充模式的教学过程设计图如图 2-15所示。

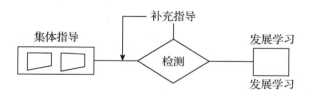

图 2-15 集体指导补充模式过程设计图

2. 学习进度模式的教学过程设计

学习进度模式指教师将学习目标分解成几个不同层次的具体目标，学生按照自己的学习程度确定学习进度。它主要以满足学生的学习速度差异为基础，以学生依次完成学习任务与确定学习进程为特征，以实现学生在原有基础上的真实发展为目标。这个模式允许学生按不同的学习速度进行学习，比较适用于没有严密知识逻辑体系的表现类学科，如音乐、体育、美术等。它的优势在于不受整齐划一的教学进度与教学时间的限制，关注了学生的接受能力与学习速度的差异。学习进度模式教学过程设计图如图 2-16 所示。

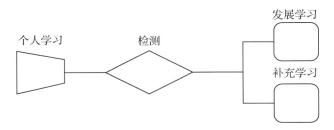

图 2-16　学习进度模式过程设计图

3. 学习起点模式的教学过程设计

学习起点模式指教师根据学生的学力基础，为不同起点的学生提供难易程度不同的学习任务，学生按照自己的认知基础，自己决定从哪个层次起点开始学，学到什么程度。学生通过完成适合个人起点的学习任务，达成不同的学习目标。该模式主要以满足学生的学习适应性差异为基础，以关注学生的认知起点和方法起点，提供不同的学习任务为特征，以满足学生不同发展需求为目标。学习起点模式适合于起点相差悬殊，不宜进行同步学习的学生，能有效解决传统整齐划一教学中"吃不饱"与"够不着"的问题。这个模式的使用需要检测学生的学力基础，根据学生的学力水平与知识基础确定不同的学习起点。对于学习能力弱、知识基础差的学生，可以安排基础性学习；对于学习能力强、知识基础好的学生，可以安排发展性学习。根据不同学习起点，教师使每个学生都能在自己的最近发展区学习，从而增强他们的学习效果。学习起点模式教学过程设计图如图 2-17 所示。

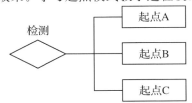

图 2-17　学习起点模式过程设计图

4. 学习顺序模式的教学过程设计

学习顺序模式指教师将并列关系的学习内容分解成几个不同的学习任务，学生根据自己的兴趣确定学习的先后顺序，这种教学模式一般有两种。一种是环节选择模式，即由教师确定不同的学习顺序的环节，供学生选择。另一种是随机选择模式，让学生自由选择学习课题进行学习，因而更具开放性。学习顺序模式主要以满足学生的兴趣与经验差异为基础，以自由确定学习顺序为特征，以激发学生学习的自主性为目标。学生无论从哪个任务开始进入学习，到哪个任务结束学习，都不会影响学习目标的达成。它的优势在于学生可以依据自己的兴趣需要或经验差异，选择学习的顺序，从而培养学生的自我决策与自我调控能力。环节选择模式与随机选择模式的教学过程设计图见图 2-18 和图 2-19。

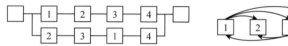

图 2-18　环节选择过程设计图　　图 2-19　随机选择过程设计图

5. 课题选择模式的教学过程设计

课题选择模式指教师开发不同的学习课题，在多个学习课题中，学生根据自己的兴趣选择其中一个课题进行深入研究。这种模式适用于品德与生活、品德与社会、科学和综合实践活动等综合类学科。这种教学模式也有两种方式。一种是部分选择模式。学生在经历了一个阶段共同课题研究的基础上，进行研究方向的小课题选择。另一种是整体选择模式。学生在学习之初就自由选择一个课题进行学习，并一直研究下去。该模式同样关注学生的兴趣与经验差异，以学生自由选择一个学习任务为特征，以教会学生运用一定的学习方法自主探究为目的。两种选择学习的教学过程设计图见图 2-20 和图 2-21。

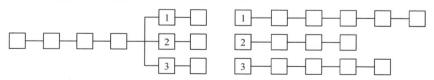

图 2-20　部分选择过程设计图　　图 2-21　整体选择过程设计图

以上是对学校五种体现个性化教学实践模式的简要说明。为了更清晰地呈现个性化取向的教学过程设计，本研究选择教师运用学习起点模式进行设计与实施的案例，着重呈现个性化教学改革中如何彰显学生自主学习过程的教学过程设计。

学习起点模式的重要环节是教师对学生差异的分析。针对北京师范大学出版社版小学数学六年级下册第三单元"整理与复习——图形与测量"，一位教师对学生的分析如下：

总复习阶段，学生对学过的知识内容理解和掌握的程度存在一定的差异，一部分学生基础知识掌握扎实，能灵活应用知识解决问题；一部分学生掌握了基础知识，能应用知识解决简单的问题；还有一部分学生没有掌握所有的基础知识，在应用知识解决问题时有困难。面对学生的差异，如果还采用整齐划一的教学方式，让学生在规定的时间里、按照同样的进度、完成相同的任务、采用一样的方法进行学习，势必会出现一部分学生"重复基础学习"，一部分学生"基础学习不足"的现象。①

教师为了有效运用学习起点模式，已经通过评估方式检测了学生已有知识、技能和理解水平，并根据学生实际情况，设置了三个不同起点的学习任务，目的是突出学生在原有基础上的提高和发展。这个单元的教学共有三个课时：第一课时，完成选择起点与任务一、任务二；第二课时，完成任务三至任务五；第三课时，学习检测与补充学习。以第二课时教学过程为例，这节课在已经梳理了基础知识的基础上，以运用知识解决问题为主题，需要完成三项任务，其中任务三、任务四不分学习起点。

任务三：解决平面图形周长、面积相关问题。

任务四：解决例题图形表面积、体积相关问题。

任务五：解决综合性问题。（每个任务分三个起点。起点 A：基础问题占 80%，变式问题占 20%。起点 B：基础问题占 50%，变式问题占 50%。起点 C：基础问题占 20%，变式问题占 80%。）

这节课的教学过程设计见表 2-5。

---

① 熊梅，等．新型学校的构建：开放式学校教育的本土行动与创新[M]．北京：教育科学出版社，2011：164.

表 2-5 "整理与复习——图形与测量"第二课时教学过程设计

教学环节	教师指导要点	学生学习活动
明确学习流程	向学生介绍本节课的学习任务与学习流程。	了解本节课的学习任务与学习流程。
选择学习起点	指导学生阅读独立学习指南；组织学生根据自己的起点选择相应颜色的任务卡片；组织学生到相应颜色学习区就座。	阅读学习指南，了解学习要求；选择不同起点的任务卡片；坐到相应颜色的学习区。
完成任务三至任务五	巡视所有学习区学生的学习情况；观察不同学习区的答案纸，找到学生的个性问题；在交流区组织有交流需要的学生讨论；组织完成任务的学生进行发展学习。	按照学习指南的要求独立完成学习任务三至任务五；自我诊断：完成任务的，到答案处去对照答案，标出错误；独立思考，改正错误，不能解决的，到交流区与同伴讨论或求助老师；没有问题的完成下一任务；任务三至任务五全部完成，则取挑战卡片或其他水平卡片。
分层分区集中交流三个任务	教师逐一在每个学习区，就三项学习任务中的共性问题进行集中指导。	在教师的组织下，针对学习任务的问题，自由组成小组进行学习；对不会的题目进行讨论；分析错误原因。
验收三项任务	收任务卡片，并批阅；对有问题的学生进行个别辅导。	三项学习任务没有问题的同学交卡片；有问题的找老师个别辅导。
小结	调查并总结本节课学生完成任务的情况；布置家庭作业与弹性作业。	汇报学习任务的完成情况。

从这节课的教学流程看，与诸多的自主学习流程相差不大，它基本属于"自主学习—小组交流—全班总结"这种程序。但是它的特殊性在于，学生首先确定学习起点(分为 A、B、C 三个层次)，而自主学习的任务水平则根据学生起点的不同而异，学有余力的学生可以继续深入学习，即完成挑战卡片的任务。教师分别在不同的学习区进行指导，使得指导更具有针对性。

教师在课后反思中描述了学生的变化：

镜头一：所有学生都在紧张忙碌却井然有序地完成学习任务，没有一个学生在做与课内任务无关的事情。

镜头二：一个曾经让老师头疼不已的学生不再需要老师看着学、逼着学，每到数学课时，还没上课他就早早取走学习任务卡，在座位上完成；下课后，他又是最后一个离开，将所有没完成的任务卡取走拿回家继续做。

镜头三：40余套挑战卡和剩下的学习任务卡下课后被学生分抢一空。

在这样设计的课堂上，不同学生在适合自己起点的学习任务中，都能够找到通过自己努力能够达到的目标，都能够在自己的最近发展区内完成学习任务，体验到成功的乐趣。成功感和满足感使学习成为每个学生的自我需求。这种教学过程设计理念，根植于对学生差异、个性的尊重，满足了学生自我实现的个性化发展要求。在深入分析学科育人价值与学生发展水平的前提下，建构满足学生发展需要的教学过程，这样的教学过程设计的价值追求让学生真正成为课堂的主人。

(二)学校整体变革：自主学习模式的建构

从学校整体层面对课堂教学进行"原生性，开创性，本土行动"[①]变革，并且对教学过程结构、教与学关系做出重大调整的，就是曾经引人注目的山东省茌平县杜郎口中学的"三三六自主学习模式"[②]。在校长崔其生的领导下，针对学生厌学、学习困难等课堂低效教学，杜郎口中学进行了以学生自主学习为主的课堂教学变革。鉴于其教学改革经验的广泛报道与传播，下面不详述其做法，仅仅阐述与本研究相关的几方面变革。

首先，在教与学关系上，提出"把课堂还给学生"，从教师满堂灌转变为"10＋35"的师生活动时间分配。课堂上学生活动时间不少于35分钟，留出充足时间给学生自主学习、发表观点。

其次，在教学过程安排上，将传统的教师讲、学生听的方式转变为"渗透着激发学生主动学习理念"[③]的"先学后教"[④]模式，即"预习、展示、

---

① 崔其升，谢金国．走进杜郎口自主学习教学模式[M]．北京：中国林业出版社，2005：自序1.

② 许爱红，刘延梅，等．农村中学课堂教学模式的重大变革——解读杜郎口中学"三三六"自主学习模式[J]．当代教育科学，2005(11)：18～26.

③ 洪明，余文森．"先学后教"教学模式的理念与实施条件——基于杜郎口中学、洋思中学和东庐中学教学改革的思考[J]．中国教育学刊，2011(3)：47～50.

④ 对"教学"概念的理解，笔者认同"教师教、学生学""统一活动"说，因此，严格地说，课堂上不存在"先学后教""先教后学"等行为活动。学生看似"先学"的活动，事实上是在教师的引导、组织下的学生自主学习活动。这种"学"虽然不同于教师"教授"活动下的"学"，但"学"仍然离不开教师的"教"，必须按照教师的要求、遵循教师的设计，完成教师给予的任务。在此，笔者只是借用这种说法表达与传统教学过程设计的不同之处。

反馈"三个模块。这三个模块贯穿在一起，有时是一节课，有时是两节课，也可能是十几分钟，具体时间根据学生的学习进展情况而定。

最后，在教学组织形式上，采用小组合作学习的方式，以"组内异质，组间同质"的原则分组。教师是组织者、协调者，引导学生会说、会听，课堂上学生的参与率都在100％。

杜郎口中学在课堂教学过程上所进行的改革，特别突出了学生主动学习、自主学习的价值取向。不论在教学过程模式、教与学的地位与时间安排，还是教学组织形式等诸多方面，杜郎口中学都以让学生成为学习的主人为取向来组织与设计。这是该校教学过程设计变革的核心价值取向，这种取向的变革唤起与释放了学生在课堂学习过程中巨大的学习热情、激情与活力，促进了学生主动、自信地学习，提高了学习的质量与效率。

上述两类真实教学改革案例，表现为富有开创性、突破性的创新性教学实践。它们敢于针对现实教学过程设计不能满足与有效促进学生的自主发展、差异发展等需要，针对问题积极实施变革，并取得良好的成效。应该特别说明的是，这些创新与变革并不是尽善尽美、无可挑剔的。由于它们各自改革的出发点、解决问题的着眼点不同，它们在教学过程设计上都存在着不同程度的问题。例如，为了突出学生的主动性、自主性，还课堂给学生，改革都采取了教师"不讲""少讲"这个策略，如"学生已掌握的不讲，学生自己能掌握的不讲，讲了学生也无法掌握的不讲"。那么作为闻道在先、术业有专攻的教师"讲什么"？有些教师在认可上述"三不讲"的同时，还提出了"三必讲"，即"核心内容与问题必讲，学科内在的规律、思想和方法必讲，学生学习中的疑点难点和典型错误必讲"。教学过程的基本规律之一是"学生掌握的主要是间接经验"。对于学科的核心思想、方法乃至规律，若完全通过学生直接探索，不仅耗费宝贵的时间、精力，还可能一事无成。因此，教学过程设计的变革不在于"讲"与"不讲"，而在于"讲什么""如何讲"，其关键的决定因素是期望学生在教学过程中得到怎样的发展。

事实上，试图突破传统设计套路，超越主流形态教学进程，不仅仅表现于这两个案例，一些学校勇于探索，积极变革，创造性地建构生成、开放、多元的教学过程。例如，北京二中为了培养学生的创新意识，开设"数学实验课",以"数学好玩,玩好数学"作为建构教学过程的价值取向,将数学实验课程的教学过程功能定位于培养学生的"探索意识、实验能力",让学生"主动学习、学会合作、表达交流"等。该课的实验内容是艺术的感性美和科学的理性美完美结合的"几何动艺",即利用棒、丝、板、片(例如,三角形、矩形、圆等在几何上可描述的形状)等材料,结合物理的平衡原理,通过构思,建立数学模型定量计算,并通过动手操作,创造具有美感的艺术品。通过数学实验课程的训练,引导学生发现数学规律、体验探究过程,激发学生的创新意识。又如,上海格致中学的教学实践改变之一是"注重创新力培养的学习改变"。他们认为人的创新素养包括三个方面:"创新人格(动力系统)—— 好奇心、求知欲、挑战性、自主性、坚韧性等;创新思维(智能系统)—— 敏锐性、变通性、发散性、独创性、缜密性等;创新技能(工作系统)—— 系统的学科知识、实际应用能力、整合信息的能力等。"因此,旨在培育学生创新思维的学习方式,不仅要让学生"能够知道答案、带着兴趣去听、能够抓住要领、精于循序操作",而且要"能够提出问题、表达自我观点、善于演绎推理、敢于创意设计"。为此,上海格致中学提出了培养创新素养的四种学习模式:①必修与选修参半的学习模式,即学校总课程中一部分设置为"全体必修",另一部分设置为"部分选修",由学生自主选择学习;②专题或项目导引的学习模式,由教师提出学习专题或研究项目,学生个体或小组展开学习研究,研究过程中,教师随时给学生以协助和指导;③跨界研学导向的学习模式,由教师或学生提出富有挑战性(跨学科、跨领域)的问题,教师则参与学习和研究的过程,给予相应的指导;④学生充分自选的学习模式,即学生自主提出学习研究的命题,开展独立的研究、创作和制作等,学校提供相应的资源,给予个性多元的评价,并设置展示平台。不同学习模式的创设,实现了学生学习方式从被动到互动的根本转变,表现了促进学生个性化发展的价值追求。

六、小结:审视现实形成的基本认识

本章从现实的、客观存在的角度,考察、呈现当前课堂教学过程设计以及设计实施的形态、类型，并分析其价值取向。在积极推进基础教育变革的背景下，审视现实教学过程设计价值取向，主要从两种存在样态着手。一种存在样态为常态化的、主流倾向的教学过程设计。常态并不意味着稳态、固定、僵化，这类教学过程设计价值取向常常随着教育变革、新课程改革的推进，而在不同课堂呈现出不同程度的变化发展。为了更清晰、明确地了解现实课堂教学过程设计价值取向的需要，本研究选择初中物理教学过程设计作为这类主流倾向教学过程设计的研究对象。依据所建构的三个方面考察框架，本研究对教学过程主体设计价值取向、教学过程本体性价值取向、教学过程进程设计价值取向，进行了比较全面的定性与定量考察，形成了对主流倾向教学过程设计价值取向的基本认识与问题审理。另一种存在样态为锐意改革、探索创新的学校、教师，在其课堂教学的探索性实践中，尝试建构了促进学生主动、全面、个性化发展的教学过程设计。考虑到变革的突破性与引领性，本研究选择了教学过程凸显个性化、自主性的两个变革案例，分别在学科层面、学校整体层面分析其教学过程设计所追求的学生发展价值。对两种存在样态的描述、分析与审理，可以形成如下基本认识。

首先，教学过程设计在关注学生主体地位、提高学生学习自主性方面，表现出比较一致的价值取向。1992 年开始的"主体教育"实验，拉开了中国基础教育领域对主体、主体性问题的关注与研究。"主体教育"实验、其后各种强调学生主体性发展的实验，以及诸多变革性实践对学生主体性的重视，汇成了中国基础教育改革价值诉求的主流方向。应充分调动学生主体性，培养学生自主、独立、创造等主体性品质的重要理念，体现在几乎所有教育教学活动中，也必然影响、制约着教师的教学过程设计价值取向。从本研究考察的教学过程设计文本看，这一价值取向确实深入人心，在每一个教学过程设计文本中都有所体现。但限于教师的专业素养等因素，在实际的教学过程中，教师对学生主体性的调动方式、态度、程度等方面还存在较大的差异。因此，课堂上学生主动性的表现也就有所不同。在本研究审视的案例中，对学生主体地位最为重视的是杜郎口中学自主学习模式的设计，它全方位地变革了教学过程设计，体现了学生自主发展的核心价值理念。

　　其次，教学过程设计在促进学生全面、整体的发展方面，表现出较大的差异性。受多年来教学传统对"双基"教学的重视，教师在教学过程设计中自然而然地偏重于知识、技能等认知领域的掌握，而常常忽视学习兴趣、自信心、创新意识等情感态度与价值观的培养，造成了学生的片面发展。改革开放以来，尤其是恢复高考制度以来，高考成功所带来的功利性价值，成就了高考作为指挥棒的地位。限于考试不得不通过纸笔测验方式等各种客观因素，基础知识、基本技能技巧、解题能力与策略等认知方面内容成为考试的重点。于是，追求在高考乃至各种与升学、选拔等和功利性价值相关的考试中获得高分数，直接制约了教师的教学过程设计的价值取向。因为分数的高低在很大程度上不仅关系着学生的前途与命运，更直接关联着学校声誉与教师地位。尽管强调学生应该全面发展的素质教育已经倡导近 30 年，新课程改革重视"三维"课程目标的主张也传播了十几年，但人们只能对小学阶段的教学过程变革持比较乐观的态度，初中阶段教学过程的改革受地域、学校文化等影响表现各异，而高中阶段则"涛声依旧"。教育价值取向变革的整体背景，能够解释本研究关于教学过程本体性价值取向分析中所呈现的样态。因此，为了学生的完整发展而设计教学过程是教学过程设计的应然价值取向，其实现任重而道远。

　　再次，教学过程设计在关注学生差异性、个性化发展方面，还处于初步探索状态。尽管学者们强调学生个性化发展的主张，广泛见诸各种教育理论书籍与文章，但是能真正在教学过程设计中有所变革，在具体教学实践中敢于尝试的还极少。17 世纪，夸美纽斯提出了班级授课组织形式，教师在同一时间、同一空间为众多学生教授同样的内容，提高了教学的"投入产出比"。19 世纪上半叶，赫尔巴特的教学形式阶段理论，为教师明确提出了"教"的具体任务与有效活动方式。这是人们第一次在班级授课背景下对教师的教学行为进行规范，极大地提高了课堂教学效率。但是整齐划一的教学过程设计，难以照顾学生的个别差异。因此，从 19 世纪后半叶开始，这种集体教学的组织形式就受到了怀疑、非难乃至猛烈抨击，虽然不能抛弃或完全否定，但毕竟需要改革。20 世纪以来，国内外教育理论工作者探索了多种组织形式，并取得了有效的成就。前述小学课堂中的个性化教学，就是在不改变班级教学组织形式下的一种积极、勇敢、富有创新意蕴的探索。它的教学过程根据学生不同的学习起点，设计有差异的学习任务。教学过程中教师根据学生的学习进度与掌握程度，进行有针对性的学习指导，使每个学生都能够在自己的最近发展区获得有效发展。这种关注差异、个性发展的探索是非常有价值的，更为重要的是，不同于传统的丰富多样的现实教学过程进程设计，它为教学理论的重新建构提供了宝贵的思想资源。

最后，通过教学过程设计的现实考查，可以形成如下结论：每一种教学过程设计主张的提出，都体现了一种关于学生发展的基本理念、基本价值追求——是追求学生主动发展还是在精致控制下的被动发展，是仅仅关注认知发展还是重视并促进学生全面发展，是不顾差异的整齐划一、齐步走还是因人而异的个性化设计与实施，等等。因此，对现实教学过程设计价值取向的分析，实际就是在审视变革性教学实践中关于学生发展不同方向的价值追求。这也是从价值视角研究教学过程设计的重要意义。

第三章 教学过程设计价值取向的结构分析与制约因素

基于历史研究的系统梳理与现实考察的鲜活图景，本章从价值论研究视角，在深入解读与分析教学过程设计价值取向内涵的基础上，阐述教学过程设计价值取向、教学过程功能与教学过程本质之间的相互关系，解析教学过程设计价值取向的结构要素与基本内容，分析教学过程设计价值取向建构的制约因素，从学理角度解读教学过程设计价值取向是为了增加其对教学过程设计的现实指导力。

一、教学过程设计价值取向的内涵解读

（一）教学过程设计价值取向的界定

追求价值是人类的本性，而追求和创造价值的历程，则是人类生活（由智慧与无知、成功与失败、欢乐与痛苦交织起来的生活）的真谛。它反映出价值与人的生活密切相关。"价值"对许多人来说，既熟悉又陌生。熟悉它，是因为价值在日常生活中被广泛使用；而陌生，则是由于很难说清它本身究竟是什么意思。作为一个多学科使用的术语，人们对"价值"的理解，因研究领域不同而存在差异。由于本研究基于价值论视角探讨教学过程设计的问题，因此，本研究对价值内涵的解读只能从价值哲学的角度出发。

1. 关于价值的理解

从价值哲学的角度来理解价值，界定价值的基本内涵，是国内外学术界一直争论不休、观点各异的问题之一。王玉樑教授曾经撰文指出，

对价值本质问题的研究形成了三大类型、十大学说。三大类型是指主观价值论、客观价值论、主客体关系论；十大学说是指意义说、满足需要说、兴趣说、情感说、欲望说、先验性质说、情境说、功能说、有用说与结果内在性质说。① 本研究不参与讨论价值本质的争议，为了后续分析的顺利开展，在此需要借用一种人们比较普遍接受的观点来形成对价值的理解。

马克思主义哲学认为，"人们只是给予这些物以专门的（种类的）名称，因为他们已经知道，这些物能用来满足自己的需要，因为他们努力通过多多少少时常重复的活动来把握他们，从而也保持对它们的占有；他们可以把这些物叫做'财物'，或者叫做别的什么，用来表明，他们在实际地利用这些产品，这些产品对他们有用"②。这说明，物对人的价值在于它为人而存在，对人有用，为人所占有、利用。国内哲学界在近些年的批判与反思中，逐渐达成共识："'价值'是对主客体关系的一种主体性描述，它代表着客体主体化过程的性质和程度，即客体的存在、属性和合乎规律的变化与主体尺度相一致、相符合或相接近的性质和程度。"③这个表述强调了"价值不是一个实体范畴，它不表示主体、客体之外的第三种实体，不能把它理解为一种独立存在物；价值也不是一个属性范畴，在孤立的主体或客体身上都不存在着'价值'这种属性，不能把价值理解为任何存在物生而有之的固然属性；价值是一个关系范畴，它表明主客体之间一个特定关系方面的质、方向和作用"④。这个观点被称为"关系说"。它强调单纯的主体或单纯的客体无所谓有无价值，价值是在主客体互动关系中产生和存在的。价值既是客体属性的反映，又是对客体属性的一种评价和应用。任何价值都有其客观的基础和源泉，具有客观性。价值也具有社会历史性，价值与人们受一定社会历史条件所制约的需要、利益、兴趣、愿望密切相关。人和客体间的价值关系，是在现实的人同

---

① 王玉樑. 论价值本质与价值标准[J]. 学术研究，2002(10)：18～24.

② 李德顺. 价值论(第二版)[M]. 北京：中国人民大学出版社，2007：78.

③ 李德顺. 价值论(第二版)[M]. 北京：中国人民大学出版社，2007：79.

④ 李德顺. 价值论(第二版)[M]. 北京：中国人民大学出版社，2007：86.

客体的实际相互作用过程中，即在社会实践中确立的。从马克思关于物的价值形态的相关论述我们可以得到几点启示：第一，对"价值"的理解需要从客体及其属性与主体需要的关系中把握；第二，价值产生于主体对客体的实际作用，即"客体主体化"，而不是客体存在及其属性本身；第三，主体的内在尺度是价值的根本尺度，客体同主体的一致程度是价值的基本标志。

2. 关于价值取向的理解

价值取向是一个人们日常生活中常常使用而学术界却没有给予充分关注与研究的范畴。因此，客观上人们普遍使用了价值取向的概念，但含义却并不相同。关于"价值取向"，主要存在以下几种解释。

《社会科学新辞典》的解释是："价值取向指某一个人所信奉的，而且对其行为有影响的价值标准。价值取向同价值标准的区别在于价值取向是针对个人而价值标准是针对群体而言。当人们说一个群体的很多成员都信奉某种价值标准时，这种价值标准对每一个成员的意义并不相等。当谈到某一个成员特别信奉的某一个种价值标准时，亦即是着重点在于某一个人的观点而不是整个群体的观点时，就称之为价值取向。但也有把两者混用而不加区分的。"这部辞典对"价值取向"的理解，是通过解释价值取向与价值标准之间的内在关系进行阐述的。应当说，价值取向与价值标准既有区别，又有联系。价值标准是价值取向的内在根源或根据，价值取向是价值标准在活动中的运用和外在表现。价值主体具有什么样的价值标准，就会表现出什么样的价值取向。

袁贵仁教授认为："价值取向就是人们在一定场合以一定方式采取一定行动的价值倾向。它来自行为主体的价值体系、价值意识，表现为政治取向、功利取向、道德取向等不同方面。人的每一具体行为的取向或定向，都是各种具体价值取向综合作用的结果。"[①]袁教授对"价值取向"的理解，是在比较价值取向与价值意向的阐述中分析的，认为人们总是依据某种价值标准对某种价值有所意向，即注意力转向某一事物，指向某一目标，才会在行为上有所取向。

---

① 袁贵仁. 价值学引论[M]. 北京：北京师范大学出版社，1991：350.

阮青教授认为："所谓价值取向是价值主体进行价值活动时，指向价值目标的活动过程，反映出主体价值观念的总体趋向和发展方向。"①他认为，从价值取向的表现形式看，它是人们在进行观念性活动和实践活动过程中所表现出来的一种价值追求，一种价值倾向性，它受到主体自身的立场和观点的制约；从产生基础看，它是人们在对客体及其发展规律、主体的需要及其发展，以及主客体关系的正确把握的基础上形成的，是对现实价值关系的一种观念性把握；从社会功能看，它能够对人们的价值活动起到定向、引导、规范等作用，其正确与否直接影响着人们价值活动的成败。这个界定使用了"价值目标"的概念，它与价值取向有相似之处，但也有差别。从存在状态看，价值目标是人们长期社会实践所形成的一种价值追求，一经确立，就成为相对稳定的东西，不会因为某些偶然因素的影响而改变。价值取向则是人们在实现价值目标的过程中，围绕着如何实现价值目标而形成的一系列观念性活动，具有动态的稳定性，常常在价值目标和现实情况之间寻找最佳的结合点。

综合上述三种对"价值取向"的界定，尤其是立足于关于教学过程设计价值取向的研究，本研究归纳出理解价值取向的三个核心要素。

（1）价值主体

价值取向一定是某个价值主体（人）在一定的活动中表现出的个人价值追求，是个体主动追寻的结果，受到主体自身立场和观点的制约。因此，探讨价值取向必须首先明确它的价值主体是谁。明确价值取向中的"价值主体"的核心地位，是价值论研究的必然要求。"价值"这种现象的显著特点是，价值性质与程度如何，主要取决于价值关系中主体的情况，而不是由客体所决定的。犹如"水火无情"，它既不一定利人，也不一定害人，本性始终如此。水火的价值究竟如何，是利是害，归根到底在于人自己的需求，人怎样同水火发生关系。价值研究中的这种特点已为大多数研究价值的人所公认。② 因此，本研究确立"价值主体"为理解价值取向的核心要素。

---

① 阮青. 价值哲学[M]. 北京：中共中央党校出版社，2004：160.

② 李德顺. 价值论（第二版）[M]. 北京：中国人民大学出版社，2007：前言 3.

（2）价值观念

与上述界定相近的表达还有"所信奉的价值目标""主体的价值意向""指向价值标准"等。它们的共同点在于，都反映了一种主体性的、体现着内在尺度的（如上所述的"所信奉的""主体的""指向的"）意识（如上述的"目标""意向""标准"等），这种意识在价值论中被称为"价值意识"。价值意识是人们关于自然界、社会和思维的全部反映中，有关价值内容的心理、精神活动的总体性概括。价值意识根据意识水平可分为不同的层次，像欲望、动机、兴趣、情感、意志的表现特点大体处于意识活动的个体心理水平上，被称为"价值心理"；而信念、信仰、理想等具有较为自觉的理性特点，能够构成一定目的明确、系统、比较完整的社会思想形式，能够自觉地指导实践，这些被称为"价值观念"。[①] 价值观念相比价值心理，有两个突出特点：一是价值观念是有自觉意识的，而不是对需要的直觉和直观表现，它已经从个人的心理和生理状态，上升到抽象精神活动的高度；二是价值观念具有某种可以系统化的、进行社会交流的独特思想形式，如信念、信仰等，往往是为一些人所共有的、可以讨论和交流的并可以适当地用外部方法（科学检验、实践证明）来确认的东西。[②] 就本研究对象而言，教师关于教学过程设计的"价值意识"，不是源于"我要如何"的心理水平，而是与教师教学的认知相联系的、可以与他人讨论与交流的抽象精神活动的结果，与教师日复一日的教学实践活动密切相关，在内容与形式上都真正成为社会性意识。因此，这种价值意识处于思维的、观念的、理性的层面，是属于价值观念层面的意识。为了清晰与简洁地表征此要素，本研究直接称之为"价值观念"，而不使用通用性"价值意识"术语。从内容上看，"价值观念"是人们关于什么是好、什么是坏、怎样为好、怎样为坏，以及自己向往什么、追求什么、舍弃什么、反对什么等的观念、思想、态度的总和。追求与舍弃的方向就是价值倾向。因此，它也是理解价值取向的核心要素。

---

① 李德顺．价值论（第二版）[M]．北京：中国人民大学出版社，2007：181~199．

② 李德顺．价值论（第二版）[M]．北京：中国人民大学出版社，2007：200．

（3）价值选择

价值和价值词本来就隐含着一种取向、选择的意思①，价值一词从不会被用于不必做出选择的那些事物。选择是人们在两个或两个以上的对象之间，经过反复的、多方面的权衡做出筛选决定的行为。在表现形式上，价值取向是人们在从事价值活动过程中所表现出来的一种价值追求，一种价值倾向。任何价值都包含着方向，方向是价值的重要特征。当人们说到或者意识到某事、某物是好的时候，便暗含着方向，即有可能选择哪些事物或行为。因此，价值选择就是方向的选择，方向的确定一定是选择的结果。人们在选择价值时不仅仅是选择对自己有利的事物，更重要的是在选择自己奋斗和行动的方向，选择了一种价值观念也就选择了价值观念所指引的行动方向。对于教师的教学过程设计而言，确立价值取向的过程，就是在不同价值观念（通常这些价值观念呈现冲突状态）所指引的方向之间进行选择的过程。教师不能同时在两个相对方向上行动，如果认同了教学过程必须以全面提高学生素养为取向，就要放弃教学过程仅仅以考试分数为取向。只有明确教学过程的行动方向，教师才能采取果断而有力的教学实践行动。因此，对价值取向的理解还必须关涉"价值主体"在不同"价值观念"之间的"价值选择"过程。价值选择也是理解价值取向的重要因素。

本研究对"价值取向"内涵的理解，基于建构教学过程设计价值取向研究框架的需要，而不是为了界定概念本身。确立与解读价值取向的三个要素，就明确了"教学过程设计价值取向"的基本内涵，并为后续结构分析建构了基本框架。

3. 关于教学过程设计价值取向的理解

在导论的核心概念部分，本研究已经从英文的原意分析了设计的创造性本质，为了分析教学过程设计价值取向的内涵，还需要从"设计哲学"视角深入理解设计本质。

（1）基于设计哲学的设计理解

设计是伴随工业化和现代化的深入而凸显在我国学术界的一个新的

---

① 袁贵仁. 价值学引论[M]. 北京：北京师范大学出版社，1991：354.

理论热点。我国一般把设计区分为工业产品设计、视觉传达设计、建筑与环境设计、组织行为设计和文化(形象和战略)设计等类型。① 设计已经成为一个与工艺、组织和管理以及能动性、计划、目的、创造性等概念密切相关的一般概念。它几乎渗入人类所有的活动领域，哪里有人的活动，有人的创造性能力的影响，哪里就有设计。"设计是人的创造性活动和价值活动的内在要求，是人的能动性和创造性的根本表现，成为影响和评价生活质量的重要方面。"②美国思想家赫伯特·西蒙明确认识到设计作为人类创造性能力的普遍性，提出"设计科学"的概念，力图整合与突出人的设计行为和设计知识，成为"设计科学"的创始人。他说："从某种意义上说，每一种人类行动，只要是意在改变现状，使之变得完美，这种行动就是设计性的。""在运用自己的头脑进行工作的一切人的专业任务当中，设计是一个潜在的共同课题。科学家、建筑师、画家、工作团体的规划者和作家，无不置身于设计实践活动当中。"③

　　设计的含义在中西文化史和学术史上都经历了复杂的变化。古汉语中，设计的主要含义是"计谋"。英语"design"源于拉丁语"designara"，意思是"艺术家心中的创作意念"。18 世纪，设计的词义仍限定于艺术范畴之内，指艺术作品的线条、形状，在比例、动态和审美方面的协调。伴随着大工业的发展，工业设计活动逐步成为设计概念的主导方面。19 世纪后半期，组织的运筹和管理成为新的设计问题。20 世纪，城市的规划和管理开拓了设计文化的新领域。20 世纪中期，决策科学又成为新的设计热点。设计含义的变化伴随着使用范围的拓展，从艺术范畴扩展到技术领域，进而发展到管理科学和决策科学领域。目前，设计范畴扩展到一切创造性的、为相关目的而进行的物质生产和精神生产领域，设计是人类改变原有事物，使其变化、增益、更新、发展的创造性活动。设计是构想和解决问题的过程，它涉及人类一切有目的的价值创造活动④。在最一般的意义上说，设计的本质就是创造，广义的设计是基于人类自身

　　① 朱红文."设计哲学"的可能性和意义[J]. 哲学研究，2001(10)：25～31.
　　② 朱红文."设计哲学"的可能性和意义[J]. 哲学研究，2001(10)：25～31.
　　③ 朱红文."设计哲学"的可能性和意义[J]. 哲学研究，2001(10)：25～31.
　　④ 李砚祖. 造物之美——产品设计的艺术与文化[M]. 北京：中国人民大学出版社，2000：48.

的生存和发展的需要而对一切事物进行改变和创造的过程，是改变"事"和"物"的结构、状态使之合乎人的需要和愿望的状态。①

综上，我们可以形成对设计的基本理解：①设计在本质上是人类所特有的一种创造活动，不管是内容还是形式上，都体现着人的建构、设想、规划、安排、筹划等能动性和创造性；②设计以实际、有效地改变事物的属性、状态，甚至创造全新的结构和状态为内容和目的，功能上的合理性和有效性、形式或艺术上的美等，成为设计的标准和要求；③设计的出发点是告诉人们"应当如何"，即建构与创造活动是有明确方向的，这就离不开对各种可能性的权衡与选择，因此，设计本身就是一种"价值决定"过程，集中于价值规范的调节和把握②；④设计表现为构想和解决问题的过程，不仅有头脑中的策划，而且包括为实现目的而精心准备的程序以及活动过程，科学性和可操作性是设计的重要特点。

（2）关于教学过程设计的理解

对设计的理解，为把握教学过程设计的内涵奠定了坚实的基础。教学过程是教师有目的地促进学生全面发展的活动过程，表现为具有时间先后和逻辑顺序的一系列环节、阶段和结构。那么，对教学过程设计的理解应包括以下几个方面。

首先，教学过程设计是设计主体的创造性活动。教学过程设计是教师为了实现一定的价值目标，主动建构、设想、策划教学过程各个要素、实施步骤等的创造性活动。教师作为设计主体是教学过程设计不可或缺的重要因素，教师精心策划与主动建构教学活动结构、环节、步骤的过程是教学过程设计的实质。教师的主动性、创造性及教学智慧的发挥，都体现于对教学过程的建构之中。

其次，教学过程设计本身就是价值活动，具有明确的方向性与目的性。事实上，教学过程设计反映的是教师认为其自主建构的教学活动过程"应该实现什么教学目标""应该怎样实现这些教学目标"等想法、主张。因此，教师就不得不从多个角度，在各种因素与变量之间，寻求并确定

① 朱红文.设计哲学的性质、视野和意义[J].北京师范大学学报（社会科学版），2010（6）：72～79.

② 梅映雪.设计哲学引论[J].河北师范大学学报（哲学社会科学版），2003（4）：51～53.

教学活动的指向性，即明确指向于教学过程期望达成的目标以及如何实现。这种"人为"与"为人"的建构活动，体现了教学过程建构的方向性与目的性。方向性不仅是教育活动的根本特征，也是教学过程设计的重要特质。

最后，教学过程设计既表现为建构的"蓝图"，又表现为实施设计的过程。建构蓝图的过程，就是教师基于自身的专业素养以及对学生的深入了解，创造一个结构合理、功能定向、可操作的有效教学活动的过程。实施设计的过程同样表现为教师能动地、创造性地实现所建构方向的过程。

归纳上述三个方面的分析，教学过程设计可以界定为设计主体基于对教学过程本质的深刻理解以及对学生学习状况的全面把握，为了实现一定的价值目标，能动地、创造性地精心建构教学活动的过程及其结果。教学过程设计既表征着建构蓝图的过程，也反映在实施设计的过程中，是动态与静态的结合。其中，价值主体、价值观念、价值选择是理解教学过程设计的三个核心要素。

在教学论学科发展的几百年历史中，形成了几种经典的教学过程建构取向。这些建构取向在不同历史时期对我国教学过程理论与实践的发展产生了重要影响。从辛亥革命到"五四"运动之前，受康德和赫尔巴特等人的影响，教学过程的基本理论倾向于唯理论。"五四"运动以后，受杜威来华等多重因素的影响，教学过程理论从唯理论转向经验论。新中国成立后，凯洛夫《教育学》的唯物论取代了经验论哲学的支配地位。[①] 当前，现实的教学过程建构取向，不仅受主知主义传统的影响，还受行动主义、人本主义以及新课程改革所倡导的建构主义等不同程度的影响。

（3）关于教学过程设计价值取向的理解

通过解读设计、教学过程设计的内涵，本研究将教学过程设计价值取向理解为设计主体基于对教学过程本质的深刻理解以及对学生学习状况的全面把握，为了达成一定的教学目标，创造性地精心建构教学活动过程及其结果所表现出来的一种价值追求、价值倾向性。这种理解也包

---

① 　陈元晖．中国教育学七十年[J]．北京师范大学学报(社会科学版)，1991(5)：52～94.

括三个关键要素：教学过程设计的价值主体、教学过程设计的价值观念、教学过程设计的价值选择。

教学过程设计的价值主体。教学过程设计是"人为"与"为人"的方向性建构，任何有方向、有目标的活动，都是价值活动。价值活动的显著特点是价值关系中"主体"的立场、观点决定着价值性质与程度。因此，探讨教学过程设计价值取向必须首先明确教学过程设计的价值主体是谁。凸显"价值主体"的核心地位，是价值论研究视角的基本要求。在教学过程设计这项价值活动中，建构教学过程的主体被称为"教学过程设计的价值主体"。教学过程设计的价值主体既表现为个体，如形成某一堂课的教学过程设计的教师，也可能是群体。教师不是孤立的存在，其设计教学过程的价值追求必然受到社会、学校、同侪等不同主体的影响，呈现出群体主体价值倾向性的特性。

教学过程设计的价值观念。价值主体的任何价值活动都有追求的基本信念、信仰、理性系统，即价值观念。设计主体对教学过程的建构是在其自觉意识支配下，基于自身专业素养与实践经验，形成的关于教学过程实现什么、追求什么、反对什么、舍弃什么的观念、思想与态度的总和。20 世纪 80 年代以来，我国基础教育领域掀起了大规模的自下而上的教学改革与实验，在这个过程中，教学过程所追求的目标，从"双基"落实到智能发展，从重视认知到关注认知与非认知因素的整合，从注重群体发展到注重差异发展等。教学过程设计的价值主体（包括群体与个体）在变革性实践的摸索中，逐步形成了从强调知识掌握到关注学生发展的价值观念，人的发展被重视与彰显。事实上，价值主体的价值观念形成也是从自发到自觉并逐渐深化的过程。本研究将价值主体在设计教学过程中追求达成的内容称为"教学过程设计的价值观念"。

教学过程设计的价值选择。任何价值活动都包含着方向，方向是价值的最重要特征。教学过程设计作为价值活动，就是设计主体建构教学活动方向与程序的过程。方向的确立就是在不同价值观念所指引方向之间进行权衡与筛选的过程，也就是价值选择的过程。这种价值选择的差异常常非常突出，例如，第二章对初中物理 35 节课所做的定性与定量分析，在物理学科的内在价值追求方面呈现出巨大差异。受新课程改革理念的影响，教师对于教学过程应凸显"科学探究"的价值观念非常认可，而对"物理教学过程要培养学生辩证看待问题""教学过程应培养学生对所授学科的热爱"等价值观念则表现得比较淡漠。对不同价值观念选择的差异受诸多因素影响，但教师在教学过程设计中的主动选择与实践，则是价值取向的重要特征。本研究将教师主动选择教学过程建构取向的行为，称为"教学过程设计的价值选择"。

(二)教学过程设计价值取向的特性

教学过程设计的确定依赖设计主体(价值主体)的价值观念与价值选择。价值取向也表达了价值主体的某种价值追求。因此，价值主体的主体性决定了教学过程设计价值取向的主体性。在复杂多元的生态环境下，价值观念、价值主体以及课程文化的多元存在，决定了教学过程设计价值取向的多元性特征。

1. 教学过程设计价值取向具有主体性

教学过程设计价值取向的主体性是指教学过程设计价值取向是一种以主体尺度为尺度的价值追求，它依主体的不同而表现出每一主体的特殊性、个性。因此，只要涉及价值取向，就不能回避主体，即"这个教学过程设计价值取向是谁建构的"，也就是说，某个价值取向表达了某位教师对教学过程设计所要实现的一定价值、一定功能的追求。教学过程设计不可能存在"无主体"、抽象化、单一化的"终极价值取向"。因为任何教师关于教学过程设计的价值取向，都不是头脑中纯粹自生的，而是作为主体的教师自身社会存在及生活经历的某种程度的反映，因而，教学过程设计价值取向或多或少具有该教师的具体本性和特征。必须指出的是，价值主体具有层次性。以人类作为主体的价值取向，具有人类性或社会性；以一定历史阶段中的社会为主体的价值取向，具有时代性；以民族为主体的价值取向，具有民族性；以个人为主体的价值取向，具有个人性。[①] 因此，主体性并不仅仅指个体主体性，每位教师都具有双重的主体身份：一方面，他是个体人，是独立的完整主体；另一方面，他又

---

① 李德顺. 价值论(第二版)[M]. 北京：中国人民大学出版社，2007：105.

总是学校教师或全部教师群体中的一部分，他身上体现着教师这个群体主体的个性。双重主体的身份互为前提、互相包含，但不同层次的主体的价值取向不完全重合。这种不重合可能导致价值主体为了群体的利益而牺牲个人利益，或者先满足了个人利益，而后考虑群体利益等不同情况的发生。教师作为设计过程的价值主体，其主体性的发挥离不开群体主体（学校、社会等）价值取向的影响。

把握教学过程设计价值取向主体性这一特点，对于考察和建构设计的价值取向，具有两点启示。首先，在考察任何教学过程设计价值取向的时候，必须首先明确"这是谁的设计所体现的价值取向"，是谁的价值取向，"谁"就是主体。明确主体是谁，是为了更有效地以主体的社会存在去说明他的价值追求。毕竟现实主体（教师）是多样化存在着的，如果采用"单一化"的态度，用一个思路来判断和理解所有教学过程设计价值取向，就会导致表面化、简单化的错误理解。其次，在建构、论证和反思某个教学过程设计价值取向时，也要首先把握好设计者的社会定位和历史定位，认清其根本利益、需要、能力、条件等，始终以清醒的意识确立"我（们）应该和能够要什么，不要什么"，以此来提高设计教学过程的自觉性，避免简单地追随、模仿他人，或者一味排斥等极端态度，这样才有可能建构科学合理的教学过程设计价值取向。

2. 教学过程设计价值取向具有多元性

在经济全球化、文化多样化的社会转型背景下，不同价值观念的冲突、交流，反映在教学过程设计价值取向上，呈现出多元性、开放性的特点。有学者指出，我国目前面临的多元文化价值观念的冲突，主要来自三个方面：一是中国经济体制改革所导致的中国民众文化心态的变革；二是中国发展不平衡的区域特征，所带来的主导性文化与非主导性文化的冲突；三是改革开放后多元文化并存导致的文化价值冲突，即传统文化与现代文化、东方文化与西方文化、主流文化与非主流文化、大众文化与精英文化的矛盾冲突等。[①] 现代学校课程目标价值取向的多元存在，如掌握基础知识、强化技能训练、获取生活经验、培养创造性思考能力、

---

① 裴娣娜. 现代教学论生成发展之思[M]. 北京：人民教育出版社，2012：299～301.

陶冶情感等，同样影响着教学过程设计价值取向的多元性。作为设计主体的教师，他们专业素养、生存方式、个人需要等方面的相异性，使得不同设计主体之间的价值取向不能彼此等同或替代，也形成了教学过程设计价值取向的多元形态。这是在设计主体存在着多样化生存条件、多元化利益差别、多种多样个人需要情况下不可避免的基本现象。把握教学过程设计价值取向多元性的启示在于两点。首先，应该清醒面对多元化价值取向的现实。在价值领域，多元化是一个客观、必然现象。人们之所以不能承认这种现实，往往出自两个误区[①]：一个是"事实与价值不分"，即出于某种利害或主观愿望，而不敢直视、不愿承认；另一个是"人我不分"，即缺少主体性思维，总是把某个被认定的价值标准或终极目标，当成一切人的、应有的价值归宿。这些误区是对人的主体权利与责任的忽视。其次，在认真论证与选择的基础上，坚持自我主体性。在多元面前，设计主体要坚持自主性。设计主体只有保持自身的价值一元化，才能够生存和发展。"一切所谓'自我多元化'或'自我指导思想多元化'之类的主张，如果不是出自无知，就是出自虚伪。"[②]因此，不同的设计主体，只有充分把握主体自我权利和责任的统一，基于充分的选择与论证，坚持"走自己的路"，才能有多元化背景下的自觉的主体意识。

（三）教学过程设计价值取向与教学过程功能的关系

1. 教学过程设计价值取向是对教学过程功能的价值选择

新中国成立以来，我国在促进个体发展功能方面，对教学过程功能的选择表现如下：从掌握基础知识与基本技能的"双基"功能，到重视智能发展的功能；从主要重视教学过程对智力因素发展的功能，到既强调智力因素也关注非智力因素发展的双重功能；从主要强调学生共性、划一发展的功能，到逐步关注个性、差异培养的功能。总体上，我国对教学过程功能的选择呈现出由单一到多样、由片面到全面、由共性到差异的变化趋势。这种变化与社会转型、教育变革所带来的价值取向转变息息相关。

---

① 李德顺．价值论（第二版）[M]．北京：中国人民大学出版社，2007：221.
② 李德顺．价值论（第二版）[M]．北京：中国人民大学出版社，2007：221.

"价值"与"功能"密切相关。《辞海》对"功能"有三种解释：指事物的能力；指功效和作用；在自然辩证法中同"结构"相对，指物质系统所具有的作用、能力和功效。《现代汉语词典》的解释是功能是指事物或方法所发挥的有利作用，它主要取决于事物自身所具有的性质和特点，属于某一事物固有的能力范畴。因此，"功能"可以理解为事物自身所具备的对周围其他事物发生作用的能力或根本属性，主要由其自身结构决定。不同的事物形态具有不同的作用能力，也就具有不同的功能。

教学过程作为一个有目的的、由不同环节所组成的结构整体，它必然具有对其过程中的人以及外在社会的作用能力（功能）。那么，教学过程功能可以理解为，教学活动过程这一教育现象所固有的根本属性，是教学过程对人和社会所具有的作用能力。教学过程的不同形态、结构，决定了教学过程对人和社会发展具有不同的作用能力，因而其发挥的功能必然不同。有学者归纳了教学过程的多方面功能①：实现教育目标的功能，即通过教学过程的组织、步骤及手段的集合，实现教育教学的目的与目标的功能；团体维持功能，即通过有目的的教学过程促使团体作为一个整体而保持统合状态，使团体（师生、生生）形成强烈内聚力的功能；促进个体发展的功能，表现为掌握知识、形成技能、发展智能、发展个性的功能。教学过程具有上述多方面功能，但它不会同时、完全实现；教学过程也不仅具有这些积极的正向功能，还存在消极的负向功能。在不同的历史发展时期，根据社会发展与教学过程主体的不同需要与利益，某些功能被重视、强调或突出，某些功能被忽视、弱化或遮蔽。这反映出教学过程功能的发挥具有主体选择性，即教学过程功能在真实的教学过程中发挥哪些以及如何发挥，取决于设计教学过程的主体对教学过程功能的价值选择。设计主体在面对教学过程多种功能时的态度和选择倾向性，就是我们所说的价值取向。例如，教学过程具有"传道""授业""解惑"的功能，但在不同的社会发展水平和不同的学校教育价值追求下，有时重视"传道"，有时关注"授业"。不同的价值取向、价值追求，制约着设计主体对教学过程功能的选择，设计主体正是基于这种选择，来建构

---

① 黄甫全，王本陆．现代教学论学程[M]．北京：教育科学出版社，1998：40．

相应的教学过程，使所选择的教学过程功能得以充分发挥。因此，教学过程设计价值取向是关于教学过程功能的价值选择。

2. 教学过程的本质从根本上决定了教学过程的功能和价值

改革开放 30 多年来，我国教学论学科发展"在开拓理论视野、转变教育观念、探索新的研究方式和方法等方面取得了许多重大的研究成果……实现了从传统走向现代的历史性超越"①。经过几十年的研究积累，围绕教学过程本质的探讨，李定仁、徐继存教授将各种不同的本质观归纳为十大类，并梳理其研究的方法论特质。② 裴娣娜教授从教学论研究所立足的不同研究视角和研究立场出发，归类与梳理了相关材料，对教学过程本质研究形成了三点认识："①将教学过程视为人的生命展示与发展过程。基于对当前教学实践中缺乏生命关注的深层反思，提出关注生命、关注教育主体的生存质量，强调教学的发展性、自主性和开放性。②将教学视为一种社会实践活动、社会交往活动、积极主动创造的认识活动，强调教学是一个有内在结构的整体系统，教学是教学认识活动中科学实践观与主体能动性的统一，这是关于教学本质的认识论视角。③将教学视为一种建构性与生成性的文化，认为教学活动应承担起培养学生的生成与建构意识、能力及文化主体身份的使命，是通过协商、互动的方式共同实现对文化的理解与建构的。这是把教学认识置于社会文化活动的过程来研究，关注教学的文化性。"③基于不同的研究视角和研究立场，形成了对教学过程本质的深刻认识与理解，这必然会拓展教学过程功能，丰富教学过程价值。教学过程本质从根本上决定了教学过程功能与价值取向。如上所述，将教学过程视为人的生命展示与发展过程，那么，教学过程必然关注师生的生存质量，通过教学过程的结构要素、教学内容及重点、教学方式方法的转变，实现教学过程促进主体主动发展的功能。对教学过程本质的深入揭示，使得对教学过程功能与价值的研究得到了丰富与拓展。对教学过程功能的认识，近年来在具体学科研究中也得到了拓展。有学者集中探讨

---

① 裴娣娜. 中国教学论学科的当代形态及发展路径[J]. 教育研究，2009(3)：37～47.

② 李定仁，徐继存. 教学论研究二十年(1979—1999)[M]. 北京：人民教育出版社，2001：59～76.

③ 裴娣娜. 中国教学论学科的当代形态及发展路径[J]. 教育研究，2009(3)：37～47.

了数学教学过程的教育功能问题，认为关于数学教学过程的功能研究，在深层次上涉及的是数学学科本质问题，提出了数学教学过程对于学生发展的五方面功能[1]：①理解数学——学会抽象事物的本质，使人有条理地思考；②领略数学文化——实现数学思想方法语言与人类文明的互动；③善于数学交流——懂得在数学交流中合作和竞争；④勇于数学创新——有能力运用新方法解非常规和开放的问题；⑤积累数学活动经验——应用数学解决问题。对数学交流、数学文化、数学创新功能的认识，不仅让学生更深刻地理解数学概念，而且使学生领悟生活和数学的关系，经历数学化的过程，培养学生的数学建模能力。这些功能丰富了数学教学过程对学生"成人"的价值，也为数学教学过程设计提供了合理的依据。因此，关于教学过程本质的不同视角揭示、关于不同学科教学过程本质与功能的深度解读，将促使教学过程设计价值取向的建构更加科学、合理，符合时代的要求与人的个性全面发展需要。

（四）教学过程设计价值取向具有实践品格

价值取向的作用是巨大的，人的全部情感、意志与活动过程，无不服从于一定的价值取向。从一定意义上说，活动方向主要是由作为主体的人的价值取向决定的。人的各种活动都是在人与对象关系中，所形成的取舍、褒贬等具有价值色彩的价值活动。例如，设计主体在设计教学过程时，选择突出知识掌握还是智能发展，归根结底是由于设计主体所确立的价值取向不同。可以说，设计主体在教学过程设计中的一言一行，无不是在其价值取向的指导下进行的。设计主体的价值追求全部展现在教学实践过程中，区别只是有些设计主体在自觉地追求教学过程某一价值观念的实现，而有些是在无意识中接受群体价值取向的支配。因此，确立什么样的教学过程设计价值取向，教学过程的实施与展开就会实施什么样的价值活动。教学过程设计价值取向科学与否，直接决定着教师的教学活动对学生发展促进作用的成效。教学过程设计价值取向具有实践品格，它能够影响、支配设计主体的教学实践活动与教学实践效果，

---

[1] 刘京莉. 学校数学教学的教育功能[D]. 北京：北京师范大学，2008.

其具体作用表现如下。

1. 动力作用

价值取向的动力作用表现为它对个人价值活动的巨大推动力。这种动力源自价值取向对个体需要的满足与对自身利益的追求。有学者指出，随着价值观念的变化，人们的价值取向也发生了巨大变化，主要表现如下[①]：人们从个体对社会整体和政治利益的单纯依附关系中解脱出来，不断注重个体的需要和个体的利益，并以此作为自己价值取向的定位基础；同时，人们从过去完全依据社会、集团和他人的价值标准作为自己唯一的选择状态下解脱出来，从个体需求的满足出发去确立自己的价值选择标准，使价值取向具有鲜明的个性特征。因此，价值取向的确立绝不仅仅是满足社会的、集团的需要，而拥有了个人选择的成分。依据社会需要并兼顾个体自身利益追求，焕发了个体努力实践的热情，激励价值主体实践价值活动的意志，成为推动主体积极实践的内在动力。对于教师而言，他们的教学过程设计不仅要根据社会发展与教育变革的要求进行建构，也要体现教师自身的某种需要与利益。例如，新任教师为了能够得到同行认可（这是其自身需要），而表现出根据基础教育课程改革的要求，通过积极研读所授学科课程与深入了解学生，全身心地投入设计与实施教学过程，并力争实践课程改革的要求。他们设计与实施的全部过程，就是在社会导向、学校要求与个人需要相互融合所建构的价值取向驱动下的一种价值追求。因此，教学过程设计价值取向表现为教师为了一定教学价值的达成，而努力实践的巨大动力。这种动力促使教师产生并保持设计有价值追求的教学过程的热情与意愿，也促使教师在真实的教学活动中投入大量的时间和精力积极践行教学价值目标。

2. 定向作用

人的活动都是有意识、有目的、带有明确方向性的。价值取向所表达的就是对价值目标的明确倾向性，因此，价值取向的重要特征就是方向性导引。它表现为人们依据特定的价值目标对于某种对象的爱恶、亲疏等倾向性，而这种倾向性是直接导向行动的。人们确立什么样的价值

---

① 陈章龙，周莉. 价值观研究[M]. 南京：南京师范大学出版社，2004：236.

取向，就会有什么样的价值活动。当教师期望其教学活动促进学生某方面发展时，这种发展方向就会体现为教学过程设计价值取向，这种价值取向成为教师设计与实施教学过程的价值追求。教学过程设计价值取向不仅体现为教师当前的活动方向，更应该成为导引教学过程设计的一种前瞻性预测，应该体现出教学过程设计未来的价值取向。因为当某种体现社会发展与学生发展需求的价值取向一旦确立，其方向性导引的特征，必然会引导教师依据价值取向设计教学过程，从而促进社会与学生的发展。例如，当发展学生主体性不仅成为教育理论工作者的积极主张，而且成为变革性实践的共同价值追求时，教学过程设计必然会从方方面面体现出这种价值取向。有学者指出，价值取向包含着"应该这样"的意思，理解了什么是价值取向也就明确了应该怎样去做。① 那么，教师对教学过程设计价值取向的理解，就意味着教师对自己教学过程设计与实施方向的把握。理解价值取向并不是为了获得知识，而是把握行动的方向。因此，理解了教学过程设计价值取向，也就为教师明确了教学过程设计与实施行为的方向，这就是教学过程设计价值取向定向作用的表现。

3. 调节作用

价值取向既是一种价值观念，也是一种价值活动的行为文化，它对人们的社会生活、人际关系具有调节、控制和规范的作用。价值取向一旦形成，就具有某种稳定性，它内含的价值标准能帮助人们判断利害、善恶、美丑，调节着人们对事物的价值取舍，影响着人们对事物的态度。因此，教师所持有的价值取向必然影响着其设计教学过程时的价值取舍。例如，在现实的课堂教学活动中，是强调学生在教学过程中知识掌握的价值，还是追求教学过程对能力发展的促进作用，都有赖于教师教学过程设计价值取向的调节。价值取向的这种调节作用启示我们，依据社会要求与个人发展需要所建构的主导性价值取向，可以一定程度上调节、控制甚至规范教师的教学过程设计价值取向，如凸显学生作为学习过程主体的价值、关注学生作为完整的人的发展等。主导性价值取向的调节作用虽然无法与法律规范、道德规范、制度规范等相比，也不具有强制

---

① 兰久富. 社会转型时期的价值观念[M]. 北京：北京师范大学出版社，1999：66.

性、惩戒性、威慑性，但它主要通过形成一种特定的文化氛围来影响教师的设计意识与行为。通过文化的"化人"作用，使主导性的价值取向逐步成为教师认同并内化的设计教学过程的价值取向。

应该说明的是，正是教学过程设计价值取向具有对教学活动过程的调节、规范、引导等作用，使得探索教学过程设计应然价值取向才具有理论价值与现实意义。这是因为，教师一旦接受、认同应然价值取向，并努力、自觉将它融入自主建构的教学过程设计价值取向中，就能够对教学活动过程产生积极的作用，以价值取向激励、引导、调节自身的教学过程设计与教学过程实施的全部行为。本研究将在后续内容中探索教学过程设计应然价值取向。

二、教学过程设计价值取向的结构分析

对教学过程设计价值取向的深入研究需要进一步解析其构成成分。前文在解释"教学过程设计价值取向"内涵时，曾提出三个关键要素，即教学过程设计的价值主体、教学过程设计的价值观念、教学过程设计的价值选择。这三者是进行价值取向分析不可或缺的基本构成方面，因此，这三个要素成为分析教学过程设计价值取向的基本框架。

（一）教学过程设计的价值主体：主体性及其表现

笛卡儿的"我思故我在"，使主体、主体性成为哲学关注的核心问题之一。如果说，对于世界的存在、"是"，主体、主体性只是其基本属性之一；而对于价值"应该"，主体、主体性则是其根本问题。因此，探索价值问题的关键，在于从主体（人）出发，深刻认识主体，把握价值的主体性。

1. 主体性是价值主体的根本属性

价值的属人性并非简单地落实到任何人，它与价值主体相联系。价值主体作为属人的范畴，是与价值客体相互对应、相互关联、相互规定的，它们各自以对方的存在为自身存在的前提。不能设想没有主体的客体和没有客体的主体。主体与客体只有在与对方的关系中才能获得自己

的规定性。"对于'主体'、'客体'这对概念，一定要从关系思维的高度来把握，才能准确地理解和使用。否则，就可能使一对来自实践并且内容深刻的哲学范畴，蜕变成思想贫乏的话语重复，或文字游戏的简单道具。"①因此，在具体的教学过程设计的实践活动中，价值主体与价值客体通过相互作用，不断建立起丰富、复杂、动态发展的全面关系。对这种关系的把握，可以从"事实"侧面，即从体现"客体的尺度""物的尺度"层面来考察，例如，我国教学理论界曾经旷日持久的对教学过程本质的探索，对教学过程规律的揭示，等等。对于事实来说，不论主体是谁，具有什么样的规定性，它们都不会因主体的不同而改变。也可以从"价值"侧面，即从主体的尺度考察，它体现着客体向主体"展开""服务"的特征，它的形成、性质及其变化，与主体有着直接的本质的联系。理解与把握"价值"侧面的分析，关键在于确定主体，在于把握主体的立场、尺度与规定性。对教学过程设计的研究既可以从"事实"侧面，根据教学过程的本质与基本规律等，分析与推演出设计的基本原则等结论；也可以从"价值"侧面，考察主体的存在与性质，关注主体特有的立场和尺度，形成对主体价值取向的透视、理解与规范。相比于既有的诸多"事实"侧面的研究，本研究尝试在"价值"侧面探索主体设计的"实然"与"应然"，期望转换视角的考察能发现更多的"景象"。

2. 价值主体的主体性表现

以"人的内在尺度"或"主体的尺度"为根据，是"价值"侧面的重要特征。主体性使价值主体区别于客体，区别于一切非主体的存在，也成为区别客体对于不同主体的价值的实际依据。具体表现为以下几方面②。

（1）个体性

价值关系是一种因具体价值主体不同而不同、以主体尺度为尺度的关系，即具有"因人而异"的特性。每一价值主体所处的时代、所生活的文化环境不同，价值主体的利益、需要不同，素质、能力和习惯不同，同一对象往往可能与之形成不同的价值关系，具有不同的价值取向。也就是说，价值主体的多样化、多层次性，使价值取向呈现出个体性、多

---

① 李德顺. 价值论（第二版）[M]. 北京：中国人民大学出版社，2007：44.
② 孙伟平. 价值哲学方法论[M]. 北京：中国社会科学出版社，2008：195～197.

样性。在现实图景的考察中，同样一节初中物理"摩擦力"的教学设计，一位主要关注相关知识的概念与规律掌握的教师，与一位强调学生应在自主探究与体验中形成物理模型并把握相关规律的教师，建立了不同的价值关系，从而呈现出不同的教学过程设计价值取向。

必须说明的是，价值主体有许多层次和各种各样的类型，除了作为整体的人类社会之外，还有国家、民族、阶层、群体、个人，等等，每一个主体都处在动态发展的过程之中。因此，客体对于他们的价值关系也表现出独特的内容，如社会历史性、民族性、阶层性或地域性，等等。这种性质也体现了生命体的独一无二性、不可替代性、不可或缺性。这是一个人作为"人"的基本权利，是一个人具有独特人格的体现。所以每一位教师面对其所授的内容与学生，都应该展现其作为具有独立人格的人的主体性，充分运用价值主体的基本权利，在价值活动（教学过程设计）中表现出不可替代性。

（2）多维性

对每一个价值主体而言，某一对象与之形成的价值关系和呈现的价值取向是多方面、多层次的。现实社会中，任何一位主体自身都存在着复杂的结构，具有多方面、多层次的利益和需要。同一主体在不同方面的素质、能力和习惯也不均衡，因此，客体对同一主体常常建立起具体的、复杂的价值关系，呈现多方面、多层次的价值取向。例如，任何一位教师作为具有自然属性的物质性存在，必然具有许多物质性的自然需要和社会需要，满足这些需要就表现出各种物质性追求的价值取向，如满足物质享受、经济利益、教学条件等方面的价值；作为拥有精神生活和意识特征的社会性个体，教师又有诸多的精神需要，如专业素养发展的需要、圆满完成教学设计的积极情感体验的需要、自我多方面发展的需要等，相应地呈现出满足这些需要的各种精神层面的价值取向。正是由于价值主体客观上存在着复杂的结构，具有多方面、多层次的利益、需要和能力，价值主体的价值生活表现出丰富复杂的形态。理想的状态是价值主体多方面、多维度的需要在价值活动中得到开掘与满足，获得丰富而全面的发展。教师作为教学过程设计主体，通过科学合理地设计与实施教学过程，在发展学生的同时，也能够促使自身价值得到认可，专业素养获得提升等，这些需要的满足就成为教师"诲人不倦"的精神动力。

（3）动态性

价值主体与价值客体间的价值关系不是固定、僵死的，而是随主体的变化而变化的，呈现出依据主体发展而变化的动态性。每一个体都处在不断生成变化的过程中，无论是个体的自然属性，还是社会属性，抑或是人的各种主体尺度（如利益、需要、情感、意志、素质和能力等），都是动态发展着的。如果没有人的变化、人的生成过程，就不可能有充满着价值创造的生动的、多彩的人化世界。由于价值主体具有这种"变动不居"、不断生成的特性，任何客体对于同一价值主体来说，其价值的有无以及有什么样的价值，不会因为客体本身的不变而保持不变，而是伴随着价值主体与主体尺度的改变而变化与发展的。例如，一位准备参加教学过程设计大奖赛的教师，认真分析教材、研究学生，充分准备教学过程设计以及课堂教学资源等活动的价值，对教师发展的意义是巨大的甚至是影响其前程的；但当他处在每日重复性的教学过程设计活动中，全面的分析与认真的态度所具有的短期的、功利性的外在价值有可能显得微不足道，当然也有可能同样被教师重视。价值的实效性、动态性特征，使得价值取向也会因价值主体和主体尺度的变化而具有向未来生成的过程。价值的动态性启示我们，不仅要重视教师教学过程设计的实然，还应研究其设计的应然。改变设计主体的价值尺度，使其向着应然方向生成，是本研究的重要价值，也是所有促进教师专业发展活动存在的前提。

综上可见，在价值关系中，不是人趋近于物，而是物趋近于人。由于价值主体的多样性、多层次性，由于不同主体的目的、需要和能力的不同，由于主体和主体尺度的变动不居，价值的倾向性表现出以主体的尺度为尺度、因主体的不同而不同、随主体的变化而变化的基本特征。这是研究价值取向问题的关键。

（二）教学过程设计的价值观念：基本形式与内容

价值观念作为人类特有的一种精神形态，是指人们关于基本价值的观念系统，具有比较自觉的意识。它是人们价值生活状况的反映和实践经验的凝结，成为人们内心深处的评价标准系统。

1. 价值观念的基本形式

"信念、信仰、理性，是三种最典型、最主要、也是最普遍的价值观念基本形式。"①在这三种基本形式中，信念是信仰和理想的基础。信仰也是一种信念，只不过是一种特殊的、强化的、高级的信念；理想也产生于信念，信念是理想得以形成和确立的基础、前提，但理想是对信念所提供的具体价值选择在最高层次上的综合、整合、升华，是使它们从属于一种信仰的目的和意志。

教师在教学过程设计中呈现的价值取向，虽然在有些教师那里表现为信仰层次，但对于绝大多数教师而言，这些价值取向还处于信念层面。因此，在价值观念的三种表现形式中，本研究以"信念"这种价值观念为研究切入点。"信念是人对某种现实或观念抱有深刻信任感的精神状态。"②信念来源于人们在实践中所获得的知识与经验。对于教师而言，制约他们教学过程设计价值取向的核心信念，体现在他们能否确立现代教学观上，主要包括系统整体的观点、发展的观点、结构的观点、主体性的观点、活动与实践的观点、社会性的观点等。③

系统整体的观点，是指教师要改变长期以来把教学作为一个封闭系统，进行独立、割裂设计的倾向，着眼于从整体上把握教学过程的结构、层次、过程和关系，寻求教学过程各因素、活动各阶段的最佳联系，以达到优化教学过程、提高教学整体效益的目的。

发展的观点，强调教学不仅要使学生掌握知识，而且要发展学生的智力、能力和培养良好的思想品德。这就要求教师在教学过程设计中处理好掌握知识和发展能力的关系、理性与非理性的关系，并体现教学的教育性和发展性。

结构的观点，是指教学系统的优化以及教学过程的内部机制和规律的揭示，必须从结构与功能的关系上加以分析。教师不仅要理解学科知识结构、学生认识结构，而且要把握教学过程中动态的教学结构系统，

---

① 李德顺．价值论(第二版)[M]．北京：中国人民大学出版社，2007：200.
② 李德顺．价值论(第二版)[M]．北京：中国人民大学出版社，2007：201.
③ 裴娣娜．现代教学论(第一卷)[M]．北京：人民教育出版社，2005：37～38.

按照一定的教学目标，根据一定的学科知识结构和学生学习这部分知识时的认知结构，来确立教学结构，最后评价教学目标达成度。

主体性的观点，是指认识主体在处理外部世界关系时的功能表现，是学生在教师的指导下，积极主动进行学习时表现出的一种主观能动性。它一方面表现在对外部信息的能动选择上，另一方面表现在对外部信息的内部加工上。学生的主体性是在教师的指导下逐步培养的，提高主体性的关键在于改善主体结构，不仅要发展作为主体操作系统的理性因素，而且要发展作为动力系统的非理性因素。教师要努力增强学生的自我意识，培养学生自我控制、自我调节的能力，使学生自己去争取并实现主体能力的发展。

活动是主体有目的地作用于客体的行动，而实践是人改造世界的创造性活动。教学过程中的活动与实践是教学认识的起点，是主客体关系的中介环节，是学生个体认识发生发展的基础，所以教师应为学生设计多种性质的"活动空间"，组织学生在活动中学习。教师要充分发挥学生在活动中的自主性、主动性和创造性。

社会性的观点，也就是教学的社会性问题。教学认识作为人的理性活动，不可能与非理性活动割裂开来，教师必须充分重视学生的兴趣、情感、需要、意志等因素在教学活动中的重要作用，它们构成了教学活动的动力系统，对由感知觉、记忆、思维等组成的操作系统的活动过程起着定向、启动、鉴别、调节、维持等功能。正是这两个系统的相互联系、相互作用，才保证了教学活动过程的顺利进行。近年来学者关于情境教学、合作教学的探索，比较深入地涉及了教学过程中的社会性问题，从而推动了教学过程设计的变革。

信念的功能在于使人把握思想和行动的原则与目标。因此，信念告诉人们"应该怎样，不应该怎样"。上述教师关于教学过程的基本观念，与教师应当持有的教学活动态度和应当采取的教学实施行动密切相关，对教学过程设计发挥着价值定向的作用。

信念有科学与不科学、正确与错误之分。正确的信念引导价值主体采取正确的实践，错误的信念则相反。信念的科学性与合理性不仅与知识的多寡有关，还依赖于价值主体的思维方式、方法的合理性与科学性。

只有掌握科学的、全面的知识，确立科学的思维方法，并使之与进步的社会立场相结合，才可能确立正确的信念。

2. 价值观念的基本内容

对价值观念的一般内容要素及基本结构的概括、描述与分析，是诸多哲学工作者探索的重要内容。李德顺教授经过多年的调查与研究，考察人们价值观念的实际状况，将价值观念的一般结构和要素加以提炼，概括为五大方面[①]：主体意识，即"是谁的，最终为了谁"的价值观念；理想和信念，即关于社会结构和秩序的信念、理想；规范意识，即关于社会规范的立场和选择；实践意识，即关于实践行为的心理模式；本位意识，即关于首位或本位价值的认定。这些内容之间是整体性地联系着的，存在于人的头脑之中，显示出人的精神世界。这五个方面的意识，常常成为人们进行价值观念考察与研究的参考性框架。

本研究在对教学过程设计价值取向的现实图景考察中，借鉴了其基本结构的某些方面，根据研究需要，形成了价值取向考察的三个维度：教学过程主体设计的价值取向、教学过程设计的本位价值取向、教学过程进程设计的价值取向。选择这三个方面，也是力求以简洁的分析，尽可能描述比较真实、全面的图景。

教学过程主体设计的价值取向，考察教学过程设计的价值观念体系对教学过程主体的定位。教学过程中以谁为主体，相应的其他方面就以谁的立场、利益为根据，因此，考察教学过程主体的地位、作用、自觉意识如何，是任何一种价值观念的重要基础，也是观察其他方面的出发点。

通常在一个比较成熟的价值观念体系中，必然要具有"本位价值"或"首位价值"，它是价值系统的集中标志，成为各种不同价值的"通项"[②]，当其他价值与其冲突时，要服从于它。通常本位价值也是社会价值共识的现象表达。因此，对教学过程设计价值取向的考察必然要关注本位价值。

从狭义上理解教学过程时，通常研究其结构、程序、进程、环节等

① 李德顺.价值论(第二版)[M].北京：中国人民大学出版社，2007：211～215.
② 李德顺.价值论(第二版)[M].北京：中国人民大学出版社，2007：215.

方面的问题，因此，建构教学过程，必然要审视教师对教学过程进程是如何安排的，体现了怎样的价值取向。

上述三个维度的内容密切相关、相互联系，构成了本研究描述、分析教学过程设计价值取向的考察框架。

（1）教学过程主体设计的价值取向：体现现代教学观的几个核心概念

在教学理论领域对教学过程主体设计价值取向的分析，实质是在探讨"教"与"学"的关系，而其核心是研究"学生主体性"的问题。超越本体论、认识论角度，从活动论角度界定学生的主体性，是指作为教学过程主体的学生在对象性活动中与客体相互作用时所表现和发展起来的功能特征，具体表现为自主性、能动性和创造性等功能特性。由于学生是成长中的人，其主体性处于一种未定型、朝着一定方向、沿着一定规范"生长"的状态，因此，学生的主体性表现出一定的特殊性。具体表现如下：学生主体性受身心未成熟状态的直接制约，是一种独立或半独立的实体在一定监护、引导和规范下发挥的有限主体性；学生主体性生成的基础——对象性关系，是一种间接的"准社会"的关系；表征学生主体性的那些具体的功能特性，如自主性、能动性和创造性等，只能有限发挥，并且与其自身客观具有的依附性、受动性和模仿性发生矛盾。同时，学生主体性的发展还处于一种矛盾与转化状态，表现为能动性与受动性、自主性与依附性、创造性与模仿性以及独特性与共同性的矛盾与转化状态①。

现代教学生成发展的内涵是在实践、活动基础上通过合作与交往，促进学生差异发展的。"实践与活动""合作与交往""差异发展"是目前课堂教学创新中必须坚持的三个核心概念②。

第一，实践与活动。认识是在实践与活动基础上主体对客体的能动反映，活动是人生存和发展的基础，这是马克思主义认识论的基本观点。对实践与活动的研究需要思考两个问题。一是教学活动促进学生认识发展的功能研究。有学者认为，"教学活动作为学生认识发展的实现机制，在学生的发展中发挥着三种基本功能，具有三方面的作用，即认识的起

---

① 裴娣娜. 现代教学论（第三卷）[M]. 北京：人民教育出版社，2005：432～433.
② 裴娣娜. 教育创新与学校课堂教学改革论纲[J]. 中国教育学刊，2012(2)：1～6.

源和发生、认识的建构与形成以及认识的改进与转换"①。二是表现形态丰富多样的教学实践活动的类型研究。有学者将教学活动归为三类，"认识活动——认识反映关系，区分主体与客体，达成认识的目的，指向的是科学文化；交往活动——互为主客体、互为目的的价值性活动，指向的是交往文化；艺术活动或称自由性活动——不仅包含视、听觉艺术，也包含精神伦理艺术，超越主体与客体，具有自为的目的，展现的是符号与生命的统一，指向的是艺术文化。这三种类型活动是由人与自然、人与社会、人与自身三种基本关系决定的。三种类型活动相互作用，从而形成教学实践活动的总体"②。

第二，合作与交往。交往是人与人之间在共同活动中发生相互作用和联系的基本方式，也是社会群体赖以生存和发展的必要条件。交往是人的基本生存方式，人在交往中生存发展，这是马克思主义所揭示的关于认识对社会实践和社会关系的依赖性关系。作为一种个体与群体双向建构的社会性交往活动，现代教学关注的是教学活动过程体现出来的群体人际关系，是一种使教师在"权威""顾问""同伴"三种角色的选择中，学生在"竞争与合作"两种关系的处理中，师生在主动与受动角色扮演中，形成的良性促进的和谐关系。这种人际关系的建立，不仅有利于学生社会性的发展，也是学生人际交往的需要。主体间的交往活动能强化学生的社会交往意识和社会角色规范，形成群体的归属感、认同感，有助于培养学生的合作意识、责任感和团队精神。

第三，差异发展。差异发展是由学生发展的丰富多样性所决定的。学生之间存在不同的个性特点，所以差异是客观存在的。教师面对存在差异的学生，最大限度地利用学生的潜能实施有差异的教学，引导并鼓励学生形成独特性，实现差异发展，是现代教学十分关注的一个问题。现代教学应实施尊重差异的个性化教学，强调给学生自主学习的权利，在个性差异中揭示学生作为单个个体的独特性，使每个学生都得到充分、自由的发展。

实际上，实践与活动、合作与交往是不可分的。实践与活动揭示了教学认识活动中主体与客体的关系，合作与交往则呈现了教学社会性中

①　李松林.论学生认识发展的活动机制[J].教育学报，2008(5)：53～57.

②　裴娣娜.教育创新与学校课堂教学改革论纲[J].中国教育学刊，2012(2)：1～6.

的"主体—主体"之间的关系。合作与交往必定渗透在一切实践活动中，实践与活动在任何时候都是合作与交往赖以发生的前提和基础。教学过程中，没有依存实践与活动的合作与交往，以及没有发生合作与交往关系的实践与活动，都是不能存在的。为此，从促进学生主体性发展的角度看，教学过程设计应关注学生在学习中的探究性、体验性活动，设计开放式的课堂教学，创设民主性的师生关系，体现共性与差异的统一。准确地理解和实践这三个核心概念，有助于教师自觉合理地建构提升学生主体性的教学过程设计。

(2)教学过程设计的本位价值取向：体现现代教学观的几个基本趋势

将具体多样的价值观念理论界定、实证分解、概括与提炼为主体意识、理想和信念、规范意识、实践意识以及本位意识等几个基本要素，这是价值论研究的贡献。近年来，教学理论领域对教学价值问题研究的持续升温也初步积聚了关于教学价值认识的成果，但缺少价值论研究中具体而深入的描述、分析，造成对教学价值认识的简单化与绝对化。例如，对教学价值主体的认识仅仅局限在个人与社会两极，而对每一类价值主体的价值需求认识偏于单一化，等等。本研究试图借助价值论研究关于价值观念分析所形成的成果，分析教学过程设计的本位价值取向。

价值观念中的核心要素"主体意识"的提出，明确了人们对价值观念进行研究与分析时，首先必须定位"主体"，即"是谁的"价值观念；"本位价值"或"首位价值"则确立了一个成熟价值系统的集中标志。运用这两个术语对教学价值认识成果进行归类，可以得到如下结论。首先，从"主体"角度看，教学价值的价值主体有三类，即社会主体、学生主体与教师主体。其次，从"本位价值"角度分别分析三类主体，可以得到三组结论。从社会主体视角看，教学的本位价值表现为政治价值、经济价值与文化价值；从教师主体视角看，教学的本位价值表现为教学的社会价值、教师自身生命完善价值；从学生主体视角看，有学者认为，教学价值有认识价值、智力价值、发展价值、教会学生学习方法价值以及发展思想品格价值[①]，也有学者归纳为知识价值、能力价值、品格价值与方法价

---

① 周海银，曲绍卫. 关于教学基本价值的探讨[J]. 教育理论与实践，1997(1)：49～52.

值①。尽管教学过程设计的主体是教师，但教师设计教学过程的终极目的是促进学生的发展，因此，关于本位价值的分析应该以学生为价值主体。

由于本研究对"教学过程设计的本位价值"的分析，着重探讨教学过程从整体上应该实现学生发展的哪些价值，因此，既有研究中，基于学生作为教学过程主体所进行的教学价值探索，与本文的"教学过程设计的本位价值"在方向、层次与定位上是一致的。分析梳理既有的教学价值认识，有助于形成本研究的初步设想。

教学过程对学生主体发展的不同取向，主要可以归纳为以下几个方面。

第一，知识掌握与能力发展价值取向。这是一段时间内认可度最高的本位价值取向之一，即教学过程满足学生主体对知识掌握与能力发展需求的价值属性，表现在通过教学过程促使学生掌握知识、形成技能、提高能力等方面。

第二，主体性发展价值取向。课堂教学尊重学生主体地位，强化学生主体意识和主体精神，已经成为教育界共识。通过教学活动满足学生主体性发展需求，成为教学过程的另一个本位价值取向，主要表现在教学过程促进学生的主体自觉意识不断增强、主体实践能力不断提升、主体创造能力得到充分展示上。

第三，生命价值取向。这是指教学过程具有满足学生主体生命意义提升需求的价值属性，表现为教学过程向学生展示、反思生命的意义与价值，提升学生主体的生命意义与价值。②

第四，幸福价值取向。"幸福取向意味着教学关注、给予与实现学生的幸福。学生的幸福可以解释为学生在教学过程中其生理、心理和伦理都能得到满足的心理体验。……教学目的应追求学生的身体、心理和谐发展，关注学生的伦理需求。"③

其他还有"为思维而教"④、"实践智慧：一种可能的教学价值"⑤等。从现实的教学过程所呈现的价值追求看，教学过程设计仍然重视局部价

①　尚凤祥 . 现代教学价值体系论［M］. 北京：教育科学出版社，1996：8.
②　郑志辉，刘义兵 . 论教学价值认识的思维范式转换［J］. 江苏高教，2008(2)：68～71.
③　李世滋，周先进 . 论教学价值的幸福取向［J］. 高等教育研究，2008(2)：62～67.
④　郅庭瑾 . 为思维而教［M］. 北京：教育科学出版社，2007：5.
⑤　刘冬岩，王曙龙 . 实践智慧：一种可能的教学价值［J］. 教育与考试，2007(3)：44～47.

值、工具价值、浅层价值，而忽视整体价值、目的价值与深层价值。但在理论研究层面，学者们已经在不断反思与批判现实教学过程单一化、功利化的价值取向，倡导并提出了更为科学、合理的价值取向。从诸多关于教学价值研究的成果看，研究对教学过程设计价值取向的应然走向呈现出了如下看法：从学生发展的单一价值取向（如知识本位）走向多元并存价值取向（如生命取向、幸福取向、实践智慧等）；从仅仅注重学生某方面发展的价值取向走向关注学生作为一个完整的人的全面发展价值取向；从外在的、工具化的、追求成"才"价值取向走向内在的、本体化的、成"人"价值取向。这也是本研究在教学过程设计的本位价值取向上的基本追求。这些本位价值的实现，不仅仅依赖于设计主体自身教育观念的转变、教学知识的丰富，更需要设计者思维方式的变革，以整体的、互联的、过程的、开放的观点设计教学过程。

（3）教学过程进程设计的价值取向：多样化选择与规范化实践

对教学过程进程结构的摸索在古希腊时代就已初见端倪，但真正科学化的探索则开始于赫尔巴特。他根据学生观念活动和兴趣的特点，提出了著名的"教学形式阶段论"。教学形式阶段理论，主要从教师如何有效实施"教"的角度，将教学过程的各个方面因素以及各种合理的教学方法有机地统整起来，使教学成为一个有章可循的、规范化的活动过程。这种教学过程进程设计的思路强调了教师在教学过程中的指导作用，凸显了在教师指导下，学生有效地掌握知识、形成技能并熟练运用的主知主义教学过程设计价值取向。这种教学过程进程设计思路，提供了各种不同教学活动都可以参考的模式，成为时至今日对教学过程设计最有影响的理论之一。但是这种思路理论本身的机械性、形式主义以及主知主义的价值取向，也带来了教学过程实践中的诸多弊端。针对这些弊端，以杜威为代表的"行动主义"批判了传统的教学过程，提出了一种经验的、思维的、探究的教学过程，即"思维五步法"。他强调要变教师讲授、学生静听的教学活动为师生共同活动、共同体验的过程，并希望建构的新教学过程能够体现主动与被动、感性与理性、认识与行动相结合的价值倾向。尽管杜威重视知识的作用，但他对教学过程进程设计的思路主要是关注学生活动，培育学生智慧以及发展思维能力。两种不同的教学过程进程设计思路，形成了两种相互对立的教学过程设计价值取向，发挥着各不相同的教学过程功能。在这两种设计思路的基础上，教学论研究者根据教学过程本位价值的多元呈现，不断提出具有更丰富教育功能的教学过程进程设计思路，不仅仅有着眼于学生认知发展的教学过程进程设计，如范例教学理论、发现学习理论、有意义学习理论，还提出了着眼于学生情感培养的教学过程进程设计，如非指导性教学、合作教育学等。不同价值取向的教学过程进程设计，为教师的设计提供了多样化的选择。目前，尽管诸多教学过程进程设计的价值取向呈现出多元化的倾向，但是它们存在的突出问题是，其进程设计多表现为统一的、共性的、规范化的活动顺序或环节，而不能真正满足学生个性化、差异化的发展需求。如何满足不同学生的发展需求，差异化地设计教学过程进程，是教学论研究以及教学实践探索的重要课题。

（三）教学过程设计的价值选择：基本原则

任何教学过程设计都是为满足设计主体的某种特定目的、特定价值需要而进行的，因此，设计主体在设计教学过程时一定离不开选择活动，如何进行科学合理的价值选择，影响着教学过程设计的实现。教学过程设计的价值选择应遵循如下原则。

1. 合规律性与合目的性的统一

价值选择的根本原则是合规律性与合目的性的统一。价值主体进行价值选择是为了满足自己的需要，但与动物满足需要的自然选择不同，人是自觉地进行选择。价值主体既按照外在客观事物的尺度，又根据内在主体需要的尺度进行价值选择，将客观规律和主体需要与目的统一起来，就是价值选择的合规律性与合目的性相统一的原则。这个原则意味着，教师在进行教学过程设计时，不仅要充分发挥其价值主体的主动性、创造性，自主设计教学过程，更为重要的是教师必须具备深厚的教育与学科专业素养，才有可能理解并依据教学过程规律，设计合规律性与合目的性统一的教学过程。本研究在现实图景中考察的教学案例中，有两节课的教学主题都是"摩擦力"，但两者的设计过程不同，实施效果也相差较大。通过对设计文本的审读、对教学录像的分析，笔者发现他们设计的差异，主要在于设计主体对教育意义的解读不同：一个表现出"训练"取向，因而设计中的"探究"是形式化的、偏于草率的，不去深究实验中的各种不准确现象，而更重视自己的讲解以及课堂中学生的解题训练；另一个表现出"主动发展"取向，其设计中的"探究"是在真实情境中完成的，学生通过探究、质疑、讨论、解惑的过程，达成了掌握知识与发展能力的目标。对教学价值的理解不同而导致两个价值主体的价值选择截然不同。因此，做出科学的价值选择依赖于价值主体对物的尺度与人的尺度的深刻把握。

2. 社会选择与个人选择的统一

如果说合规律性与合目的性的统一原则指出了同一价值主体在价值选择中的依据，那么社会选择与个人选择的统一则强调了如何处理不同价值主体间的不同价值选择。社会选择与个人选择的关系，实际上反映的是社会需要和利益与个人需要和利益之间的关系。人的需要问题虽可引申出社会需要，但主要还是指个体需要。个体为满足需要与自然发生关系，在认识自然、改造自然中，彼此之间发生了各种关系，在此基础上形成了社会。由于人们所处社会地位不同，个体的需要和利益也不同。因此，不仅个体间的需要存在差异，个体需要和利益与社会的需要和利益也始终处于矛盾状态，表现为对抗或者非对抗。两者统一的重要条件是个人选择不断增加自觉性，减少被动性，消除屈从性。因此，具备丰富的知识、坚强的意志、创新的精神、选择的勇气，是价值主体实现社会选择与个人选择的统一、有效地处理矛盾的重要前提。

3. 突出重点与兼顾多样的统一

价值主体的需要是多方面、多层次的，具有复杂的结构和丰富的内容。为满足主体的需要而形成的价值关系也是多方面、多层次的。一个具体的价值主体，面对诸多的价值关系，在不同的发展时期，自身需要的迫切性是不同的。因此，具体地、历史地分析与判断不同时期最急迫要求满足的需要，才能对不同价值客体做出先后不同的选择。例如，当学生刚刚接触物理学科时，提升学生对物理学科学习的好奇心与求知欲，是教学过程设计必须突出的价值。因此，以提升兴趣为指向的教学过程设计则成为学生初入物理世界"大门"的价值选择。然而，在中考前，当学生面临升学考试的严格检验时，教师对教学过程设计则是另一种选择。本研究所考察的案例中，有一节课就是中考前且经历了第一次模拟考试后的复习课，其价值取向直指中考的考试内容，因为这是学生此时最需要满足的需求和利益。课堂中，教师条理清晰的讲解、根据学生存在问题的针对性辅导以及学生的大量演练，就成为此时教学过程设计的重要价值取向。当然，突出重点的价值选择并不是说仅仅鼓励突出重点而不顾其他。毕竟为满足主体需要而形成的多方面、多层次的价值关系是相互联系的，解决与满足主要价值关系也不能忽视次要的价值关系，因为它们也会直接影响主要价值关系。例如，前述案例中，如果教师的教学过程设计不关注学生持续拥有对知识学习的热情，再全面、细致、有针对性的辅导也难以到达良好的效果。

三、教学过程设计价值取向的制约因素

分析制约教学过程设计价值取向的各种因素，必须从两方面进行考察。一方面是制约教学过程设计价值取向的内在要素，主要体现为学生学习过程的基本规律、学科自身的育人价值等。另一方面则是影响教学过程设计价值取向的外在要素，表现如下：教师所处地区的经济、社会发展的程度；社会的主流文化导向；各级教育行政机构（国家、地方等）的教育改革政策与相关要求；学校的主导文化取向等。本研究对相关制约因素的分析，主要从内在与外在两个角度进行。分析角度的确定源于现实考察中的问题，因此，本着问题解决取向的思路，本研究主要考察以下两类影响因素。

（一）内在因素：学生学习过程与学科育人价值解读

1. 教师对学生学习过程的认识

如何理解学习？如何理解学习的实质、学习过程的基本规律？对这些问题的回答，是教师建构教学过程设计价值取向的重要基础。学习是一个广泛使用的概念，心理学、哲学、社会学、系统科学等不同学科、不同理论学派，从不同的角度对学习现象进行了深入研讨。《教育大辞典》认为："学习作为结果，指由经验或练习引起的个体在能力或倾向性

方面的变化。作为过程，指个体获得这种变化的过程。"学习的基本特点如下：能相对持久保持，而非短暂保持；由后天的经验或练习引起，不包含生理成熟所引起的变化。[①] 这种观点清晰地揭示了学校教育中学习的本质。在现代意义上，作为一种认识过程、交往过程与发展过程的学习，被赋予了新的内涵，主要观点如下[②]。

(1)学习的选择性与自主学习

学生作为学习的主体，主动选择接受外部信息，能动地认识客体。这种学习的选择性决定了学生的学习是一种自主学习，表现为学习活动中，学生具有明确的目标意识，选择学习内容，调控学习进程，评价与反思学习结果等。学生的自主学习是实现学生自主发展的基础和前提。

(2)学习的实践性与主动参与学习

学习在本质上是一种实践活动，学生以自己原有的知识经验为基础，通过对活动过程及结果的分析、反思，不断丰富自己原有的知识结构经验，不断提高自己的活动能力，这是个体学习的重要途径。学习的实践性要求教师把学习看作一种师生共同参与的社会文化活动，学生在主动参与中促进自身发展。

(3)学习的社会性与合作学习

教学活动是一种社会性交往活动，具有鲜明的社会性。这不仅表现为只有社会性主体才能从事学习活动，而且表现为师生、生生之间的交往绝不是一种简单的知识授受过程，而是一个共同建构学习主体的过程。从某种意义上讲，教学活动既是师生、生生之间进行信息传递的互动过程，也是进行情感交流的人际交往过程。学习的社会性主要表现如下：具有群体意识、规则意识、归属感、义务感、责任感；具有人际交往的意识与能力；具有良好的群体性、利他性和社交技能等。现代教学高度关注教学过程中的人际关系和交往活动，强调创设一种民主平等的学习情境，并促进良好的合作学习的形成和发展。学生正是通过开展合作学习，在相互合作和平等交往中得到了发展，因为合作学习有利于培养学

---

① 顾明远. 教育大辞典(增订合编本)[M]. 上海：上海教育出版社，1999：539.

② 裴娣娜. 现代教学论(第一卷)[M]. 北京：人民教育出版社，2005：259～270.

生的社会适应性，有利于促进学生主体性的发展。

(4)学习的创新性与探究学习

创新是与重复性活动相对的一种高级的开拓性实践活动，指人们充分发挥自觉能动性，突破传统的行为方式和规范，通过变革，实现对主观世界与客观世界的认识和改造。学生的学习是一种创新性学习。学生的学习是经验的获得及行为变化的过程。经验是人类文化创造的结果，行为变化本身就意味着对原有思维方式和行为方式的突破。学习的创新性是相对于传统的维持性学习而言的。创新意味着变化、更新、改组，以及综合运用知识分析和解决复杂问题的多种思路和解法。教师对创新性学习应有一个现代意义上的理解，不能仅仅停留在思维品质、思维过程的层面来讨论创新性，而是要从学习活动的特质、创新性人格的养成等角度来重新审视创新性，从而使教学过程充满探索性和体验性。

教师对学习活动的现代意义的理解是教师设计教学过程的重要前提与基础。教学过程设计价值取向必须考虑到学习的选择性、实践性、社会性和创新性，在学生自主、参与、合作、探究活动过程中，谋求学生的全面、差异发展。

2. 教师对学科内涵实质的深度解读

教师对学生学习过程的认识以及对学科内涵实质的把握体现了教师的专业素养。教师在建构教学过程中，必须基于其对所授学科内涵实质的深刻理解，具体应体现在如下几个方面：对教育的重新理解；对学科的深度解读；对课程的整体领悟；对教材的具体分析；对学生的全面了解。①

对教育意义的重新理解，在此借用一个生动的描述而非理性的定义。教育意味着："一棵树摇动另一棵树，一朵云推动另一朵云，一个灵魂唤醒另一个灵魂。如果一种教育未能触及到人的灵魂，未能引起人的灵魂深处的变革，它就不成其为教育。"②教育的意义在于精神之间的召唤，其中的动词"触动"，最能表达教育发生的前提或基础。教育在本质上是实践的，对教育的理解必须在丰富的现实的教育实践中。任何一个教学过

---

① 这是"教师发展学校"(TDS)建设的过程中，合作共同体教师共同总结的成果。

② 李政涛. 教育的灵魂在哪里[J]. 基础教育课程，2008(2).

程、一种教学活动，如果没有对学生的"触动"，不论是身体的还是心理的、是认知的还是情感的，都不可能对学生产生影响，也就意味着教育影响不可能发生。"触动灵魂"，是"灵魂工程师"的核心职责。因此，教师对每一节课的教学过程设计，对教学过程中每一个具体活动的设计，甚至是对每一句话的设计，都要考虑其能否触动学生，都要分析其能否发生教育影响。

对学科的深度解读、对课程的整体领悟、对教材的具体分析，是由高至低、由抽象到具体的三个层次理解，都指向教师对所授学科的理解与把握。教师在教学过程中对学生的"触动"不能仅凭外在因素，而必须依赖于由知识体系、思想方法等所展现的学科自身的内在魅力。因此，只有在全面、透彻地把握学科教学的本质，深刻理解与准确把握课程与教材的基础上，才能科学合理地设计教学过程。"教什么"决定着"怎么教"！在笔者参与的"教师发展学校"建设实践中，一位研究者曾经这样评价教师对语文文本的应然理解[①]：

语文教学首先要做的不是去选择方法、设计过程，而是去读懂课文，因为只有首先有了合理的目标，方法与过程才有意义。现在很多语文教师基本上不怎么去读课文，或者自己读了一遍课文之后，就开始上网查资料或者阅读教参，看别人是怎么理解的，找方法，甚至是找教学过程设计，稍加修改，就去上课。这是不负责任的教师，自然，也不是一位好教师。事实上，对于语文教师来说，最要紧的工作就是自己真正把每一篇文章都读懂。语文教师备课的基本方法就是读书，一遍一遍地读，反反复复地读，"一直读到自己满意为止"，一直读到"自己有信心走进课堂为止"。什么是自己满意，那就是"读到文章就像自己写的一样，就像写自己的事"。只有在拥有了自己的深刻理解的基础上，别人的见解对"我"才会有所帮助，而且也只有这样才能保证"我"在吸收"他"的见解，"他"为"我"所用，而不是把"我"让渡给"他"，不是使"我"湮没于"他"。文本理解，需要"我"，基于"我"！

教师承担着培育"灵魂"、"影响每个学生一生"的责任。如果教师不

---

① 宁虹，王志江，等. 重新理解教育：来自教师发展学校的报告[M]. 北京：教育科学出版社，2010：156.

能以严格科学的态度，深刻理解所授学科的性质，准确把握所授内容的内涵实质，以其昏昏，不可能使学生昭昭！设计教学过程的首要前提是基于对学科性质与教学内容的理解与把握。

对学生的全面了解，意味着全面、具体了解学生现有学习与认识水平、学习与认识发展机制、学习与认识发展条件等，这是教学过程设计的重要依据。教师在日常的教学过程设计中，通常也会从事对学生了解的工作，这就是其教学设计中的学情分析。目前教师所做的学情分析基本上难以达到对学生全面了解的程度。原因如下：①学情分析内容窄化，表现为只描述学生当下的发展状态，而缺乏对学生可能达到状态的分析；只分析与"三维目标"（知识与技能，过程与方法，情感、态度与价值观）内容相关的学情，而较少涉及学生的社会性发展等内容。②学情分析方式粗放。分析方式为"学生已经掌握了……""已学完了……""对……有好奇心"的笼统表述，缺乏结合具体知识点的分析与把握，如学生对该知识点的认识过程、认识条件、认识障碍等针对性分析。③学情分析定位浅显。学情分析仅仅定位于认知、情感等维度的状态分析，而没有涉及学生学习、认识、发展的机制分析，这是对学生发展变化条件的原理性分析，也是真正决定教学过程设计的因素。因此，对学生的全面了解，首先必须聚焦"机制"，揭示学生在课堂教学过程中有效学习和最优发展的真实机制。有学者提出应关注三个方面的机制：发展的活动机制、有效学习的机制以及学科能力发展的机制，即分析教学过程中"活动的要素与结构、活动的类型与特征、活动的功能与机制、活动的过程与规律"[1]。

在笔者参与的"教师发展学校"建设中，一位教师从学生对知识的更深刻理解角度，重新考虑教学过程设计[2]（这节课的教学主题是"离散型随机变量的方差"）：

讲完课后，我又想这节课还可以这样设计：先把这个问题[3]及其变式，作为问题情境展示给学生。虽然没有讲方差公式，可以暂时不提出

---

[1]　李松林. 论课堂教学改革向纵深推进的着力点[J]. 中国教育学刊，2012(2)：28～31.

[2]　宁虹，王志江，等. 重新理解教育：来自教师发展学校的报告[M]. 北京：教育科学出版社，2010：200.

[3]　这个问题是一道课后习题，教师利用这个习题的变式，来帮助学生理解方差公式，掌握数学概念。

"方差"这个术语，而是提问学生"哪一组随机变量相对于其期望波动幅度大，不稳定"。学生在讨论、判断的时候，就会在思维上产生矛盾。这时，我可以适时地引导学生对比、分析。这样，很自然地得到方差公式，而且学生对公式所揭示的数学内涵也会理解得比较透彻，而不是简单地把公式背下来、用的时候套公式，并且有利于学生数学思维能力的提高。在教学过程中，我们有时会提供情境，但可能没有充分利用情境材料，只是匆匆呈现情境，在学生还没有理解情境中所蕴含的数学内容时，就推出了形式化的内容（公式）。当然，直接给出定义、公式然后就让学生去练习的方法更不可取，因为学生认知的建构必须经历理解情境、从情境中发现规律、再建构数学知识的过程。

教师在反思后提出了另一套设计方案，而新的设计，则基于学生如何有效理解"方差"概念的内涵实质。这样的学生分析才有利于教师做到真正"有的放矢"地设计促进学生认识与发展的教学过程。

总之，教师对教育意义的理解、对学科内在本质的解读、对学生有效学习机制的把握，制约、影响着教师对每一节课的教学过程设计。

（二）外在因素：变革引领与评价推动

教师作为设计主体，他们对教学过程设计的选择与决策，不仅取决于主体自身的价值意识与行动能力，还受到他们所处时代的社会发展条件、教育变革理念、学校主导文化等多层面外在力量的制约。当前，影响学校教学过程设计价值取向的最主要力量有两个，即新一轮基础教育课程改革所倡导的理念与来自学校、家庭、社会的评价导向。对于教师的教学过程设计而言，一个属于前方"牵引"，一个则在后面"推动"，但是"拉力"与"推力"等"外力"的作用方向，常常不一致。因此，教师对教学过程设计价值取向的选择、判断，在多元价值、诸多力量、不同导向的制约下，常常表现为"合力的结局"。

1. 新课程改革理念的引领

新课程改革要求"改变课程实施过于强调接受学习、死记硬背、机械训练的现象，倡导学生主动参与、乐于探究、勤于动手，培养学生搜集和处理信息的能力、获取新知识的能力、分析和解决问题的能力以及交流与合作的能力"①。虽然课程实施方式的变革仅仅是这次课程改革的六大目标之一，但由于新课程改革大力主张与积极倡导学习方式的转变，"自主学习""合作学习""探究学习"等学习方式，在教师的教学研讨、教学设计乃至教学实施中，频频出现。不论什么学科、不管哪个学段、不拘任何课堂，或多或少都要呈现新的学习方式。人们应该承认，促进学习方式的变革迫在眉睫。有学者指出，"学习方式的转变意味着个人与世界关系的转变，意味着存在方式的转变。如果一个在学校中度过 9 年或 12 年学习生活的孩子，整天处于被动地应付、机械训练、死记硬背、简单重复之中，对于所学的内容也就难免生吞活剥、一知半解、似懂非懂；我们很难想象，在他（她）的一生中，能够具有创新的精神和创新的能力，能够成为幸福生活的创造者和美好社会的建设者，能够不唯书、不唯上，能够用自己的眼睛去观察，用自己的头脑去判别，用自己的语言去表达，能够成为一个独特的自我"②。《基础教育课程改革纲要（试行）》、各学科课程标准等作为体现中小学教学内容的文件，虽然对教师的教学行为不具备强制执行特性，但却可以通过各种价值引领的活动，渗透到教师的日常教学活动与教学设计中，其导向性作用影响着教师的教学过程设计。

　　本研究所考察的 35 节初中物理课，除去一节考前的总复习课外，全都设计了以小组合作的方式进行"探究活动"的过程。客观而言，科学探究既是科学教育本质的体现，也是物理教学的基本特征之一。因此，《物理课标》也以"注重科学探究，提倡学习方式多样化"作为课程的基本理念。理念的引领对教师设计教学过程确实产生了巨大的影响，"探究活动"成为物理教学过程设计的常态化环节，以至于理论研究者与一线教师关于"探究"的研究内容，由探究的意义、价值、功能等重要性的分析，转向探究的策略、过程、方法以及问题解决等实践操作层面的实效性思考。北京市中学物理特级教师陶昌宏认为，"独立的思考，探索的实践"是探究性教学的"魂"。所谓独立的思考，"是指在形成问题，做出假设和

---

　　① 钟启泉，崔允漷，张华. 为了中华民族的复兴　为了每位学生的发展　基础教育课程改革纲要（试行）解读[M]. 上海：华东师范大学出版社，2001：4～5.

　　② 钟启泉，崔允漷，张华. 为了中华民族的复兴　为了每位学生的发展　基础教育课程改革纲要（试行）解读[M]. 上海：华东师范大学出版社，2001：258.

猜想，设计探究方案的过程中，所进行的独立思考。……这种思考的价值在于改变学生的思维习惯。面对纷繁复杂的物理现象有形成问题的意识，能够对问题的结果，或者是问题发展的趋势做出基本假设，能够根据自己的能力自信地设计科学合理的探究方案"①。所谓探索的实践，是指按照设计的探究方案所拟定的程序，进行探索性实践。这种探索性实践能够有效提高学生的探究能力。其价值在于，学生亲身经历探究活动，会获得直接经验，会感悟物理学的研究方法，能体验探究的艰辛，能体验探究成功后的喜悦。在探索的实践中，创新精神和实践能力能够得到有效的培养。② 对"探究活动"之"魂"的剖析，就是对所设计活动的价值取向分析，也为充分发挥设计活动的功能奠定了基础。因此，为了能够从容、清晰地设计教学过程并发挥其功能，教师需要从被动的"牵引"转向主动把握课程改革理念的内涵、本质，变被动制约因素为主动适应性选择。

2. 不同取向教学评价的推动

从本质上看，教学评价是根据教学活动的目的，对教学活动及其结果的客观衡量与价值判断。它对教学过程设计发挥着多方面的作用，如检验效果、诊断问题、提供反馈、引导方向等，从整体上调节、控制着教学过程的实施。教学评价根据教育变革理念的不同而具有不同的价值取向，可以说有什么样的教育变革理念，就存在什么样的教学评价取向。当前，对教师教学过程设计具有影响作用的评价主要有两类：一类是体现新课程理念的各种课堂教学评价，目的是有效推动新课程改革的实施；另一类是承担着不同一般的甄别与选拔任务，属于总结性评价的"高考"，其特殊的功能凸显了"评价引导教学方向"的作用，对教学过程设计产生了很强的导向作用。

体现新课程理念的课堂教学评价在评价取向上必定与改革方向一致，"牵引力"与"推力"两者叠加，其"合力"为两个力之和。因此，新课程理

---

① 首都师范大学特级教师工作中心.面向课程改革的新思考：特级教师谈教学[M].北京：首都师范大学出版社，2011：128.

② 首都师范大学特级教师工作中心.面向课程改革的新思考：特级教师谈教学[M].北京：首都师范大学出版社，2011：128.

念对教师的影响力，在"设计—评价—再设计—再评价"的不断循环往复中，在没有其他干扰的条件下逐步加深、增强，渐渐成为教师日常化教学过程设计的价值取向。小学中低学段教师的教学过程设计，在教学变革中常常能较快适应并体现新理念，其原因在于此。

高考作为一种特殊的、高利害性评价，表现为高考分数的高低不仅仅是评价教师教学过程设计以及实施水平的指标，某种程度上，也成为决定学生进一步发展状况、衡量学校办学质量、考察地区教育发展水平的唯一评价指标。当教师的评优评职、奖金额度，学校的办学经费、社会声誉等外在功利性因素，无不与学生在高考评价中的分数挂钩时，高考这个评价活动的价值取向就可以克服所有"其他力"的影响，成为一定时期内，如高中阶段，教学过程设计的重要制约因素。于是"应试教育"取向的教学过程设计大行其道。在应试教育取向下，教学过程设计以提高学生考试成绩（高考升学率）为目的，围绕"应考"所需的知识、技能、能力、方法等设计教学过程的各种活动，呈现出满堂灌、题海战术等教学行为。

"应试""应考"取向作为影响教师教学过程设计的外因，其是否发生作用、作用程度如何，还必须取决于设计主体在不同需要和利益之间的权衡。不可否认的是，诸多教师常常陷于"应试"与"素质"、"成才"与"成人"、"出成绩"与"培养学生"之间的两难选择。① "出成绩"受"应试教育"取向影响，表现出功利性的价值取向；"培养学生"基于对教师职业的价值判断，体现出本体性的价值取向。虽然不断有来自各方的调和论调称：提高学生各方面素养的过程，就是提升应试能力的过程；"出成绩"与"培养学生"是可以在教学过程中共同实现的；教学过程要遵循"静待花开"之道，不要过于注重短期性的、立竿见影的效果等。但是，人才成长的长周期性、迟效性与教学评价的即时性、短视性之间的矛盾，学生发展的长远利益与当前利益（也包括教师的当前利益）之间的矛盾，使得教师更为现实地选择后者。因为"没有一个教师敢保证，高考的那一天就是自己所教学生都能够'花开'的那一天，就是他们的能力可以体现为高考分数

---

① 刘刚，蔡辰梅."出成绩"与"培养学生"——教师的价值选择困境与自我认同危机[J]. 教育学术月刊，2010(4)：76～79.

的那一天"①。因此，在制度性的评价体系和利益分配体系中，"出成绩"的价值取向，因为符合多重主体，如地方行政部门与教育部门、学校、教师、家长与学生等群体的利益与需要，而逐渐成为教学过程设计中占据绝对优势的价值取向，而培养学生的价值取向则逐渐被边缘化。

从上述分析看，教学过程设计价值取向的制约因素是多方面的，有些是直接的，有些是间接的；有的是内在影响，有的是外部控制。设计主体的选择就是在不同需要和利益之间权衡利弊，因此，教学过程设计价值取向也就呈现出多元共存的景象。

①　周序，郑新蓉．高考承载的"异化"压力与可能消解[J]．中国教育学刊，2012(2)：16～19.

第四章　教学过程设计价值取向的
应然探寻与实现路径

　　前文在梳理教学过程设计价值取向的历史研究基础上，从现实和理论两个维度，考察与分析教学过程设计价值取向的现状、结构以及影响因素等。实然价值取向的描述仅仅给出了设计的现状，教学理论研究的重要价值在于探索教学过程设计价值取向的应然，指明变革的方向，引领甚至改造课堂教学实践。因此，对教学过程设计价值取向的应然思考与实践策略的探寻，必然是本研究的应有之义。本章首先探寻教学过程设计的应然价值取向。对教育的应然追求离不开对社会宏观背景的分析，这是教育发展基本规律所决定的，即教育的变革与发展必然受到社会政治经济与文化发展的制约。任何时代的教育都必须培养该社会所需要的人，人才质量标准的确定伴随着社会变革而变化。对教学过程设计应然价值取向的追求，更离不开现实教育变革与发展的诉求，它作为教育改革的根本性价值诉求，影响着教育活动的各个环节。教学过程作为最重要的人才培养活动，其设计的应然价值取向必然受制于教育改革根本性价值倾向的要求。因此，对宏观社会发展背景的分析、对学校教育变革根本价值追求的解读，成为探索教学过程设计应然价值取向的重要基础。应然探索仅仅指出了追求的方向，而如何达到目标，如何实现应然价值取向，则需要分析可能的实现路径。本章从不同的角度分析实施的路径，尝试提出可能达成的原则。

一、教学过程设计应然价值取向的探寻

　　教育作为社会整体的一部分，其发展变化的主导价值取向必然受到

社会政治、经济、文化等诸因素变革的影响。探寻教学过程设计的应然价值取向，同样必须立足于当代中国社会发展的现实需求与未来趋势，在现实与未来之间建构应然的思路。因此，对教学过程设计应然价值取向内容的建构，主要基于两方面的分析：一方面是根据当前中国社会所处转型时期的主要特征，分析社会转型对人才发展的新要求；另一方面是根据中国当前教育变革的战略方针，明确学校教育的主导价值取向。本研究以这两方面的分析为基础，构建教学过程设计的应然价值取向。

（一）社会转型对人才成长的新要求

1. 转型期中国社会发展的主要特征

对于 20 世纪 80 年代以来的中国社会变迁，社会学家通常选择用"社会转型"这个概念描述与解释所发生的巨大变化。中国的社会转型不是撇开社会主义而转到其他社会制度上去，而是借助市场经济这一有效的社会组织形式，建构一个更加合理的社会制度体系。由于中国的社会转型与西方发达国家有着不同的历史前提和社会环境，所以面临着更多的社会难题。西方以人们能够接受的方式分别展开前现代性（农业社会）、现代性（工业社会）和后现代性（信息化社会）的变化，我国则不得不呈现"并置"的方式：在设置现代性的基础上后置前现代性、前置后现代性。[①] 也就是说，当我们根据农业文明的思维方式和交往方式建设我们生活的时候，工业文明以其不可阻挡之势向我们走来；在我们还没有从理论上和实践上读懂工业文明的境况下，后工业文明又向我们走来。这种"并置"的尴尬境地，使得不同文明的主导价值取向之间相互冲突。"农业文明条件下的自然经济同几十年的计划经济体制相连，以抑制个体性和主体性为特点，其价值取向主要有集体主义、整体主义、客观主义、自然主义、经验主义等；工业文明和市场经济以提倡个体性和主体性为特点，其价值取向主要有个体主义、参与意识、功利主义、技术主义、消费主义等；后工业文明以消解个体性和主体性为特点，其价值取向主要有生态主义、交往理性主义、技术批判主义等。各种各样的价值观念特别是那些相互

对立、相互排斥的价值观念在中国同时存在并相互争夺，从而造成了价值冲突。"①在价值取向并存与冲突的背景下，如何把握中国当代社会发展的性质呢？

有学者从当今全球发展总体趋势以及中国现代化发展的客观现实出发，突破了"二分范式"的"社会转型"理论，即传统农业社会向工业社会转变，认为以信息技术为核心的现代高新技术产业已使人类社会的生产力结构发生了从物质型向信息、智能型的转变，从而正在形成新的社会形态，这就是信息社会②。因此，"二分范式"，即农业社会到工业社会的转型模式，已经难以解释中国社会、经济结构的发展状况，而要转换为"农业社会—工业社会—信息社会"的三分范式。也就是说，中国现代化的发展"不仅要实现从农业社会向工业社会的转变，而且也要实现从工业社会向信息社会的转变。……这就是说社会转型不是单纯工业化过程的'单层社会转型'，而是包括工业化、信息化在内的'双重转型'"③。基于这种转型的定位，有学者概括了中国社会转型的特征与趋势。总体而言，"从空间上来看，具有全方位、多角度、多层次的特点，从时间上来看是加速的，从历史进程上来看，具有复杂性与艰巨性等特征"④。可以说，"双重转型"的观点继承了既有的反映西方国家工业化、现代化的过程与经验，又融会了当今中国社会生产方式的新特质，对 21 世纪中国现代化的加速发展具有较好的解释力。基于这种新的"社会转型"理论框架，中国现代化的创新发展就是要处理好工业文明与后工业文明的协调发展。

2. 社会"双重转型"对人的发展的新要求

转型对中国社会的政治、经济、文化等都产生了很大冲击。理性认识与深刻把握社会"双重转型"对人的发展新要求，迎接并适应社会转型所带来的巨大变革，成为教育理论与实践领域研究与关注的重要议题。具体来看，当代中国社会"双重转型"对人的发展要求主要表现如下。

首先，关注人的整体发展。当代中国社会的转型处于经济全球化浪

---

①　姜锡润，王曼．论社会转型时期价值冲突的根源与价值观重建[J]．武汉大学学报（哲学社会科学版），2005(2)：149～155.

②　王雅林．"社会转型"理论的再构与创新发展[J]．江苏社会科学，2000(3)：168～173.

③　王雅林．"社会转型"理论的再构与创新发展[J]．江苏社会科学，2000(3)：168～173.

④　王永进，邹泽天．我国当前社会转型的主要特征[J]．社会科学家，2004(6)：41～43.

潮的迅猛波及背景下，这就促使目前的产业结构、经济增长方式、经济效率标准、劳动力结构等生产方式的集中转变。主要表现如下：经济增长的支柱将逐步转向信息、新材料产业、新能源和环保产业、航天技术、海洋技术产业以及科技、教育、文化等；产品的生产与消费、经济竞争与人才合作在全球范围内流动，全球化的媒体网络与全球化的交流合作，使地球名副其实地成为一个"村落"；资源、环境、生态等因素的制约，以及科技信息技术的创新，将助推人与自然协调发展，走向依靠科技进步、节约资源、节制消费、保护环境、生态协调的可持续发展的道路；在科技高度发达的同时，为了人类更好的生存，强调科学精神与人文精神的交汇统一，用"对话"代替"对抗"，在和平共处中实现共同发展；通过东西方文化的对话、交流、融合，将人类文化提升到前所未有的高度，等等。社会转型所带来的方方面面变化，必然对未来人才的素养提出新的要求。例如，伴随知识总量翻番时间的缩短，个体应树立终身学习理念以及培养创新精神与能力；在国际化的竞争与合作氛围中，既要具有全球意识，又要坚持自己的理想信念，同时培养多元并存、优势互补的团队合作精神；面对产业结构、经济结构的不断调整，建构个人宽厚的基础知识与复合型的专业才能，并能灵活运用全球的科技信息和创新工作平台；在处理人与自然的关系中，自觉规范自身行为，致力于可持续发展的生产方式、生活方式，让科学技术更好地促进人类社会的物质文明和精神文明建设，等等。这些对人才发展的新要求，不论是知识、能力，还是意识、信念等，都体现出对人的整体发展的诉求。因此，在继承我国当下学校教育重视"双基"的优良传统基础上，必须更加关注学生作为一个"完整的人"的全面发展。这种诉求必然会触动教育工作者重新思考目前学校教育价值诉求的合理性，分析人才培养标准是否有助于生产方式的转变，尤其是课堂教学的实施过程能否促进学生整体全面发展。

其次，强调人的主动发展。伴随着生产方式、经济生活形态的转变，人们的传统价值观、思维方式和精神状态也发生着相应的变化。产业结构的调整、生产模式的转向、科层架构和等级制度的松散化，唤起了社会成员的主体意识，也赋予了劳动者在某个集体或团队中更多的自由选择机会与权利，甚至可以使他们在不同的组织集体中做出取舍。传统群体伦理、权利本位和身份本位压抑下的个体主体性，在社会转型中获得了解放。主体意识的觉醒和确立，个体某种程度的自由与解放，必然带来主体权利意识的增强，自主选择机会的增多，个人自身利益合理性的确定，等等。于是人被推到了自主选择的前台，人的自主性、主动性得到了较大程度的认可与发挥，人对自由、自主的渴望得到了部分的满足，成为一定意义上不得不自主选择但又必须承担选择责任的不可退缩也无法逃避的主体。传统社会那种以整齐划一、简单服从、计划控制为主的思维方式不再被认为是天经地义的了，人的发展更多依赖于通过自己搜集、处理各种信息，自主决策、选择成长路径来寻求适宜自身发展的空间。对人的"主体精神"的推崇成为时代精神的重要内容。在这种社会转型背景下，学校教育不得不思考如何设计让学生参与自我选择、自主决策的各种活动，课堂教学过程的设计也同样要为学生主体意识的觉醒与确立，提供有效的活动支撑。

最后，重视人的个性化发展。工业文明的重要特点是标准化，而信息社会则以个性化、多样化为旨归。科学技术的进步需要各种各样的人才，激烈的竞争环境也要求教育所培养的人具有丰富的个性、创新意识与开拓精神。当代信息技术的突飞猛进，促使人类生活的信息化程度越来越高，生活方式的个性化、差异化成为重要特征。20世纪50年代以来，世界范围内兴起了一场新技术革命，以计算机与通信技术的结合为标志，促使信息技术迅速超越材料、能源成为影响社会发展的一种决定力量，信息资源的开发、传播、利用逐步趋于社会化、产业化。这场科学技术的改革，是对人类脑力的增强与延伸，它不仅改变了人类社会的生产方式、思维方式和社会运行机制，更深刻地影响着人们的日常生活方式。它的结果是，社会信息的投入产出比迅速增长，人们交往合作的渠道极大拓宽，整个社会普遍实现了自动化——工厂自动化、办公自动化、家庭自动化。新的信息技术被广泛应用于从政府办公到企业生产，再到家庭、个人生活的各个领域。信息技术的充分而广泛应用，让人们可以更彻底地享受个性化生活方式。借助网络和数字化通信，人们可以不受时间、空间的限制，实现无障碍的、即时性的、非面对面的沟通与交流，网络中的虚拟相遇日渐频繁，极大地增加了真实相会的交往广度、接触频度乃至沟通深度。信息技术所带来的逐步个性化的学习方式，要求教育打破目前整齐划一、封闭僵化的教学过程，要求尊重每个学生独特的发展进程与方式，在群体性的活动中，在与他人的相互联系中，尤其是在与环境和谐相处中，充分发挥学生的个性特长，使他们成长为各具特色、生机勃勃的社会需要的人才。

当代中国社会"双重转型"所带来的巨大变化，将在多大程度上改变学校教育的价值追求、内容组织与教育形态是难以完全估计的。但是可以想象，社会转型对人的发展要求的转变，不仅应体现在充分有效地继承人类文明的基础上，而且体现在能够具备批判性、创新的意识与能力、社会责任感等转型社会发展所需要的人才品质上。

应该说明的是，社会"双重转型"对人才的要求不仅仅是上述的三方面内容，但它们的确是核心要求。本研究之所以关注这几个方面，主要是鉴于当前学校教学过程设计价值取向所存在的突出问题。对问题的追问与应对，需要考察当代中国社会发展的现实需求。

（二）学校教育的根本价值追求

对教学过程设计价值取向的应然探索，不仅要考虑中国当代社会的发展状况，更需要结合我国当前以及今后教育发展的基本方向。《国家中长期教育改革和发展规划纲要（2010—2020 年）》（以下简称《2020 纲要》）明确将"育人为本"作为今后几年我国教育事业改革与发展的方针，体现了国家教育改革与发展规划的特色、重点及价值追求，即培养高素质人才是学校教育的根本价值追求。

1. 关于"育人为本"内涵的理解

教育面对的是人。教育学是"人学"。教育活动也是人与人之间的活动。人是教育的前提，也是教育的目的。提出"育人为本"的教育价值追求，有着深刻的社会历史背景。这是在社会历史发展过程中对人的主体地位和作用日益突出，对社会全面、和谐、可持续发展的理解日益清晰，以及对我国改革开放和现代化建设过程中所付出的代价认识逐步深刻的基础上提出的。"育人"本是学校存在的根本价值，如果不以育人为本而以别的什么为本，那么学校就不能称其为学校。但是，当前学校教育确实存在由于片面追求升学而忽视学生整体健康发展，即所"育"的是"人的部分"与"部分的人的情况"。因此，《2020 纲要》重申"育人为本"，就是为了唤醒教育工作者的"育人"意识，这里的"人"指"人的全部"与"全部的人"，使价值追求回归到学校教育的应然价值追求。在基础教育阶段，"育人为本"的内容主要表现如下[①]：应该尊重儿童，让他们喜爱学习、喜欢学校、对自己的未来充满信心；应该保护儿童的好奇心、求知欲和批判精神，并将他们引向科学领域；应该唤醒和培育他们与生俱来的善良天性、同情心、爱心、责任感等，为他们后天德行的形成、价值的学习和人格的发育打下良好的基础；应该使儿童养成健康的生活习惯、强健的体质和体魄、高尚的审美趣味、爱护环境的意识等。上述这些"育人"内容，表达了学生作为一个"完整的人"的发展取向。学生的发展首先是为了成为幸福生活的创造者，进而成为美好社会的建设者；教育的要求基于学生的需要，同时又高于学生现有水平并且通过学生的能力是可以达到的；教育必须着眼于学生的全面成长，促进学生认知、情感等方面的和谐发展；教育必须关注学生的生活世界和学生的独特需要，促进学生的差异发展；教育必须关注学生终身学习的愿望和能力的形成，促进学生的可持续发展。"育人为本"是一种对人在社会历史发展中的主体作用与目的地位的肯定，也是一种立足解放人、为了人并提高人的整体素养，尊重人的能力差异，尊重人的个性与独立人格的价值取向。

2. 学校教育在人的发展上表现的误区

"育人为本"作为教育工作的根本价值追求，集中体现于人的全面成长与发展全过程。然而，目前学校教育由于片面追求升学，而忽视了青少年学生健康身心素养的培养，在人的发展上存在着几个误区。

第一，发展的短视性。目前部分学校往往以牺牲学生"今天"的幸福去换取"明天"的发展，表现为沉重的课业负担，封闭、枯燥、脱离学生生活的教育训练，巨大的升学压力，甚至为不道德的教育教学过程充斥着学生的教学生活，造成了许多学生厌学，憎恨学校，"读书如同坐监牢"。客观地说，面对竞争日益激烈的社会，学校、教师、家长更多地关

---

① 顾明远，石中英. 国家中长期教育改革和发展规划纲要（2010—2020 年）解读[M]. 北京：北京师范大学出版社，2010：59.

注学生"明天"的发展，关注学生是否能够适应未来社会的发展，这是无可厚非的。但是，学生的成长就是每一个"今天"的积累。每一个"今天"幸福、健康、充实与快乐地成长，才能逐步成就"明天"的发展。然而，不计代价的牺牲"今天"换取"明天"，很可能当学生还没有走到"明天"，他的创造力、他的个性甚至他的健康已经丧失。

第二，发展的片面性。由于一些学校片面追求升学率，对学生的教育只重视知识的学习，而忽视青少年多方面素养的和谐发展，甚至牺牲他们的休息时间、娱乐时间和体育锻炼时间，遏制他们天然的好奇心和求知欲，用繁重的课业负担来填充他们本该丰富多彩的生命世界，造成他们完整的人格片面发展甚至畸形发展。这突出表现为学生身心发展不相协调，认知与情感相分离，人文与科学缺少整合。这种教育违背了"育人为本"的思想，不是把每一个学生作为教育服务的对象，而是用"升学率""学校的社会声誉"等外在目标来苛求、压迫学生，并最终导致他们在学校中被客体化、边缘化和等级化。因此，培养科学素养与人文素养兼备的新型人才是素质教育的一个基本目标。在高科技特别是信息技术不断飞跃的 21 世纪，教育在弘扬人文精神方面肩负着历史的重任。

第三，发展的划一性。世间没有完全相同的人，人与人之间的差异构成了世界的丰富多彩与生机勃勃。要让每个学生都得到良好的发展，就要先承认人是有差异、有个性的。然而，现实的教育用一个整齐划一的模式、整齐划一的标准去要求事实上存在着差别的个体，其消极的后果就是消解独特性，压抑创造性，进而泯灭个性，使人变得平庸、卑琐、谨小慎微和盲目从众，缺乏冒险、开拓、创新的意识和能力，缺乏承担责任的能力[①]。这样的结果不是发展而是压抑，甚至是"摧残""禁锢""束缚"。"育人为本"的教育变革理念，就是要承认并尊重学生的个性，发展学生的个性。正如杭州天长小学所倡导的："面对有差异的学生，实施有差异的教育，促进有差异的发展，获得有差异的成功。"

3. 学校教育实施"育人为本"的思路

"育人为本"中的"人"，涉及学校中的每一个人。因此，学校教育以

---

① 肖川. 我们究竟需要什么样的教育[J]. 教育参考，2000(5)：15～19.

育人为本，就需要创造适合每一个学生的教育。学校教育面对每一个学生，服务于每一个学生，这是教育伦理与教育公平的基本原则。学生与学生之间，由于家庭环境、教育经历和个人努力等多种因素的不同，必然存在学习兴趣、学习基础、学业成绩、行为品质等方面的差异，这是客观事实，也是学生正常发展的表现。教育工作者不能因此而随意把学生分成三六九等，优待好学生，忽视甚至歧视待优生。教育工作者需要因人而异、因材施教，变革教与学的方式与过程，努力创设适合每一个学生发展的教育教学环境与过程，使不同类型的学生在具体的教学过程中，都能得到主动、丰富与差异化的发展，都有积极的学校生活体验，都能感受到尊严、进步与幸福，都能够带着更大的希望进入未来的工作或学习过程中。因此，教育工作者，尤其是教师在思想上应确立新的教育观念，即适合每个学生的教育就是最好的教育；每一个学生都有独特的个性和价值，都是一块丰富的宝藏，因而需要不同的教学过程设计；应然的教学过程设计价值取向是将每一个学生培养成符合他们自己条件和个性，展现他们自身的巨大潜能和独特风采的价值取向。

为了实现"育人为本"，学校的一切工作都要服务和服从于学生的健康成长，以促进学生健康成长为学校工作的出发点和落脚点。尽管帮助学生为升学做准备是学校教育教学应有之义，但不能以应试教育为中心，尤其不能以牺牲学生的身心健康、损害学生对知识和学习的正确理解为代价。学校教育不能偏离了"育人为本"的基本方向。青少年学生的健康发展，不仅应该成为学校工作的出发点，也应该成为检验和评价教育教学工作质量的核心标准。

（三）教学过程设计价值取向的应然表达

探索教学过程设计的应然价值取向不能仅仅立足于教学领域，其建构既要依据中国当代社会转型对人才发展的新要求，也必须符合国家教育改革与发展的总体价值追求，还应该吸收改革开放以来基础教育领域教育教学变革的重要成果。在一定程度上，应然价值取向的建构也必须针对现实教学过程设计中的突出问题。

我国中小学教学过程的总体价值追求是在不断探索与变革中，呈现出丰富性、多样性的。近 30 年来，教学过程设计在总体价值取向上，大体经历了如下转变：从偏重"双基"到重视智力发展，从重视智力发展到关注兴趣、情感、态度等非认知因素，再转向注重学生素质的全面发展，进而强调学生有个性的、有差异的全面发展。①

回顾近些年来基础教育领域重要教育教学变革的核心价值，探讨其共同价值取向，有助于建构教学过程设计的应然价值取向。在课堂教学领域，影响深远、广泛的重要改革包括"主体教育实验""新基础教育实验"，以及自上而下进行的新一轮基础教育课程改革。自 20 世纪 90 年代初启动的，由北京师范大学裴娣娜教授牵头的"主体教育实验"，将"主体性"作为教学活动追求的核心要素，确定了主体性的定义，即主体性是人作为对象性活动的主体所具有的本质特征，是人在与客观世界的关系中所表现出来的一种功能性特性②，并提出了主体性的三种特质，即自主性、主动性和创造性。在"主体教育实验"过程中，就其整体教学活动价值追求而言，它将主体性发展的各个方面凸显为"对象"，而将主体性赖以产生的素质基础作为"背景"，这不是贬低素质基础，而是因为知识技能等价值取向是不言而喻、不需特别强调的，任何一种教学过程都不可能缺少这类要求。20 世纪 90 年代中期，由华东师范大学叶澜教授牵头的"新基础教育实验"，提出重建新的课堂教学价值观的主张："当前我国基础教育中课堂教学的价值观需要从单一地传递教科书上呈现的现成知识，转变为培养能在当代社会中实现主动、健康发展的一代新人。"③这个表述中，"主动发展"是关键词，作为"新基础教育"的主张，发展被视为一种开放的、生成性的动态过程，既不是外铄的，也不是内发的，人的发展只有在人的各种关系和活动的交互作用中才能实现。从自身发展的角度看，学生的主动性是关键因素，尤其在社会转型期各种不确定因素增多的时代背景下，个体实践的主动性成为发展的核心要素。迈入 21 世纪，我国启动了新一轮基础教育课程改革。新课程改革在教学价值取向上倡导的重要理念，就是从知识与技能、过程与方法、情感态度与价值观三

---

① 裴娣娜. 现代教学论(第一卷)[M]. 北京：人民教育出版社，2005：66.
② 裴娣娜. 发展性教学论[M]. 沈阳：辽宁人民出版社，1998：7.
③ 叶澜. 重建课堂教学价值观[J]. 教育研究，2002(5).

个维度来设计各个学科课程应该完成的教学价值追求。"三维目标"的确定，明确了课堂教学过程应关注学生作为一个完整人的发展，而不能仅仅偏重"双基"教学。上述这些重要的教育教学变革，在教学过程设计的价值取向上都指向了人的主动发展、人的整体发展与人的个性化发展。这也是我国学校课堂教学变革与创新过程中的共同价值追求。

对教学过程设计应然价值取向的确定，还取决于正确学生观的确立。现代教学理论认为，在教学过程中，学生是一个完整性的存在，是一个主体性的存在，也是一个独特性的存在。[①] 因此，对教学过程的设计必须尊重学生的主体性、完整性和独特性，才能有效促进学生身心得到充分自由与独特的发展，培养学生成为一个全面和谐发展的人。综合考虑几方面的影响因素，本研究提出，教学过程设计的应然价值取向是促进学生积极主动的、富有个性化的完整发展。

1. 强调学生"主动"发展的价值取向

强调"主动"发展的价值取向，是指设计必须突出学生在教学过程中的主体地位，充分发挥学生学习的主动性、积极性，从过程设计的导入环节开始调动学生的兴趣与求知欲，全程注重对学生的启发与富有针对性的指导，创设环境让学生在主动参与中独立地感知教材、学习教材，深刻地理解教材，把书本知识内化为个体的精神财富，并能够应用于实践。马克思主义认为，人在社会生活中处理与外部客观世界的关系时，虽然有受动的一面，但是人不会消极地安于受动，因为它感到自己是受动的，所以是一个有激情的存在物。激情、热情是人强烈追求自己的对象的本质力量，通过实践创造对象世界，改造无机界，人证明自己是有意识的类存在物[②]。这表明，在与外部客观世界的关系中，人总是希望处于主体地位，具有主体性，希望由自己的理性和自觉意志做出决定，而不是按照外部或他人的意志行动。

强调学生的主动发展，是指学生在处理与外部客观世界关系时所处的一种主动态势、表现出来的功能特性和具有的独立人格特征。传统教学常常将学生视为被动接受知识与技能训练的受教育者，学生在教学过

---

①　杨小微，张天宝. 教学论[M]. 北京：人民教育出版社，2007：159.

②　杨小微，张天宝. 教学论[M]. 北京：人民教育出版社，2007：163.

程中的受动性、被动性成为教学过程表现出来的主要功能特性。缺乏调动学生主动性的教学过程设计，只能将学生引向消极、盲从、奴性的不能称其为人的状态，这种设计表现出不道德、对学生不负责的价值取向。

在教学过程中，学生的主动性表现为自尊、自立、自强的自我意识；表现为有明确的学习目标和自觉积极的学习态度，以及符合实际的自我评价、积极的自我体验和主动的自我调控能力；表现为能够以自己已有的知识经验、认知结构和情意结构去主动同化外部教学活动的影响，通过积极的吸收、改造、加工，实现主体素质结构的建构与改造，等等。学生在教学过程中主动性的发挥，不仅取决于他们的经验、知识因素，还受到个人的需要、动机、兴趣、情感、意志等情意因素的影响。因此，教学过程设计必须在充分了解学生发展的现实状态下，有针对性地创设各种活动、情境，提升主体积极主动发展的态势与独立人格，促进学生自觉主动的发展。

2. 关注学生"完整"发展的价值取向

关注"完整"发展的价值取向，是指教学过程设计必须以学生身心全面和谐健康发展为价值追求。学生的完整性存在，是指个体的生命是一个由自然与社会、物质与精神、生理与心理、理性与感情、科学与人文等多层次、多因素构成的综合体。[①] 缺少任何一个方面，个体的发展都是残缺不全的、不和谐的、不健康的。受传统教学思想的影响，学生通常被视为一个单纯的认知性存在，"把课堂教学目标局限于发展学生的认知能力，是当前教学论思维局限性的最突出表现……具体地说，就是把生命的认知功能从生命整体中分割出来，突出其重要性，把完整的生命当作认知体来看待"[②]。"这在认识上放大了理性、智能、科学、技术在人和社会发展中的作用，在实践上则缺乏对人的精神力量培养的重视。"[③]不可否认，这种以传授理性，重视、培养和发展认知能力为核心价值取向的教学过程，在开发学生的认识潜能、帮助学生迅速掌握人类文明成果乃

---

① 杨小微，张天宝．教学论[M]．北京：人民教育出版社，2007：159.

② 叶澜．"新基础教育"探索性研究报告集[M]．上海：上海三联书店，1999：226.

③ 叶澜．时代精神与新教育理想的构建——关于我国基础教育改革的跨世纪思考[J]．教育研究，1994(10)：3～8.

至推动人类科技进步与生产力发展方面都发挥了重要作用。但是，这种唯理性主义教学过程的局限性也日益凸显。有学者指出，"我们今天正在以非常危险的速度向着充满不确定性的未来而迅跑……一方面是闪电般前进的科学和技术，另一方面是冰川式进化的人类的精神态度和行为方式——如果以世纪为单位来测量的话。科学和良心之间、技术和道德行为之间的这种不平衡冲突已经到了如此地步：它们如果不以有力的手段尽快地加以解决的话，即使毁灭不了这个星球本身，也会危及整个人类的生存"①。因此，教学过程不仅要关注认知性的掌握知识与发展智力任务的完成，还必须重视学生作为一个完整的人的生命潜能的多方位彰显与动态生成。教学过程设计价值取向对学生发展完整性的关注，并不意味着对认知性价值取向的否认。后者是前者的基础，而不是全部。在教学过程中，学生的认知性发展不是自足的，它只完成了完整性发展的一个局部任务。从克服"单向度的人"的价值取向出发，教学过程设计的应然价值取向必须关注学生的"完整性发展"。

3. 重视学生"个性化"发展的价值取向

重视"个性化"发展的价值取向，是指教学过程设计必须正视学生之间客观存在的个性差异，以承认、尊重学生生命个体的个性品质与差异性为价值诉求，关注差异性，重视个体独特性，根据学生不同的个性特点、不同的学习方式，设计区别对待的教学过程，让学生获得有个性的发展。个体的生命既是完整的、全面的，又是具体的、独特的。每个个体生命都具有不同于其他个体生命的个性品质与独特特征，具有至高无上的内在价值与尊严。"在时间和空间的纵横扩展中，每个人都以其独立的个性存在着"，"都是作为无可替代的独立个性存在生存着。"②人的个性品质的充分、自由的发展是一个社会文明进步的客观要求。历史已经证明，越是高度个性化的社会，它的整体力量就越强。托夫勒曾指出："我们必须抛弃一个唬人但错误的观念：不断增长的差异性会自动地带来社

---

① [美]保罗·库尔兹. 21世纪的人道主义[M]. 肖峰，等，译. 北京：东方出版社，1998：2~3.

② [日]香山健一. 为了自由的教育改革——从划一主义到多样化的选择[M]. 刘晓民，译. 北京：高等教育出版社，1990：16，100.

会紧张与冲突。事实恰恰相反。社会冲突不仅是不可避免的，在一定范围内，它是有益的。如果一百个人都拼命地想要获得同一个发财机会，他们也许不得不为此争得不可开交。但是，如果这一百人中的每个人都有自己的不同目标，那么他们之间就会进行交易和合作，进而形成共生关系，这对大家都更有益。只要有适当的社会安排，差异性会有助于形成一个安全和稳定的文明。"①但是现有的教学过程设计，无视学生之间在知识背景、生活体验、学习倾向、思维方式等方面的巨大差异，设计统一的目标、内容、时间安排与教学进程，试图培养与塑造统一的"标准件"，致使本应丰富多彩的教学过程变得沉闷、单调，缺乏活力与生机。不仅学生独特的需要与兴趣没有得到合理的满足，学生缺乏幸福的感受与成功的体验，而且这种统一化的设计意味着教学过程对某些学生是不公平和不公正的。"只要千篇一律地对待儿童，就不可能建立一个真正科学的教育学。每个儿童都有很强的个性，……每个学生都必须有机会显露他的真实面目，这样教师就能发现学生在成为一个完全的人的过程中需要干些什么。教师只有熟悉他的每个学生，他才有指望去发展任何一种教育方案，使之或者达到科学的标准，或者符合艺术的标准。如果教育家不了解各个学生的实际情况，他们就不可能知道自己的假定计划是否有价值。"②因此，教学过程设计必须重视培养、发展学生良好的个性品质和独特特征，促进他们身心得到充分、自由、个性化的发展。

综上所述，根据影响教学过程设计的宏观与微观因素以及著名改革实验的成果，本研究提出了教学过程设计应然价值取向以学生的"主动""完整""个性化"发展为核心价值取向。

二、教学过程设计应然价值取向的实现路径

前文尝试探寻了教学过程设计的应然价值取向。应然价值取向表征

---

① [美]阿尔温·托夫勒，海蒂·托夫勒.创造一个新的文明[M].陈峰，译.上海：上海三联书店，1996：93～94.

② [美]约翰·杜威.学校与社会·明日之学校[M].赵祥麟，等，译.北京：人民教育出版社，1994：297.

着教学过程设计应追寻的方向、应达成的预期，表达了"应该是什么"。只有通过"怎样有效地实现"，才能将悬于星空的"应然"，落实到日常化的课堂。因此，探索教学过程设计应然价值取向的实现路径，就成为本研究的应有之义。下面首先从两个向度分析教学过程设计应考虑的因素，其次从设计的基本原则方面回答如何实现"应然"。

（一）应然价值取向教学过程设计的分析向度

分析向度表征着分析的方向与维度，如历史向度、理论向度、实践向度等。教学过程设计关涉的是人与人之间的活动、交往等方面的设计，因此，本研究所采取的分析向度为科学向度与人文向度。

1. 科学向度的分析：提升质量

对教学过程设计的科学向度分析，主要涉及学生的认识与发展规律以及学科自身的认识逻辑两个方面，分析的目的是追寻课堂教学永恒的话题——提升教学质量。

（1）教学过程设计必须遵循学生的认知发展规律

教育心理学研究表明，认知因素是影响教学过程设计的重要因素。学生个体的认知因素主要包括学生的认知结构、认知发展准备和认知风格等。[①] 教学过程设计的个性化取向，就是要求设计必须适应学生个体的认知因素。

认知结构是指学生已经具备的知识及其结构。从狭义上讲，它仅指学生个体在某种特殊知识领域所具备的知识及其组织结构，即与新的学习直接相关的那些知识及其组织结构。学生的学习总是在已有知识基础上进行的，在有意义学习过程中，总是通过将新的知识与原有结构中已有有关知识建立联系而进行学习。奥苏伯尔等人的研究表明，学生认知结构中最重要的三个变量是已有知识及其概括程度、已有知识与新知识的可分辨度以及已有知识的巩固程度。

认知发展准备主要指学生从事某种学习时，已经具备的认知功能和一般认识能力发展水平。在不同年龄阶段，学生在感知、记忆、思维等

---

① 施良方，崔允漷．教学理论：课堂教学的原理、策略与研究［M］．上海：华东师范大学出版社，1999：106～107．

方面的功能的发展水平不同。皮亚杰提出的认知发展四阶段，即感觉运动、前运算、具体运算、形式运算阶段，成为划分与解释学生认知发展的重要理论。

认知风格又称认知方式，主要描述学生在认知过程中表现在认知方式方面的持久一贯的独特风格。学生在认知方式上是有差异的，通常用两极的方式来描述，如场依存与场独立、整体性策略与系列性策略、求同思维与求异思维等。设计主体只有全面、充分地分析这几类认知因素，才可能遵循学生的认知发展规律，设计出科学合理的教学过程。

(2)教学过程设计必须遵循学科自身逻辑

设计主体在设计教学过程时，对教学内容的组织既可以按照学科逻辑，也可以主要依据心理逻辑。前者通常是指学科知识组织与构建的顺序、规律，后者则指学生心理发展的规律。用"逻辑的"和"心理的"不同顺序，研究学科教材如何组织，是美国实用主义教育家杜威首先提出的。他认为，如果按照学科知识的逻辑体系组织教材，则"体现在教育工作中的逻辑的因素是教材，而不是学生的态度和习惯；只有当儿童的学习同外界的教材相符合的时候，他们的心智才能变成合乎逻辑的。为了使儿童的学习同教材相符合，首先就要由教科书或教师把教材分析为种种的逻辑成分；然后，对每一种成分下一个定义；最后，把所有的因素按照逻辑公式或普遍原则，安排成若干组或若干类。这样，学生逐条地学习各种定义，逐步地增加这些定义的内容，造成逻辑的体系。因而，学生本身也就逐渐地受到感染，从没有逻辑性进而也就有了逻辑性"①。杜威反对用学科逻辑顺序组织教材，而倡导用儿童"心理的"顺序组织教学内容。单纯心理逻辑顺序的种种弊端，带来了学校教育质量的下降。因此，教学过程设计绝不能忽视对学科逻辑顺序的遵循，设计主体应该以清晰、关联的学科逻辑作为设计教学过程的重要依据，全面把握学科内涵实质、学科内容体系、学科发展脉络、未来发展趋势等学科自身的要素，基于对学生心理逻辑的充分了解，形成科学的设计，使学生在课堂教学过程中条理化地获得学科知识，并掌握相应的学科思维方法。

---

① [美]杜威．我们怎样思维·经验与教育[M]．姜文闵，译．北京：人民教育出版社，2004：74.

遵循学生与学科规律设计教学过程，可以体现在一位教师所设计的"元素化合物知识"一课的分析思考中，如图 4-1 所示。

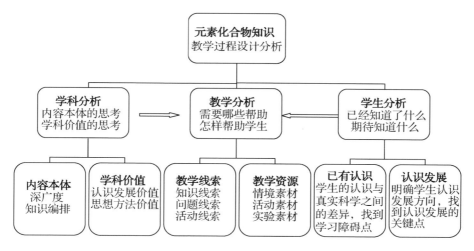

图 4-1　"元素化合物知识"教学过程设计分析

2. 人文向度的分析：体验幸福

对教学过程设计的人文向度分析，主要涉及学生在课堂教学过程中的幸福体验与美感享受，分析的目的是让学生在教学过程中获得幸福生活体验。

（1）课堂生活的幸福体验：教学过程设计的重要价值取向

"追求幸福是每个人的生活动力，这是一个明显的真理。如果不去或不能追求幸福，生活就毫无意义。"①幸福生活是人人向往与憧憬的，教学活动过程作为学生生活的重要组成部分，应关注学生课堂生活的幸福体验。只有关注学生幸福感受的教学过程设计，才是尊重学生生命、关注学生健康发展的价值追求，才是学生真正期盼和需要的教学生活。对学生课堂生活幸福体验的追求，应包括学生的身体、心理与伦理等方面。但传统的教学过程设计对知识、理性过于偏爱，教学过程设计似乎就是知识学习与能力发展的设计，只要能让学生有效、成功地掌握知识，提

---

① 赵汀阳．论可能生活：一种关于幸福和公正的理论［M］．北京：中国人民大学出版社，2004：143．

升能力，所设计的教学过程就是有价值的、成功的。因此，传统的教学过程设计中"外铄""灌输""注入"等价值取向成为主流，而对学生积极的、愉悦的情感体验重视不足，对学生的身体成长关注不够，更为不当的是，以身体的痛苦为代价换取学生考试分数的提高。毋庸置疑，身体发展是心理发展的前提和基础，以损害身体为代价的教学过程设计，不仅在价值取向上表现出严重偏离，而且对学生的心理发展也会产生不良影响。只有学生的身体、心理获得和谐发展，才是健康、正常、完整人的发展。教学过程设计在关注身心和谐发展之外，还应重视教学伦理的体现。例如，教学过程的实施要尊重学生的自尊心，教学过程设计要坚持教学的公平与民主，充分发挥学生学习的主体性，尊重学生的个别差异，等等。总体而言，学生课堂生活的幸福体验，要求教学过程设计必须关注学生的身体、心理和伦理发展的和谐统一。

（2）课堂生活的审美体验：教学过程设计不可忽视的价值取向

在教学的全过程中，从导入到总结，从动态到静态，无不存在大量的审美要素。从审美的角度关注教学过程中目标的设定、内容的组织、进程的设计、方法的选择等，探索遵循审美规律和教学规律的教学过程设计，使学生在审美化的设计中享受课堂生活的学习、认识活动，享受交往活动的快乐、平等与沟通的喜悦，享受课堂生活中美的体验。教学过程设计的审美取向，即运用美学、工艺学和教育技术学等相关成果，设计教学过程，使教学活动过程审美化，努力追求教学过程中社会发展需求与人的发展需求得到最大限度的满足，教师与学生的需要达到最大限度的和谐。传统教学过程设计主要关注学生在课堂中对知识、技能、能力的掌握，而忽视学生的道德情操与美感体验的获得。因此，从应然价值取向出发，教学过程设计要将知识传授过程设计成精神陶冶的过程，将技能训练的过程设计成心灵丰富的过程，将能力培养的过程设计成智慧提升的过程，总之，将整体教学过程设计成学生对美的体验与整体成长的过程。

为了实现教学过程设计中的审美取向，首先，设计主体必须有意识地发现和挖掘多方面的审美因素，并将这些因素以其特有的方式、特有的审美魅力渗透于教学过程之中，给予学生审美的影响。其次，教学过程设计在满足优质高效的基础上，运用现代教学中的审美观念，将教育技术与教育艺术有效结合，创设学生审美化的学习生活。例如，曾经产生巨大影响的愉快教育、成功教育、情境教育等，突破了传统教学过程中沉闷、呆板的教学形式，运用中国传统的乐学、体悟、意境等美学思想和现代教育技术新成果，使教学过程充满了愉快、高效、和谐的审美气息。再次，设计主体必须意识到，教学过程的审美设计是教学活动与审美活动的自然契合。教学过程不仅追求学生在教学过程中知识技能的获得、体力智力的发展、人格修养的提高，还要求形成学生健康审美的情趣，即让学生在获得知识滋养的同时得到审美熏陶，在教学过程中获得美的享受，使理智发展与审美修养达到完美、自然的契合。

（二）应然价值取向教学过程设计的路径分析

教学过程设计活动的最核心要素是学生和教师。前者是教学过程设计所服务的对象，所有的教学过程设计都是围绕着如何促进学生主动而全面发展展开的；后者则是教学过程设计的主体，设计主体自身的素养、所秉持的价值追求等，直接制约着教学过程设计实施的效率和质量。因此，应然价值取向教学过程设计的路径分析必须关注这两类主体性要素。任何一个教学活动过程都是在某种教学理念的引领下，通过适当的教学方式、手段、组织形式等才得以实现的。因此，应然教学过程设计价值取向的路径分析还必须重视教学理念与技术手段。

1. 现代教学改革应坚持的三个核心概念

现代教学生成发展的内涵是在实践、活动基础上通过合作与交往，促进学生差异发展。"实践与活动""合作与交往""差异发展"是当前课堂教学改革应该坚持的三个核心概念。对实践与活动的研究需要思考两个问题：一是教学活动促进学生认识发展的功能研究；二是表现形态丰富多样的教学实践活动的类型研究。有学者将教学活动归为三类，"认识活动——认识反映关系，区分主体与客体，达成认识的目的，指向的是科学文化；交往活动——互为主客体、互为目的的价值性活动，指向的是交往文化；艺术活动或称自由性活动——不仅包含视、听觉艺术，也包含精神伦理艺术，超越主体与客体，具有自为的目的，展现的是符号与生命的统一，指向的是艺术文化。这三种类型活动是由人与自然、人与社会、人与自身三种基本关系决定的。三种类型活动相互作用，从而形成教学实践活动的总体"①。交往是人与人之间在共同活动中发生相互作用和联系的基本方式，也是社会群体赖以生存和发展的必要条件。作为一种个体与群体双向建构的社会性交往活动，现代教学关注的是教学活动过程体现出来的群体人际关系，是一种使教师在"权威""顾问""同伴"三种角色的选择中，学生在"竞争与合作"两种关系的处理中，师生在主动与受动角色扮演中，形成的良性促进的和谐关系。差异发展是由学生发展的丰富多样性所决定的。学生之间存在不同的个性特点，差异是客观存在的。教师面对存在差异的学生，最大限度地利用学生的潜能实施有差异的教学，引导并鼓励学生形成独特性，实现差异发展，是现代教学十分关注的一个问题。准确地理解和实践三个核心概念，是教师自觉合理地建构提升学生主体性的教学过程设计应坚持的基本理念。

2. 以学生发展的真实需要为着眼点，有针对性地设计教学过程

学生是教学过程中主动、完整、个性化发展的主体，所以教学过程设计应以学生发展的真实需要为着眼点，在不同的价值主体之间，优先满足学生发展的需要。满足学生发展需要的教学过程设计，就意味着基于学生学习基础、学习兴趣、个人能力等方面差异，设计最适合他们发展需求的教学过程。在目前班级授课制的条件下，学生真实的学习过程"总体上是复杂、多样、多层次的变化过程"。班级中的诸多学生"不会同时学同样的内容，也不会只用一种方式或方法来学习。实际上，就某个教学目标而言，一些学生可能早已学会，一些学生可能根本没有学习的条件，还有一些学生可能需要别样的方法或安排"②。然而，传统的教学过程追求统一性，即统一内容、统一要求、统一时间、统一进度、统一方式、统一结论。学生就像羊群一样被赶进教育工厂，在那里他们的独特个性被无视，他们被按同一个模式加工和塑造。我们的教师们被迫，或自认为是被迫按别人给我们规定好的路线去教学。③ 要改变这种价值取

①　裴娣娜．教育创新与学校课堂教学改革论纲[J]．中国教育学刊，2012(2)：1～6.
②　文喆．学校教学三题[J]．中国教育学刊，2012(2)：24～27.
③　陈友松．当代西方教育哲学[M]．北京：教育科学出版社，1982：119.

向，就必须从学生的真实需要出发，要求教师能够为不同的学生设计不同的教学过程，给出不同的指导，让学生在原有基础上都能得到真实、有效的发展，而不能强求统一步调、统一要求。东北师范大学附属小学在建构"开放式学校教育"①的本土化探索中，以"珍惜群体中的每一个人"为基本出发点，改变课堂教学"一刀切""齐步走"的教学过程设计，充分尊重学生的个性差异，灵活运用多种方式，实施个性化教学，促进学生的个性发展。具体做法如下。

首先，在个性化教学的设计方面，采取了六项策略：关注学生差异，制定多层次教学目标；合理组织教学内容（单元内容与课堂内容），实现由教向学转变；兼顾各种学习组织形式（主要有个别学习、分组学习、同步学习），提高学习的自主性；加强教师间合作（主讲教师＋辅助教师，多位主讲教师共同指导），实现指导的个别化；针对不同学习需求，灵活创设学习环境；指向学生发展，进行学习诊断和评价。

其次，建立了相对稳定的教学活动结构框架和操作程序。在个性化教学实践中，提出了集体指导模式、学习进度模式、学习起点模式、学习顺序模式、课题选择模式。每种教学模式侧重于关注学生某一个方面的差异，但同时也兼顾其他方面的差异，五种教学模式之间既相互对立，又相互补充；既相对稳定，又不断发展。例如，学习起点模式主要以关注学生的认知起点和方法起点，提高不同的学习任务为特征，以满足学生不同发展需求为目标。它需要检测学生的学习基础，根据学生的水平差异，设计不同的学习起点。因此，它适用于起点相差悬殊、不宜进行同步学习的内容，能有效解决教学过程中"吃不饱"与"吃不了"的问题，使每个学生都能在"最近发展区"进行学习，从而提高学习效果。

这种个性化教学过程的设计，打破了传统的标准化、统一性的教学过程设计价值取向，以学生为中心来考量和设计教学过程。这种教学变革理念与教学实践对改变现实教学过程设计具有重要的引领价值。

---

① 熊梅，等. 新型学校的构建：开放式学校教育的本土行动与创新[M]. 北京：教育科学出版社，2011：122～141.

3. 以对教育、学科的内涵实质理解为基础，充分体现学科的育人价值

学生是教学过程主动、完整、个性化发展的主体，所以教学过程设计必须充分体现学科的育人价值。清晰明确地把握学科的育人价值，依赖教师对教育意义的理解、对学科内涵实质的把握、对学生如何理解的分析。如果说，教学过程设计更为偏向于说明"如何教"，那么，上述对教育、学科、学生的理解、把握、分析等，则是属于"教什么"或"是什么"的问题。如果教师没有对"是什么"的深刻理解与把握，即教师发展的内涵性缺失，那么教师所设计的"如何教"只能是无稽之谈。笔者参与的"教师发展学校"建设项目，针对教师专业发展的内涵性缺失，在教师专业发展研修活动中，提出自上而下的六个层面研修环节的设计。这六个层面是教育、学科、课程、教材分析、学生分析、课堂教学过程设计。①这六个层面是层层衔接、环环相扣的不可分割的整体，是动态连续的分析过程。具体的展开过程如下。首先，教师应该树立对于"教育"的基本理解，应该理解自己的职责和使命就在于实现教育的意义。其次，教师应该形成对自己所授学科的根本理解，理解所授学科的性质、特点、基本内容、历史沿革和最新进展。与通常对学科性质理解不同的是，这里的理解是以对教育的根本理解始终在场为前提的，因此，对学科性质思考时，也始终考虑着自己的学科性质特点具有怎样的教育意义。最后，教师应对自己所教课程拥有着根本的理解，包括分析所授学科的中小学课程设计思想及其结构、学科教学目的以及问题探讨。教师对课程的理解也是基于对教育的根本理解，考虑如何通过自己所教的课程实现教育的意义。这三个层面属于通识性教师专业研修，着眼于教师形成对教育、学科、课程及其内涵实质的根本理解。后三个层面则进入具体分析与设计，着重于在整体理解基础上分析教材，分析学生对教学内容方面的可能理解，完成教学过程设计。第四个层面，分析教材，以所授教材为主要文本，分析上述教育、学科、课程思想在教材文本中的体现。至此，教师对于教育、所授学科、学校课程与教材形成了深刻理解，拥有了对"是什么"的内涵实质的把握。在此基础上，研修的第五层面就是理解学

---

① 宁虹，王志江，等. 重新理解教育：来自教师发展学校的报告[M]. 北京：教育科学出版社，2010：68～70.

生。理解学生不是一般所说的"学情分析"，而是要分析学生对教学内容方面的可能理解和意向，估计学生可能的理解与课程要求的理解之间的差异。两者间的差异就成为设计教学过程的重要依据。在完成了上述五个层面的研修内容后，才能开始第六个层面的研讨，即教学过程设计的分析。

必须强调的是，六个层面的研修过程是一个完整的整体，教师没有对教育、学科、课程的根本理解，没有对教材如何体现着教育、学科和课程思想的认真分析，没有对学生如何理解教学内容的估计，教师最终无法真正完成一节体现着应然价值追求的课堂教学过程设计方案。但是以往的教师备课研修活动，常常忽视前面五个层面的重要性，或者认为这些理解是教师已经具备的，无须深究，所以可以直接要求教师完成教学过程设计。这样做的实质，就是不问"教什么"，只问"怎么教"。试想，当教师不能清晰透彻完整地理解所教的课程"是什么"时，怎么可能有效地完成"如何教"的过程设计！这样做的结果就是，教师很难设计出体现个体对教育、对学科、对教学内容拥有根本理解的教学过程。教师以自己之"昏昏"不可能令学生"昭昭"。因此，教师必须以严格的科学态度，深刻解读所教授内容的内涵实质，清晰地明确自己要追求的价值目标方向，才可能真正通过教学过程的设计与实施，实现学生真实、真正的发展。

4. 信息化时代对信息技术的有效使用

（1）数字化学习对教学过程设计的挑战

以信息技术为代表的科学技术的迅猛发展，对人类的生产方式、生活方式、思维方式以及学习方式等都产生了重大的影响。信息时代的学习与以多媒体和网络技术为核心的信息技术的发展密切相关。信息技术以数字化为支柱，信息技术应用到教学活动过程中，引起了学习环境、学习资源、学习方式都向数字化方向发展，形成了数字化的学习环境、数字化的学习资源和数字化的学习方式。数字化学习成为教学过程设计不得不关注的重要方式。

有学者认为，数字化学习是指学习者在数字化的学习环境中利用数字化学习资源，以数字化方式进行学习的过程。① 它包含三个基本要素，即数字化学习环境、数字化学习资源和数字化学习方式。

数字化学习环境，是经过数字化信息处理具有信息显示多媒体化、信息传输网络化、信息处理智能化和教学环境虚拟化特征的环境，包括设施、资源、平台、通信、工具等。

数字化资源是指经过数字化处理，可以在多媒体计算机上或网络环境下运行的多媒体材料。它能够激发学生通过自主、合作、创造的方式来寻找和处理信息，从而使数字化学习成为可能。这种资源包括数字视频、数字音频、多媒体软件、网站、电子邮件、在线学习管理系统、计算机模拟、在线讨论、数据文件、数据库等。

数字化学习不同于传统的学习方式，它使学生不仅仅依赖于教师的讲授与课本，还要利用数字化平台和数字化资源。师生、生生之间开展协商讨论、合作学习，并通过对资源的收集利用、探究知识、发现知识、创造知识、展示知识的方式进行学习。因此，数字化学习方式具有多种途径：资源利用的学习，即利用数字化资源进行情境探究学习；自主发现的学习，借助资源，依赖自主发现、探索性的学习；协商合作的学习，利用网络通信，形成网上社群，进行合作式、讨论式的学习；实践创造的学习，使用信息工具，进行创新性、实践性的问题解决学习等。

数字化学习拓展了学习的时空与学习的资源，这种学习方式的变革对教学过程设计，尤其对信息技术应用于教学过程中的设计是一个巨大的挑战。首先，数字化学习使教学过程功能从传统的"传道、授业、解惑"，拓展为"知识的继承、传播、使用、创新"。因此，教学过程设计价值取向，也需要从关注基础知识、技能掌握与提高转向注重学生整体素质(包括学生的信息素养)提高。其次，数字化学习为学生自主选择学习手段、学习时空、学习资源提供了条件，相应地，教学过程设计必须考虑如何建构科学合理的教学过程进程，为学生的自主化、个性化学习提供活动的时空。最后，数字化学习为个体的终身学习创造了条件，那么基础教育阶段的课堂教学过程设计，如何为学生的终身学习奠定基础，

---

① 李克东. 数字化学习——信息技术与课程整合的核心[EB/OL]. [2003-08-17]. http://www.jswl.cn /kczh/II/IIS/ llxx/d1. htm.

则成为必须关注的问题。

（2）追求信息技术融入教学过程设计

信息技术应用于教学活动过程，并成为教学过程设计的重要组成部分，逐渐变成了中小学课堂教学的一种日常现象。然而，信息技术与教学过程的结合程度、结合性质，即技术促进教学过程功能发挥作用的程度如何，是考察信息技术应用于教学活动过程适宜性的关键性因素。有学者总结、梳理了目前中小学信息技术与教学过程相结合的四种类型，其关系见表 4-1[①]。

表 4-1　信息技术与教学过程结合的四种关系

		塞入	加入	嵌入	融入
教师的目的		点缀	弥补	提升	重构
信息技术	作用	改换（动作）	改变（环节）	改善（过程）	改造（环境）
	地位	局外	边缘	要素	关键
	性质	无关教学的技术	辅助教学的技术	支撑教学的技术	教学化了的技术
信息技术与教学的关系		路人：凑合貌合神离	同人：联合若即若离	友人：结合一唱一和	亲人：融合难舍难分
教学的性质		疏于技术的教学	问于技术的教学	基于技术的教学	技术化了的教学

从总体上看，信息技术与教学过程的关系，比较多的是被强行"塞入"与一般性地"加入"教学活动过程的；能够将信息技术"嵌入"教学活动的并不多，而"融入"教学过程的技术基本上还是理想的期待。如何有效建构两者的关系，关键在于设计主体。作为主体的教师不仅不能拒绝信息技术，也不能满足于点缀或弥补性"加入"技术，而应充分发掘信息技术的价值与运用空间，通过将信息技术自然地、无缝地、艺术地融入整个教学活动过程，才能满足信息化时代学生的学习需求，迎接学生数字化学习的挑战。信息技术"融入"教学过程，意味着对整个教学过程的重构，它包括教学内容呈现方式的重构，学生信息资源获得方式的重构，

---

① 　吴康宁.信息技术"进入"教学的四种类型[J].课程・教材・教法，2012（2）：10～14.

教学过程中师生、生生互动样态的重构，教学过程时空结构的改造，等等。所有这些重新建构，其实质是建构一种全新指向的教学过程时空结构的安排，所体现出的价值取向可以表达为最大限度地联结学生的生活经验，最大限度地激发学生的学习兴趣，最大限度地挖掘学生的发展潜能，最大限度地尊重学生的个性差异，最大限度地引导学生的主动创造，最大限度地促进学生作为一个完整的人去感知尽可能完整的世界。信息化时代呼唤着与之相应的新的教学过程设计。

结　语

在行动中实现——研究者与行动者合作建构
教学过程设计

　　教学过程设计是任何课堂教学实践与教学理论研究的核心话题，也是教师最日常的专业生活与专业发展的重要内容，是宏观或微观教育教学改革的观念着力点和基本途径，也是学生成长发展的主要渠道。对教学过程设计与实施的重要意义的认识促使笔者关注教学过程理论。笔者多年来参与基础教育学校教育变革的经历与体验，也促成了这一实践取向研究主题的选择。从薄弱学校的改造，到教师发展学校的建设，再到初中建设工程的实施，笔者曾经先后几次作为研究者与行动者合作，共同形成与建构着不同价值取向的教学过程设计与实施。近几年，在参与裴娣娜教授主持的几个重大课题研究与探索过程中，笔者接触了更为丰富鲜活的课堂教学变革性实践，也研究了不同学段不同学科的教学过程设计与过程实施。经历与经验的不断积累，解读与分析的逐步深入，与众多同行、学者以及行动者的对话、交流，使笔者渐渐形成与建构了这个研究主题。

　　教学过程理论是教学论学科建设中既古老又现实的基本理论问题。本研究选择从价值角度，研究教学过程设计价值取向，通过梳理教学过程设计的历史，考察教学过程设计的两类现状，审理现实教学过程设计价值取向的偏差。对历史与现实的研究，是为了建构当前与未来教学过程设计的应然价值取向。因此，本研究立足于中国社会的转型与基础教育的变革，提出了教学过程设计应以促使学生主动、全面、差异发展为价值取向，同时建构了应然价值取向的分析向度与实现路径。

理论不是教条，而是一种庄严、神圣、追求普遍与超越的生活方式，理论研究的真正价值与解释力度只能在具体的、丰富的教学实践中检验。作为研究者，我们在初步建构理论的同时，需要与实践中的行动者合作，以行动的改变为指向，在现实的实践中提升实践的品质、完善理论的建构。因此，对教学过程设计价值取向的研究，既是一段研究的暂时结束，更是一个拥有理论自觉意识的行动开始。立足当代生动、鲜活的变革性教学实践样态，教学过程设计应然价值取向需要在行动中接受检验、在行动中得以实现。实现价值追求的重要路径则是研究者与行动者合作建构教学过程设计。

附　录

1. 课堂观察记录表

类型：

教材：　　　　　　　　　　　课程主题：

学校与班级：

授课教师：

观察记录项目		观察记录	思考与评注
教学过程主体设计			
教学过程本体性追求			
活动方式	呈示方式：机械、单一与灵活多样		
	指导方式：有与无；形式化与针对性		
	演练方式：单调与丰富；规范与多元		
	小组活动设计：形式化与充分活动交流		
教学进程设计：技术化、程序化与个别化、个性化			
教学情境设计			

总体分析：

2."密度"课堂观察记录

类型：录像课 教材：(北师大版)八年级第二章第3节　　课程主题：密度 学校与班级：怀柔S中 授课教师：董老师		
观察记录项目	观察记录	思考与评注
教学过程 主体设计	教师试图让学生自主，但给学生的思考空间不足。	
教学过程 本体性追求	通过探究让学生掌握密度的物理意义，但探究没有达到效果，只是在读书理解物质密度数值时特别强调了物理意义。	教师能够意识到概念教学应追求物理意义的理解，这是物理课的基本价值取向，但主要不是通过探究所获得的，而是通过教师的语言指导让部分学生初步知道，还未达到理解的程度。
活动方式	呈现方式：机械、单一与灵活多样	1. 导入：阿基米德鉴定皇冠的故事； 2. 提出实验操作的目标：学生还不知道为什么要做这些测量； 3. 让学生回忆如何使用天平测质量、用量筒测物体的体积； 4. 课件与话语共同直接说明实验步骤； 5. 教师将学生的数据展示于投影，并纠正数据错误，对于铁丝组，学生认为同体积的铁丝质量不同，教师直接指示差距不大； 6. 通过让学生计算质量与体积之积，得到比值接近，由此引出密度概念； 7. 板书与口述密度定义、公式——对公式的引出借用了速度的公式； 8. 密度的字母表达特别强调其写法； 9. 对单位的介绍比较流畅：国际单位——用质量的国际单位与体积的国际单位来表达为千克/米³，常用单位为克/厘米³； 10. 读书指导，常温、常压下密度的数值，特别强调常温常压，这是重要的理念； 11. 小结：教师小结，使用语言与课件，时间匆忙，没有达到效果。	1. 故事引入非常好，但对其原理的解释运用了后续的概念，学生听得云里雾里； 4. 教师完全可以让学生自己总结，目前的状况就是学生按照教师给予的指示直接操作，而没有自己探究的任何成分； 5. 对于学生认为的不同，教师应给予更深入的解释，而不是一句话带过，让学生的怀疑泯灭于教师的权威话语之中； 7.8.9. 学生记录板书。

续表

活动方式	指导方式：有与无；形式化与针对性	在学生实验操作中，教师给予指导，如：如何记录；操作要求（"轻点啊！"）；读量筒示数的方法；将数据记录在学案上；将数据与其他组交流。	
	演练方式：单调与丰富；规范与多元	1. 学生计算质量与体积的比值； 2. 学生读出密度的表达式； 3. 让学生说出冰的密度表达式，并说明其物理意义； 师：这个数据并不代表物理意义。	2. 带领学生读出密度，即学会物理语言的表达，这是重要的规范； 3. 让学生说出物理意义是非常重要的对概念的理解。
	小组活动设计：形式化与充分活动交流	学生在实验操作中比较积极、认真，包括测量质量、测量体积并记录数据等。	学生小组的操作活动时间非常充分，所以学生的操作从容，确实是对学生动手能力的训练。但由于课堂时间有限，后续课堂练习的时间没有了。
教学进程设计：技术化、程序化与个别化、个性化		设疑—探究—指示—讲解	
教学情境设计		学生活动的情境比较充分	

总体分析：

第一，教师期望依据新课程标准要求，引导学生在小组合作与讨论中自主建构密度的概念，但事实上只有探究的形式，却不能做到学生自主建构概念的理解。学生对概念的认知仍旧是依靠教师的讲解实现的。学生在课堂上能做到自己活动、进行实验操作，却不是自主的，而是他主的，是教师主导的。教师仍旧是课堂的权威，他主导了课堂教学过程的活动，学生的活动也是在他的指挥下完成的，学生对数据的不同看法也会被教师引导到他所预设的结论中。因此，学生的主体性发挥几乎没有实现。该设计只见课堂的热闹，而没有伴随学生自主的、深度的思考。

第二，教师教学过程设计所追求的主要价值依旧是学生对知识、对概念的掌握（虽然某些课的教学连概念的掌握都难以做到）。物理课堂上，受新课程标准影响，教师期望学生在掌握概念、知识之余，培养探究的意识，学会探究的方法，但对能力的培养、方法的指导还稍有欠缺。不过教师能明显意识到能力培养的重要性，并试图努力完成这项价值追求，这是可喜的。教师在实现这种追求过程中不能有效指导，或者拘束太多，都成为限制学生能力发展的屏障。

第三，呈示：教师在呈示教学内容时，基本上采取语言、板书以及课件的形式，偶尔使用小视频，形式上还稍欠丰富。价值取向基本上还是传统的。

第四，指导：教师对学生实验操作的指导是具体的，但偏于规范性的要求。这节课的内容是需要规范操作的。学生刚刚开始接触物理学科的知识与实验操作，更多的是不了解与不熟练。因此，教师要求学生在了解了操作步骤后，按照要求逐条操作是可以理解的，也是应该这样做的。只是教师提供给各组的实验操作用具，如铁丝卷、土豆等，比较同质，各组测量的铁丝卷的排水体积全部相同，不利于学生在形成概念中发散思维。学生依据同样的思路在接受着教学内容，即使在数据有些误差、学生认为质量不同时，还会被老师解释为数据相近。呈示的过程、实验的过程、指导的过程都是教师带领学生直达最后主题的过程，教师不允许学生在这个既定的过程中产生些许不同想法。事实上，学生的不同想法正是暴露其思维特点与方式的时候，学生的错误正是有效的教育学生的时机，可是教师不允许这种"意外"情况的出现，这既反映了教师对既定教学过程设计忠实遵循的倾向，也体现出教师不具备控制意外情况的意识与能力。"忠实预设、避免节外生枝"，一旦出现与预设不符的情况，教师就尽快引导学生回到预设的路径上来，不论这种情况有无教育价值，也不考虑这种情况是否暴露出学生的真实问题或想法。这是几位教师在教学过程中的共同行为特征。

第五，演练：学生在课堂上的演练形式如下。①按照教师要求的步骤进行实验操作，目的在于完成实验任务，学会并逐步熟练操作实验器材。前者是知识学习的类型，后者是技能训练的类型。②完成教师提供的练习或问题，目的是巩固并记忆所学新知识。③在课堂记笔记或者完成学案上的练习：学生的笔记就是教师黑板或课件内容的转移，没有更新的内容，因为教师要求记录这些内容。因此，究竟学生笔记的意义何在？从教学录像看，多数的演练趋向于训练技能、熟练掌握知识的价值取向，而没有通过演练让学生产生新的疑问。

第六，小组活动：学生小组活动的基本形式有两种。①讨论：按照教师的要求通过思考与交流形成问题的答案，即完成教师布置的思考题；②小组实验：仍旧是按照要求遵循实验操作步骤，进行相关的操作、测量与记录，基本是由2～3人共同完成。小组讨论在基本教育领域广泛使用已有十多年了，大概是主体教育实验带给基础教育课堂教学的最重要的变化，但是小组讨论与交流的目的是什么？如何有效使用，至今仍旧是课堂教学中值得探讨的话题。该环节的问题表现在：问题是否需要通过小组合作讨论？讨论的时间是否充分？教师对小组的讨论是否给予有效指导？

第七，教学过程进程设计：基本就是传授—接受式与探究—指导式，或者有些小变式，而基本没有什么大的突破。这可能反映了教师对学生认识规律并不了解，基本上按照常规，或者从众的心理使然。

第八，教学情境设计：基本关注问题情境或者实验情境，但是情境的创设不能充分、有效地调动学生的兴趣或者积极性，基本没有起到激"情"的效果，好像仅仅是点缀。这说明教师对创设情境的价值认识不够清楚，或者创设情境的能力也不足。创设情境的能力与教师的情感、人文素养、科学素养等密切相关，教师在这方面的表现相对薄弱。

参考文献

阿·尼·列昂捷夫. 活动　意识　个性[M]. 李忻，等，译. 上海：上海译文出版社，1980.

奥苏伯尔. 教育心理学：认知观点[M]. 余星男，等，译. 北京：人民教育出版社，1996.

保罗·库尔兹. 21世纪的人道主义[M]. 肖峰，等，译. 北京：东方出版社，1998.

博伊德，金. 西方教育史[M]. 任宝祥，吴元训，主译. 北京：人民教育出版社，1985.

布鲁纳. 布鲁纳教育论著选[M]. 邵瑞珍，张渭城，等，译. 北京：人民教育出版社，1989.

蔡仲. 后现代相对主义与反科学思潮[M]. 南京：南京大学出版社，2004.

陈嘉映. 存在与时间读本[M]. 北京：生活·读书·新知三联书店，1999.

陈向明. 质的研究方法与社会科学研究[M]. 北京：教育科学出版社，2000.

陈友松. 当代西方教育哲学[M]. 北京：教育科学出版社，1982.

陈章龙，周莉. 价值观研究[M]. 南京：南京师范大学出版社，2004.

崔录，李玢. 现代教育思想精粹[M]. 北京：光明日报出版社，1987.

崔其升，谢金国. 走进杜郎口自主学习教学模式[M]. 北京：中国林业出版社，2005.

达尼洛夫，等. 教学论[M]. 北京师范大学外语系1955级学生，译. 北京：人民教育出版社，1961.

戴尔·H. 申克. 学习理论：教育的视角[M]. 韦小满，等，译. 南京：江苏教育出版社，2003.

戴维·斯沃茨. 文化与权力：布尔迪厄的社会学[M]. 陶东风，译. 上海：上海译文出版社，2006.

丁钢 . 创新：新世纪的教育使命［M］. 北京：教育科学出版社，2000.

董远骞，张定璋，裴文敏 . 教学论［M］. 杭州：浙江教育出版社，1984.

董远骞 . 中国教学论史［M］. 北京：人民教育出版社，1998.

杜殿坤 . 原苏联教学论流派研究［M］. 西安：陕西人民教育出版社，1993.

范寿康 . 教育哲学大纲［M］. 福州：福建教育出版社，2007.

高秉江 . 胡塞尔与西方主体主义哲学［M］. 武汉：武汉大学出版社，2005.

高觉敷，叶浩生 . 西方教育心理学发展史［M］. 福州：福建教育出版社，1996.

高清海 . 找回失去的"哲学自我"：哲学创新的生命本性［M］. 北京：北京师范大学出版社，2004.

古德，等 . 透视课堂［M］. 陶志琼，等，译. 北京：中国轻工业出版社，2002.

顾泠沅 . 教学实验论：青浦实验的方法学与教学原理研究［M］. 北京：教育科学出版社，1994.

顾明远，石中英 .《国家中长期教育改革和发展规划纲要（2010—2020 年）》解读［M］. 北京：北京师范大学出版社，2010.

顾明远 . 挑战与应答：世纪之交的中国教育变革［M］. 福州：福建教育出版社，2001.

郭华 . 教学社会性之研究［M］. 北京：教育科学出版社，2002.

郭华 . 课堂沟通论［M］. 北京：北京师范大学出版社，2006.

贺善侃 . 当代中国转型期社会形态研究［M］. 上海：学林出版社，2003.

赫伯特·马尔库塞 . 单向度的人［M］. 刘继，译. 上海：上海译文出版社，2006.

赫尔巴特 . 普通教育学·教育学讲授纲要［M］. 李其龙，译. 北京：人民教育出版社，1989.

赫尔曼·诺尔 . 不朽的赫尔巴特［M］//李其龙 . 赫尔巴特文集（第三卷）. 杭州：浙江教育出版社，2002.

胡军 . 知识论［M］. 北京：北京大学出版社，2006.

胡克英 . 教学论研究［M］. 北京：教育科学出版社，1981.

怀特海 . 教育的目的［M］. 徐汝舟，译. 北京：生活·读书·新知三联书店，2002.

黄甫全，王本陆 . 现代教学论学程［M］. 北京：教育科学出版社，1998.

黄济，王策三 . 现代教育论［M］. 北京：人民教育出版社，2004.

加里·D. 鲍里奇 . 有效教学方法［M］. 易东平，译. 南京：江苏教育出版社，2002.

加涅，等 . 教学设计原理［M］. 皮连生，等，译. 上海：华东师范大学出版社，1999.

教育部师范教育司．教师专业化的理论与实践［M］．北京：人民教育出版社，2003.

靳玉乐，李森．现代教育学［M］．成都：四川教育出版社，2005.

瞿葆奎．教育学文集：教学（上册）［M］．北京：人民教育出版社，1988.

卡尔·雅斯贝尔斯．什么是教育［M］．邹进，译．北京：生活·读书·新知三联书店，1991.

卡尔·雅斯贝斯．生存哲学［M］．王玖兴，译．上海：上海译文出版社，2005.

凯洛夫．教育学（上册）［M］．沈颖，南致善，等，译．北京：人民教育出版社，1950.

科恩．科学中的革命［M］．鲁旭东，译．北京：商务印书馆，1998.

克洛德·德尔马．欧洲文明［M］．郑鹿年，译．上海：上海人民出版社，1988.

夸美纽斯．大教学论［M］．傅任敢，译．北京：人民教育出版社，1984.

拉尔夫·泰勒．课程与教学的基本原理［M］．施良方，译．北京：人民教育出版社，1994.

兰久富．社会转型时期的价值观念［M］．北京：北京师范大学出版社，1999.

李秉德．教学论［M］．北京：人民教育出版社，1991.

李德顺．价值论（第二版）［M］．北京：中国人民大学出版社，2007.

李定仁，徐继存．教学论研究二十年（1979—1999）［M］．北京：人民教育出版社，2001.

李定仁．教学思想发展史略——历史、现状与发展趋势［M］．西宁：青海人民出版社，1993.

李吉林．李吉林文集［M］．北京：人民教育出版社，2006.

李吉林．情境教学实验与研究［M］．成都：四川教育出版社，1988.

李家成．关怀生命：当代中国学校教育价值取向探［M］．北京：教育科学出版社，2006.

李建刚，张志勇，等．义务教育教学新体系——单元达标教学实验与研究［M］．济南：山东教育出版社，1994.

李培林．另一只看不见的手：社会结构转型［M］．北京：社会科学文献出版社，2005.

李其龙．德国教学论流派［M］．西安：陕西人民教育出版社，1993.

李如密．中学课堂教学艺术［M］．北京：高等教育出版社，2009.

李森．现代教学论纲要［M］．北京：人民教育出版社，2005.

李砚祖．造物之美——产品设计的艺术与文化［M］．北京：中国人民大学出版社，2000．

联合国教科文组织．为了21世纪的教育：问题与展望［M］．王晓辉，赵中建，等，译．北京：教育科学出版社，2002．

联合国教科文组织国际教育发展委员会．学会生存——教育世界的今天和明天［M］．华东师范大学比较教育研究所，译．北京：教育科学出版社，1996．

廖伯琴．义务教育物理课程标准（2011年版）解读［M］．北京：高等教育出版社，2012．

刘铁芳．回到原点：时代冲突中的教育理念［M］．上海：华东师范大学出版社，2006．

罗伯特·D.坦尼森，等．教学设计的国际观（第1册）：理论·研究·模型［M］．任友群，等，译．北京：教育科学出版社，2005．

马克斯·范梅南．教学机智——教育智慧的意蕴［M］．李树英，译．北京：教育科学出版社，2001．

迈克尔·W.阿普尔．文化政治与教育［M］．阎光才，等，译．北京：教育科学出版社，2005．

宁虹，王志江，等．重新理解教育：来自教师发展学校的报告［M］．北京：教育科学出版社，2010．

宁虹．教育研究导论［M］．北京：北京师范大学出版社，2010．

裴娣娜．发展性教学论［M］．沈阳：辽宁人民出版社，1998．

裴娣娜．教学论［M］．北京：教育科学出版社，2007．

裴娣娜．教育研究方法导论［M］．合肥：安徽教育出版社，2000．

裴娣娜．现代教学论（第二卷）［M］．北京：人民教育出版社，2005．

裴娣娜．现代教学论（第三卷）［M］．北京：人民教育出版社，2005．

裴娣娜．现代教学论（第一卷）［M］．北京：人民教育出版社，2005．

皮连生．教学设计：心理学的理论与技术［M］．北京：高等教育出版社，2000．

乔伊斯，等．教学模式［M］．荆建华，等，译．北京：中国轻工业出版社，2002．

琴纳莫，等．真实世界的教学设计［M］．蔡敏，主译．北京：中国轻工业出版社，2007．

琼斯，等．问题解决的教与学：一种跨学科协作的学习方法［M］．范玮，译．北京：中国轻工业出版社，2004．

全国教育学研究会．教学过程的特点和规律［M］．北京：人民教育出版社，1979．

阮青．价值哲学［M］．北京：中共中央党校出版社，2004．

尚凤祥．现代教学价值体系论[M]．北京：教育科学出版社，1996.

沈玉顺．课堂评价[M]．北京：北京师范大学出版社，2006.

施良方，崔允漷．教学理论：课堂教学的原理、策略与研究[M]．上海：华东师范大学出版社，1999.

石中英．教育学的文化性格[M]．太原：山西教育出版社，2001.

石中英．知识转型与教育改革[M]．北京：教育科学出版社，2001.

斯卡特金．中学教学论——当代教学论的几个问题[M]．赵维贤，等，译．北京：人民教育出版社，1985.

孙俊三．教育过程的美学意蕴[M]．长沙：湖南师范大学出版社，2005.

孙伟平．价值哲学方法论[M]．北京：中国社会科学出版社，2008.

孙喜亭．教育学问题研究概述[M]．天津：天津教育出版社，1989.

滕大春．外国教育通史（第六卷）[M]．济南：山东教育出版社，1994.

田慧生，李如密．教学论[M]．石家庄：河北教育出版社，1996.

托尔普，等．基于问题的学习：让学习变得轻松而有趣[M]．刘孝群，等，译．北京：中国轻工业出版社，2004.

王炳照，阎国华．中国教育思想通史（第八卷）[M]．长沙：湖南教育出版社，1994.

王炳照，阎国华．中国教育思想通史（第六卷）[M]．长沙：湖南教育出版社，1994.

王炳照，阎国华．中国教育思想通史（第三卷）[M]．长沙：湖南教育出版社，1994.

王炳照，阎国华．中国教育思想通史（第五卷）[M]．长沙：湖南教育出版社，1994.

王策三．教学论稿[M]．北京：人民教育出版社，1985.

王策三．教学实验论[M]．北京：人民教育出版社，1998.

王鉴．实践教学论[M]．兰州：甘肃教育出版社，2002.

威廉·F.派纳，等．理解课程——历史与当代课程话语研究导论[M]．张华，等，译．北京：教育科学出版社，2003.

乌美娜．教学设计[M]．北京：高等教育出版社，1994.

吴康宁．课堂教学社会学[M]．南京：南京师范大学出版社，1999.

吴立岗．教学的原理、模式和活动[M]．南宁：广西教育出版社，1998.

吴式颖，任钟印．外国教育思想通史（第九卷）[M]．长沙：湖南教育出版社，2002.

吴式颖，任钟印．外国教育思想通史（第十卷）［M］．长沙：湖南教育出版社，2002.

吴也显．教学论新编［M］．北京：教育科学出版社，1991.

向玉琴．愉快教育理论与实践的探索［M］．北京：高等教育出版社，1996.

项贤明．泛教育论［M］．太原：山西教育出版社，2002.

萧承慎．教学法三讲［M］．福州：福建教育出版社，2009.

小威廉姆·E.多尔．后现代课程观［M］．王红宇，译．北京：教育科学出版社，2000.

谢维和．教育活动的社会学分析——一种教育社会学的研究［M］．北京：教育科学出版社，2007.

熊梅，等．新型学校的构建——开放式学校教育的本土行动与创新［M］．北京：教育科学出版社，2011.

熊明安．中国教学思想史［M］．重庆：西南师范大学出版社，1989.

徐继存．教学理论反思与建设［M］．兰州：甘肃教育出版社，2000.

徐继存．教学论导论［M］．兰州：甘肃教育出版社，2001.

晏辉．现代性语境下的价值与价值观［M］．北京：北京师范大学出版社，2009.

杨小微，刘良华．学校转型性变革的方法论［M］．北京：教育科学出版社，2011.

杨小微，张天宝．教学论［M］．北京：人民教育出版社，2007.

杨小微．全球化进程中的学校变革——一种方法论视角［M］．上海：华东师范大学出版社，2004.

杨小微．现代教学论［M］．太原：山西教育出版社，2004.

仰海峰．形而上学批判——马克思哲学的理论前提及当代效应［M］．南京：江苏人民出版社，2006.

叶至诚．社会学［M］．台北：扬智文化事业有限公司，2000.

伊·阿·凯洛夫，等．教育学［M］．陈侠，等，译．北京：人民教育出版社，1957.

伊曼努尔·康德．论教育学［M］．赵鹏，等，译．上海：上海人民出版社，2005.

衣俊卿．文化哲学——理论理性和实践理性交汇处的文化批判［M］．昆明：云南人民出版社，2005.

尤·克·巴班斯基．教学过程最优化——一般教学论方面［M］．张定璋，等，译．北京：人民教育出版社，1984.

尤·克·巴班斯基．教育教学过程最优化［M］．吴文侃，译．北京：教育科学出版社，1986.

游正伦. 教学论[M]. 北京：教育科学出版社，1982.

于伟. 现代性与教育[M]. 北京：北京师范大学出版社，2006.

袁贵仁. 价值学引论[M]. 北京：北京师范大学出版社，1991.

约翰·杜威. 杜威教育论著选[M]. 赵祥麟，王承绪，编译. 上海：华东师范大学出版社，1981.

约翰·杜威. 杜威教育名篇[M]. 赵祥麟，王承绪，编译. 北京：教育科学出版社，2006.

约翰·杜威. 民主主义与教育[M]. 王承绪，译. 北京：人民教育出版社，1990.

约翰·杜威. 我们怎样思维·经验与教育[M]. 姜文闵，译. 北京：人民教育出版社，1991.

张斌贤，褚宏启，等. 西方教育思想史[M]. 成都：四川教育出版社，1994.

张斌贤. 外国教育思想史[M]. 北京：高等教育出版社，2007.

张楚廷. 教学论纲[M]. 北京：高等教育出版社，1999.

张传燧. 中国教学论史纲[M]. 长沙：湖南教育出版社，1999.

张焕庭. 西方资产阶级教育论著选[M]. 北京：人民教育出版社，1979.

张能为. 理解的实践[M]. 北京：人民出版社，2002.

张志伟，欧阳谦. 西方哲学智慧[M]. 北京：中国人民大学出版社，2000.

章士嵘. 西方思想史[M]. 上海：东方出版中心，2002.

赵敦华. 西方哲学简史[M]. 北京：北京大学出版社，2001.

赵汀阳. 论可能的生活：一种关于幸福和公正的理论[M]. 北京：中国人民大学出版社，2004.

赵汀阳. 没有世界观的世界[M]. 北京：中国人民大学出版社，2003.

郑金洲，瞿葆奎. 中国教育学百年[M]. 北京：教育科学出版社，2002.

郅庭瑾. 为思维而教[M]. 北京：教育科学出版社，2007.

钟启泉，崔允漷，张华. 为了中华民族的复兴　为了每位学生的发展　基础教育课程改革纲要（试行）解读[M]. 上海：华东师范大学出版社，2001.

钟启泉，黄志成. 美国教学论流派[M]. 西安：陕西人民教育出版社，1993.

钟启泉，金正扬，吴国平. 解读中国教育[M]. 北京：教育科学出版社，2000.

周作宇. 问题之源与方法之镜：元教育理论探索[M]. 北京：教育科学出版社，2000.

朱永新. 滥觞与辉煌：中国古代教育思想史[M]. 北京：人民教育出版社，2004.

佐藤正夫. 教学论原理[M]. 钟启泉，译. 北京：人民教育出版社，1996.

F.C. 巴勒特. 教学过程系统分析[J]. 盛群力，编译. 外国教育资料，1990(3).

包心鉴．论中国社会转型时期的政治发展[J]．政治学研究，1996(1)．

曹开秋，等．课堂教学价值取向的探究——基于社会控制理论的视角[J]．教育与考试，2008(4)．

陈梦稀．教学价值辨析[J]．湘潭大学学报(哲学社会科学版)，2004(4)．

陈佑清，张琼．提升课堂教学的素质教育功能[J]．教育研究，2007(1)．

陈元晖．中国教育学七十年[J]．北京师范大学学报(社会科学版)，1991(5)．

迟艳杰．教学论研究的历史演进[J]．沈阳师范学院学报(社会科学版)，1995(3)．

迟艳杰．教学论研究范式探析[J]．教育研究，1997(4)．

高俊霞，等．论教育价值、教育功能、教育目的三者之关系[J]．唐山师范学院学报，2008(4)．

郭凤志．价值、价值观念、价值观概念辨析[J]．东北师大学报(哲学社会科学版)，2003(6)．

侯悦民，季林红，等．设计的科学属性及核心[J]．科学技术与辩证法，2007(3)．

姜俊和．论现代国外教学过程理论研究的发展趋势[J]．外国教育研究，2002(4)．

劳凯声，刘复兴．论教育政策的价值基础[J]．北京师范大学学报(人文社会科学版)，2000(6)．

黎琼锋．价值关怀：一种课堂教学改革的路向[J]．教育发展研究，2007(7－8B)．

李长吉．教学价值观念的特性及其变革启示[J]．教育发展研究，2004(7－8)．

李定仁，王兆璟．教学过程阶段诸说的比较研究[J]．比较教育研究，2000(2)．

李家成．"学校教育价值取向"研究的反思[J]．南京师大学报(社会科学版)，2003(5)．

李家成．追求真实的生命成长——对"新基础教育"价值取向的体悟[J]．教育发展研究，2003(3)．

李建刚．论目标教学及其发展趋势[J]．教育研究，1995(2)．

李龙．教学过程设计的理论与实践[J]．电化教育研究，1994(4)．

李其龙．交往教学论学派[J]．外国教育资料，1989(6)．

李世讴，周先进．论教学价值的幸福取向[J]．高等教育研究，2008(2)．

李淑文．教师教学价值定位的实践与反思[J]．天津市教科院学报，2008(10)．

李松林．论课堂教学改革向纵深推进的着力点[J]．中国教育学刊，2012(2)．

李晓华．论教学模式及其价值取向[J]．辽宁师范大学学报(社会科学版)，1999(3)．

刘冬岩．实践能力——不容忽视的教学价值取向[J]．濮阳职业技术学院学报，2005(2)．

刘克文．当前科学教育几种主要价值取向评析[J]．教育理论与实践，2007(8)．

刘良华．社会的变迁与学校的回应[J]．教育理论与实践，2007(6)．

柳士彬．追寻潜隐性：一种新的教学价值取向[J]．天津市教科院学报，2004(1)．

卢家楣，陈焕章，等．论"愉快教育"的基本特征[J]．教育研究，1994(9)．

罗儒国，等．教学价值取向的现实诊断与应然追求[J]．大学教育科学，2008(6)．

罗儒国，等．教学价值研究的回溯与反思[J]．宁波大学学报（教育科学版），2008(12)．

罗儒国．为了幸福而教——教师教学价值取向探析[J]．教学研究，2009(3)．

马凤岐．教育价值的理论问题[J]．北京师范大学学报(社会科学版)，1994(6)．

裴娣娜．多元文化与基础教育课程文化建设的几点思考[J]．教育发展研究，2002(4)．

裴娣娜．基于变革性实践的创新——对李吉林情境教育思想的再认识[J]．课程·教材·教法，2009(6)．

裴娣娜．教育创新与学校课堂教学改革论纲[J]．中国教育学刊，2012(2)．

钱乘旦．1500 年：现代化起步——换一种视角解读近现代史[J]．南风窗，2004(1)．

邱才训．教学过程结构及其变换[J]．教育导刊，2000(2—3)．

桑新民．从印刷时代到信息时代：人类学习方式与教育模式的历史性变革[J]．职业技术教育，2001(4)．

孙伟平．关于价值论的研究方法——走出"拟科学"、认识论的误区[J]．哲学动态，2004(7)．

孙伟平．论价值思维[J]．哲学研究，2005(8)．

王本陆．关于愉快教学实践的思考[J]．教育科学研究，1993(1)．

王春锡．人文关怀：学校教学的新价值取向[J]．当代教育科学，2003(7)．

王恒新．构建学生主体：新的课堂教学价值观[J]．教育理论与实践，2003(8)．

王宽明．教师教学价值"二分"取向的归因分析[J]．教育探索，2010(4)．

文喆．学校教学三题[J]．中国教育学刊，2012(2)．

吴洪成，彭泽平．设计教学法在近代中国的实验[J]．高等师范教育研究，1998(6)．

吴康宁．信息技术"进入"教学的四种类型[J]．课程·教材·教法，2012(2)．

吴文侃．教学结构理论的比较研究[J]．比较教育研究，1994(6)．

吴永军．赋权·增能·建构自主课堂：课堂教学改革的价值取向——兼评山西忻州七中的课堂教学改革[J]．教育理论与实践，2006(3)．

熊华军. 倡导后现代的"情感释放"教学价值取向[J]. 昆明理工大学学报(社会科学版), 2009(4).

徐玲. 价值取向本质之探究[J]. 探索, 2000(2).

许萍. 教学价值论研究综述[J]. 教学研究, 2008(1).

许萍. 教学价值研究:进展与展望[J]. 天津师范大学学报(基础教育版), 2007(9).

晏辉. 论社会转型的实质、困境与出路[J]. 内蒙古大学学报(人文社会科学版), 1998(1).

杨爱程. 也谈教学模式与一般教学过程的关系[J]. 西北师大学报(社会科学版), 1990(3).

衣俊卿. 论社会转型时期的生存模式重塑——关于价值重建与文化转型的深层思考[J]. 北方论丛, 1995(4).

于世华, 谢树平. 动态生成的教学过程设计[J]. 天津师范大学学报(基础教育版), 2004(4).

苑曙光. 知识社会向我们走来——德国讨论知识社会的启示[J]. 科学对社会的影响, 1998(3).

张广君. "教学过程"的阐释:比较分析与辩证把握[J]. 湖南师范大学教育科学学报, 2003(1).

张广君. 教学概念的语词和归属类析[J]. 上海教育科研, 1998(10).

张永舒, 等. 当代课堂教学价值取向探析[J]. 安康学院学报, 2010(5).

赵继高. 创造——现代教学价值的最高取向[J]. 开封教育学院学报, 2000(4).

赵卫. 试析赫尔巴特教学阶段的逆行特征及其它[J]. 教育科学, 1990(1).

赵文平. 教学价值问题研究三十年[J]. 教育导刊, 2009(6).

周德昌. 中国古代教育家论教学过程[J]. 教育研究, 1982(6).

周海银, 曲绍卫. 关于教学基本价值的探讨[J]. 教育理论与实践, 1997(7).

朱小蔓. 情境教育与儿童学习[J]. 课程·教材·教法, 2009(6).

朱永新. 中国古代教育理念之贡献与局限[J]. 教育研究, 1998(10).

顾继玲. 现代数学课程的价值取向研究[D]. 南京:南京师范大学, 2004.

郝芳. 教师的课堂教学价值取向探究[D]. 济南:山东师范大学, 2007.

李长吉. 教学价值观念透视与反省[D]. 兰州:西北师范大学, 2001.

刘冬岩. 实践智慧:一种可能的教学价值[D]. 南京:南京师范大学, 2006.

刘燕. 科学教学育人价值探寻[D]. 上海:华东师范大学, 2006.

娄立志. 论目前我国教育的主导价值[D]. 上海:华东师范大学, 2001.

薛忠祥. 当代中国教育的应有价值取向[D]. 济南:山东师范大学, 2009.

曾爽. 杜威教育思想在中国的传播与影响[D]. 成都：西南交通大学，2002.

张斌贤. 社会转型与教育变革——美国进步主义教育运动研究[D]. 北京：北京师范大学，1991.

张红. 新中国基础教育课程政策的价值取向研究[D]. 长春：东北师范大学，2008.

周先进."学会关心"取向的教学价值观研究[D]. 重庆：西南大学，2009.

Arends，R. I.. *Learning to Teach*（Sixth Edition）[M]. New York：McGraw-Hill Companies，Inc.，2004.

Bullough，R. V.. *Creating Instructional Materials*[M]. Columbus：Charles E. Merrill Publishing Company，1974.

Dick，W.，Carey，L.，& Carey，J. O.. *The Systematic Design of Instruction*（Fifth Edition）[M]. Hongkong：Pearson Education North Asia Limited，2002.

Higgins，M. L.，Johnson，J. A.. *Teacher Training Course Book*[M]. Alaska：International Educational Initiatives，Inc.，1995.

Jasper Ungoed-Thomas. *Vision of A School：The Good School in the Good Society* [M]. London：Bloomsbury Academic，1998.

Banathy，B.. Comprehensive systems design in Education—The Prime Imperative Building a Design Culture[J]. *Educational Technology*，1992，32(6).

后　记

　　本书是全国教育科学"十二五"规划教育部重点课题"教学过程设计的价值取向研究"(DHA110235)的重要成果，它是基于对我的博士论文修改而完成的。

　　选择价值论研究视角作为博士论文的理论基础，是我在几个研究主题与理论基础之间的选择。这与我十多年来因工作关系不断地参与基础教育实践领域的变革课题有关。1999 年夏秋之际，我以科研副校长的身份，心怀忐忑地进入了北京崇文区的一所中学，开始了深入实践的第一次探索——薄弱初中的改造，聚焦于课堂教学过程，关注不同学科教学模式的探索；2001 年，作为建设"教师发展学校"的主要成员，我犹犹豫豫地走进北京丰台一所中学，在大学与中学合作中，探索促进教师专业发展的改革途径，以明确的理论态度，即"走向教育实践本身，基于教育的实践本性，创新理解教育"，走进课堂，与教师共同建构与反思教学过程设计与实施；2006 年，作为北京市"初中建设工程"的成员，我又一次以研究者的身份进入教育实践领域，曾经的经验积聚与认识提升，使我充满自信地踏入了北京崇文区的另一所中学，依旧关注课堂教学中的教学问题。我曾经试图从实践哲学的视角，解读与探索教学实践中的问题，几经反复又失之交臂。虽然这样耽搁了时间，却积聚了理念与自信。从论文选题、开题，到撰写、修改，我经历与体验着"落九枝花"的感觉，然确实"痛并快乐着"。尤其当解决了一个百思不得其解的问题时，那种兴奋难以形容。论文写作的日子是刻骨铭心的，不仅仅因为艰辛与兴奋并存，更在于被丰富学术所涵养的丰厚充实之感。情感体验与理性提升的过程，伴随着恩师的关心、督促与悉心指导。

能够进入裴门，能够师从德高望重的裴娣娜先生，是我一生的荣幸。在裴门，先生为我们组织系列哲学讲座，开阔了视野，积淀了学养；先生带我们进入学校，使我们在生动、鲜活的变革性实践中，尝试读懂学校、读懂教师。我在论文写作的整个过程都得到了先生的悉心指导与关爱。

两个细节令人感动：开题报告初稿发出后不久的一个晚上，我因为参加所在学院的全院研讨会，住在香山脚下一个酒店。导师打来电话，得知我的情况，让我告知房间的座机，她再次将电话打到座机上与我详细地说明如何修改开题报告，从晚上10点多直到晚上11点半，晚归的同屋室友得知我导师的这般关心，对我羡慕不已。论文成稿发给导师，她因为身在金华面对诸多事宜又恐耽误审阅学生论文，半夜两点起来看论文。我的邮箱至今保留着这封凌晨4点53分发来的邮件。

正是在导师的鞭策、鼓励与言传身教中，我完成了博士论文。这份深厚的师恩，远不是"谢"字能够表达的！在未来的道路上，只有以导师为榜样，不懈努力进取，才能不辜负导师的期望。

感谢文喆研究员、劳凯声教授、王本陆等教授！他们在论文开题和答辩时的细心指导，他们的质疑、问题与建议既是本论文继续修改的基础，也是此项目研究继续完成与完善的最重要的指导。

感谢院领导孟繁华教授！孟院长不仅在论文写作的思路与框架上给予学术指导，而且在学院与教育系的工作安排上给予关照，尤其在论文写作最艰难的时期给予鼓励与支持。感谢石鸥教授、宁虹教授、邢永富教授、丁邦平教授！在与他们亦师亦友的交流中，我不断获得有价值的建议。

感谢裴门的兄弟姐妹！在这个相互关心、关爱的大家庭中，我得到了太多的快乐与帮助！

我要特别感谢我的家人！他们以不同的方式支持着我。我的父母常常督促我抓紧时间完成论文；我亲爱的老公，虽然他的工作非常繁忙，但为了支持我的论文撰写，承担了很多应该由我来做的事情；还有我亲爱的儿子，他也成为我了解课堂教学的一个重要"窗口"——为了了解教学过程中的某些真实情况，我时常会询问他课堂上教师与学生的某些语言和行为表现以及他的感受。感谢他们！

博士论文的完成仅仅是个人学术生涯发展中的一个驿站。2011 年，我申报的课题获得批准，在原有论文框架的基础上，我结合近几年大量深入中小学课堂进行的观察和研究，重新梳理和明确了研究重点，在理论阐述的基础上，突出实践性、注重应用性，并尽可能增加了生动的实践案例与前沿的研究成果。需要提及的是，虽然我对教学过程设计的研究投入很多时间与精力，但受学术视野、知识积累、理论功底等诸多因素所限，研究不免存在疏忽纰漏之处，还敬请读者批评。

最后，感谢北京师范大学出版社郭兴举、陈红艳两位老师的提携，没有他们的关心与支持，本书难以顺利出版；感谢本书的责任编辑康悦老师，她提出了许多中肯而有价值的修改建议，她的高效工作使本书以最佳状态呈现在读者面前。

过去的确是未来的开始，相信，未来总会比过去好！

张菁

2016 年 6 月于北京

图书在版编目(CIP)数据

教学过程设计的价值取向研究 / 张菁著. —北京 : 北京师范大学出版社,2017.1(2018.4重印)

ISBN 978-7-303-21386-3

Ⅰ. ①教… Ⅱ. ①张… Ⅲ. ①教学过程－教学设计－研究 Ⅳ. ①G421

中国版本图书馆 CIP 数据核字(2016)第 253878 号

营 销 中 心 电 话　　010-58805072　58807651
北师大出版社学术著作与大众读物分社　　http://xueda.bnup.com

JIAOXUE GUOCHENG SHEJI DE JIAZHI QUXIANG YANJIU
出版发行：北京师范大学出版社 www.bnupg.com
　　　　　北京市海淀区新街口外大街 19 号
　　　　　邮政编码：100875
印　　刷：保定市中画美凯印刷有限公司
经　　销：全国新华书店
开　　本：787 mm×1092 mm　1/16
印　　张：15.75
字　　数：235 千字
版　　次：2017 年 1 月第 1 版
印　　次：2018 年 4 月第 2 次印刷
定　　价：48.00 元

策划编辑：陈红艳　　　　　　　责任编辑：齐 琳 康 悦
美术编辑：王齐云　　　　　　　装帧设计：王齐云
责任校对：陈 民　　　　　　　责任印制：马 洁